Gesundheitskommunikation | Health Communication

herausgegeben von

Prof. Dr. Constanze Rossmann

Band 20

Bis Band 13 erschienen unter dem Reihentitel „Medien + Gesundheit“, herausgegeben von Prof. Dr. Patrick Rössler.

Anja Kalch | Anna Wagner [Hrsg.]

Gesundheitskommunikation und Digitalisierung

Zwischen Lifestyle, Prävention und Krankheitsversorgung

Nomos

Onlineversion
Nomos eLibrary

Die Deutsche Nationalbibliothek verzeichnet diese Publikation in der Deutschen Nationalbibliografie; detaillierte bibliografische Daten sind im Internet über http://dnb.d-nb.de abrufbar.

ISBN 978-3-8487-5935-4 (Print)
ISBN 978-3-7489-0065-8 (ePDF)

1. Auflage 2020

Vorwort

Digitale Entwicklungen haben in den vergangenen Jahren zunehmend Eingang in medizinische Versorgungsstrukturen gefunden: Die telemedizinische Behandlung von Patient*innen mit chronischen Erkrankungen, digitale Arztbriefe oder das Vorhaben zur Einführung elektronischer Patientenakten sind nur einige Beispiele für diesen digitalen Wandel im Gesundheitswesen (Braun, 2019; Hilienhof, 2019; Krüger-Brand, 2019). Mit der Verabschiedung des Digitale-Versorgung-Gesetzes (DVG) im Bundestag, das im Januar 2020 in Kraft getreten ist, wird dieser Prozess nochmals beschleunigt, indem beispielsweise Gesundheits-Apps auf Rezept ermöglicht werden (Krüger-Brand, 2019).

Nicht nur in der professionalisierten Gesundheits- und Krankheitsversorgung sind Prozesse der Technisierung und Digitalisierung beobachtbar: Im Alltag von Menschen werden digitale Medien zur Gesundheitsförderung, Krankheitsprävention und Krankheitsbewältigung genutzt. Der Einzelne wird damit zum „Manager seiner Gesundheit" (Selke, 2016, S. 963). Wearables ermöglichen die automatisierte (Selbst-)Überwachung von Körperfunktionen und Gesundheitszuständen, Online Communities dienen der medienvermittelten Kommunikation über Gesundheitsfragen und Gesundheits- und Krankheitsthemen werden zunehmend auch in sozialen Netzwerken wie Instagram oder Facebook verhandelt. Zudem ist das Internet nach dem Arzt zu einer der wichtigsten Quellen für die Suche nach Gesundheitsinformationen avanciert. Diese Informationssuche online und der Wandel hin zum „informierten Patienten" bringen auch Implikationen für die traditionelle Beziehung zwischen Ärzt*innen und Patient*innen mit sich. Einer Studie der *Techniker Krankenkasse* zufolge nutzten im Jahr 2018 77 Prozent der befragten Erwachsenen in Deutschland ($n = 1002$) das Internet, um sich über Gesundheitsfragen zu informieren (TK, 2018), damit liegt Deutschland im europäischen Durchschnitt. Diese Nutzerzahlen sind bemerkenswert, wenn man berücksichtigt, dass zu Beginn der 2000er Jahre der Anteil der Nutzer*innen, die online Gesundheitsinformationen suchten, bei nur etwa 23 Prozent der Gesamtbevölkerung in den EU-Mitgliedsstaaten lag (Spadaro, 2003). Dass gesundheitsbezogene digitale Medienangebote zudem nicht ausschließlich ein Phänomen der jüngeren Generation ist, zeigt neben der Internetnutzung zur Gesundheitsinformationssuche ein weiteres Beispiel: Etwa 20 Prozent der Smartphone-Nutzer*innen über 35

Jahre in Deutschland nutzen bereits regelmäßig Gesundheitsapps, beispielsweise zur Rauchentwöhnung oder zum Ernährungsverhalten (Ernsting et al., 2017).

Die Nutzung dieser gesundheitsbezogenen digitalen Medienangebote findet dabei in einem Spannungsfeld zwischen individuellem Gesundheits- und Informationshandeln von Menschen, dem individuellen Lifestyle und Kommerzialisierungsprozessen statt. So ermöglichen Plattformen wie Instagram neben der anekdotischen Aufbereitung von Gesundheits- und Krankheitsthemen auch die Inszenierungen (vermeintlich) erstrebenswerter Körper-, Fitness- und Gesundheitsideale.

Aus diesem komplexen Spannungsfeld ergeben sich eine Vielzahl möglicher positiver Effekte, wie beispielsweise ein „leichter Zugang, mögliches Empowerment und neue Potenziale für die Gesundheitsförderung“ (Rossmann & Karnowski, 2014), gleichzeitig sind digitalen Technologien gewisse Grenzen gesetzt – oder sie bergen sogar Risiken. Das Feld der Gesundheitskommunikation steht dabei vor der großen Herausforderung, auf diese Entwicklungen zu reagieren: Digitale Medientechnologien werfen bislang unbekannte Fragen auf, die es mit innovativen Methoden zu bearbeiten gilt. Gleichzeitig sind altbekannte Fragen nach Akteur*innen, Themen, Inhalten, Nutzung und Wirkungen in der digitalen Gesundheitskommunikation neu zu stellen.

Der vorliegende Band verfolgt daher das Ziel, aktuelle Forschungsarbeiten zu gesundheitsbezogenen digitalen Medientechnologien zusammenzubringen und die Folgen des digitalen Wandels im Gesundheitsbereich anhand von drei Schwerpunkten nachzuvollziehen: Die Beiträge im Buch befassen sich 1) mit der Bedeutung digitaler Medientechnologien für Arzt-Patienten-Beziehungen und die Versorgung von Patient*innen, 2) den Potentialen und Grenzen digitaler Medientechnologien in der Gesundheitskommunikation sowie 3) den Wirkungen gesundheitsbezogener digitaler Medienangebote.

*1. Die Bedeutung digitaler Medientechnologien für Arzt-Patienten-Beziehungen und die Versorgung von Patient*innen*

Die vier Beiträge zu diesem ersten Themenfeld befassen sich alle mit den Möglichkeiten und dem Einfluss digitaler Technologien in der ärztlichen Versorgungspraxis. Robin Seel und Constanze Rossmann nehmen im ersten von vier Beiträgen zu diesem Themenfeld die Perspektive der Fachärzt*innen auf die telemedizinische Versorgung in den Blick. Auf Basis von Leitfadeninterviews analysieren die Autor*innen, welche Faktoren die Akzeptanz der Telemedizin beeinflussen und inwiefern sich dabei verschiedene Typen von Fachärzt*innen ableiten lassen. Die drei weiteren Beiträge zu diesem Themenfeld befassen sich alle mit gesundheitsbezogenen Onlineinformationen und deren Einfluss auf das Arzt-Patienten-Verhältnis. Simone Jäger und Constanze Rossmann betrachten, wie Ärzt*innen mit Onlinerecherche-Ergebnissen von Krebspatient*innen umgehen können und wie sie diese aktive Suche der Krebspatient*innen in den gemeinsamen Entscheidungsfindungsprozess eingehen lassen sollten. Das Themenfeld wird durch zwei abschließende Beiträge zur Nutzung und zum Einfluss von Arztbewertungsportalen abgerundet. Der Beitrag von Daniel Possler, Elena Link und Julia Niemann-Lenz nimmt auf Basis einer automatisierten Inhaltsanalyse eine Typologisierung von Online-Arztbewertungen vor. Daran anknüpfend analysieren Elena Link, Esther Schmotz und Eva Baumann in einem Onlineexperiment, welchen Einfluss die Valenz von Arztbewertungen und das Bewertungsvolumen auf die Arztwahl von Patient*innen haben.

2. Potentiale und Grenzen digitaler Medientechnologien in der Gesundheitskommunikation

Im Fokus der Beiträge dieses zweiten Themenfeldes stehen die Möglichkeiten aber auch potentiellen Risiken digitaler Medientechnologien für die Nutzer*innen. Doreen Reifegerste und Christine Linke analysieren mittels einer ego-zentrierten Netzwerkanalyse die Rolle digitaler Medien für das soziale Unterstützungsnetzwerk junger Krebspatient*innen. Doreen Reifegerste und Veronika Karnowski betrachten auf Basis einer Inhaltsanalyse von Gesundheits- und Fitness-Apps, welche Funktionen diese Apps aufweisen, welche Möglichkeiten der Normsetzung dabei genutzt werden und ob sich eine spezifische Adressierung Jugendlicher zeigt. Gesundheits- und Fitness-Apps stehen auch im Zentrum des Beitrags von Magdalena Rosset, Mareike Schwepe, Katharina Emde-Lachmund und Eva Baumann. Die quantitative Befragungsstudie analysiert, welche Bedeutung Bedenken um die Privatsphäre für die Nutzung und Nicht-Nutzung solcher Fitness-Apps haben. Der Beitrag von Paula Stehr befasst sich ebenfalls mit fitnessbezogenen Gesundheitsinhalten, in diesem Fall auf der Social-Media-Plattform Instagram. Auf Basis leitfadengestützter Interviews analysiert die Autorin die Motive und Rollen von Instagramer*innen die regelmäßig zum Thema

#bodypositivity oder #selbstliebe posten. Abschließend betrachten Antonia Markiewitz, Florian Arendt und Sebastian Scherr verschiedene Formen und die davon ausgehenden Risiken von Suizid- und Selbstverletzungsdarstellungen auf Instagram.

3. Die Wirkungen gesundheitsbezogener digitaler Medienangebote

Die Beiträge des dritten Themenfeldes betrachten die Wirkung gesundheitsbezogener digitaler Medienangebote auf Rezipient*innen und nehmen dabei sowohl spielbasierte Anwendungen, Inhalte in sozialen Medien als auch journalistische Online-Angebote in den Blick. Lorenz Harst und Patrick Timpel geben in einer systematischen theoretischen Analyse einen Überblick über die verschiedenen Wirkmechanismen spielbasierter Interventionen für Diabetes-Erkrankungen. Zwei weitere Beiträge befassen sich mit der Wirkung von gesundheitsbezogenen Inhalten auf Instagram. Astrid Carolus und Carolin Wienrich analysieren auf Basis einer Onlinebefragung von Instagram-Nutzerinnen den Zusammenhang zwischen der Nutzung Fitnessbezogener Inhalte und der Unzufriedenheit mit dem eigenen Körper sowie dem Trainingsverhalten in Abhängigkeit des Fitness-Interesses der Befragten. Gesundheitsbezogene Posts auf Instagram stehen auch im Fokus des Beitrags von Claudia Riesmeyer, Julia Hauswald und Marina Mergen. Mittels Leitfadeninterviews betrachten die Autorinnen die Relevanz medienbezogener Gesundheitskompetenz von jugendlichen Instagram-Nutzerinnen für die Wahrnehmung und Bewertung ernährungsbezogener Inhalte. Abschließend analysieren Constanze Küchler und Anja Kalch, welchen Einfluss ein individueller oder gesellschaftlicher Nutzenframe in Onlineberichten über die Masernimpfung für Kinder auf die Impfbereitschaft der Eltern hat.

Zusammengefasst geben die Beiträge in diesem Band einen Überblick über aktuelle Forschungen zur Digitalisierung im Bereich der Gesundheitskommunikation. Wir möchten uns dazu herzlich bei allen Autor*innen für ihre Beiträge bedanken sowie bei Melissa Reismüller für das umfassende Korrekturlesen der Beiträge. Vielen herzlichen Dank auch an Dr. Sandra Frey, die diese Publikation seitens des Nomos-Verlages tatkräftig unterstützt hat.

Anja Kalch & Anna Wagner

Literaturverzeichnis

Braun, T. (2019). Prozesssteuerung: E-Arztbrief - Mehr Effizienz, bessere Kommunikation. *116*(47), 2-4.

Ernsting, R., Dombrowski, S. U., Oedekoven, M., O'Sullivan, J. L., Kanzler, M., Kuhlmey, A., & Gellert, P. (2017). Using smartphones and health apps to change and manage health behaviors: a population-based survey. *Journal of Medical Internet Research, 19*(4), e101.

Hilienhof, A. (2019). Elektronische Patientenakte: Knappe Zeitvorgaben. *Deutsches Ärzteblatt, 116*(45), A-2054.

Krüger-Brand, H.-E. (2019). Digitale-Versorgung-Gesetz: Schub für die digitale Versorgung. *Deutsches Ärzteblatt, 116*(46), A-2111.

Rossmann, C., & Karnowski, V. (2014). eHealh und mHealth: Gesundheitskommunikation online und mobil. In K. Hurrelmann & E. Baumann (Hrsg.), *Handbuch Gesundheitskommunikation* (S. 271-285). Bern: Hans Huber.

Selke, S. (2016). *Lifelogging: Digitale Selbstvermessung und Lebensprotokollierung zwischen disruptiver Technologie und kulturellem Wandel.* Wiesbaden: Springer VS.

Spadaro, R. (2003). *Eurobaromenter 58.0-European Union citizens and sources of information about health, EORG.* Retrieved from http://ec.europa.eu/public_opinion/archives/ebs/ebs_179_en.pdf

Techniker Krankenkasse. (2018). *Homo Digivitalis - TK-Studie zur Digitalen Gesundheitskompetenz.* Abgerufen von: https://www.tk.de/resource/blob/2040318/a5b86c402575d49f9b26d10458d47a60/studienband-tk-studie-homo-digivitalis-2018-data.pdf

Inhalt

Teil 1:
Die Bedeutung digitaler Medientechnologien für Arzt-Patienten-Beziehungen und die Versorgung von Patient*innen

Akzeptanz und Adoption telemedizinischer Anwendungen in der ambulanten Versorgung: Eine qualitative Befragung von Fachärztinnen und -ärzten

Robin Seel & Constanze Rossmann

1 Einleitung

Aufgrund des demographischen Wandels, der damit einhergehenden Alterung der Gesellschaft, der eingeschränkten Mobilität im Alter und der steigenden Zahl chronischer Erkrankungen ist der Bedarf an medizinischer Versorgung deutlich gestiegen (Rechel et al., 2013). Hochrechnungen schätzen, dass im Jahr 2060 34 % der Bevölkerung älter als 65 Jahre sein werden (Destatis, 2009). Mit der steigenden Lebenserwartung erhöht sich auch die Wahrscheinlichkeit der Multimorbidität: Im Schnitt hat jede*r Patient*in über 60 Jahre fünf Krankheiten (Trill, 2018b). Gleichzeitig ist davon auszugehen, dass die Zahl der Arbeitskräfte im Gesundheitswesen weiter rückläufig ist. Während die Zahl der Ärzt*innen in Deutschland im Jahr 2016 noch bei 378.607 lag (Bundesärztekammer, 2016), ist bis 2030 ein Rückgang auf 229.000 prognostiziert (PWC, 2010). Die zunehmend schlechtere Versorgung stellt vor allem für Patient*innen im ruralen Raum eine große Herausforderung dar, nicht zuletzt, da die ländlichen Regionen 90 % der Fläche Deutschlands ausmachen (Brokmann et al., 2014) und nur wenige ärztliche Praxen und Kliniken in diesen Regionen angesiedelt sind. So beträgt die Entfernung zur nächsten Hausarztpraxis im Schnitt sechs Kilometer und zur nächsten Facharztpraxis 15 Kilometer. Hinzu kommt, dass der öffentliche Nahverkehr in ländlichen Regionen deutlich schlechter ausgebaut ist (van den Berg et al., 2015). Diese Problemlage zwingt zu einem Umbau des bestehenden Systems und zu einem Umdenken in der medizinischen Versorgung.

Vor diesem Hintergrund gewinnen Telemedizin-Programme seit geraumer Zeit zunehmend an Bedeutung. Sie sollen Kosten einsparen und Ärzt*innen eine effizientere Arbeit ermöglichen. Telemedizin stellt einen Teilbereich von E-Health dar, die den Einsatz von Informations- und Kommunikationstechnologien im Gesundheitsbereich beschreibt (Eysenbach, 2001; vgl. auch Rossmann & Karnowski, 2014). Von Telemedizin ist die

Rede, wenn bei medizinischen Leistungen „die beteiligten Personen also z.B. Arzt und Patient geografisch voneinander getrennt sind, und die Überwindung dieser räumlichen Trennung durch den Einsatz von Kommunikationstechnologien erfolgen soll“ (Duftschmid et al., 2005, S. 674). Zwei zentrale Teilbereiche der Telemedizin stellen das Telemonitoring und die Telekonsultation dar. Das Telemonitoring ermöglicht den Gesundheitszustand eines Patienten über höhere Distanzen zu überwachen und somit Komplikationen schneller zu erkennen. Mit Hilfe der Telekonsultation tauschen sich Ärzt*innen ohne unmittelbaren Kontakt untereinander aus, etwa wenn es um seltene und komplizierte Fälle geht. Oft kommunizieren auch Haus- und Fachärzt*innen über telemedizinische Anwendungen miteinander. Die so genannte Videosprechstunde ermöglicht es Ärzt*innen ein ortsunabhängiges Behandlungsgespräch mit Patient*innen zu führen. Das stellt für immobile Menschen einen bedeutenden Vorteil dar, die für nicht zwingend notwendige Arztbesuche eine aufwändige Anreise auf sich nehmen müssten (Trill, 2018a).

2 Telemedizin in die Praxis bringen

Die Digitalisierung der Arztpraxen soll eine Vereinfachung und somit auch Beschleunigung des Arztbetriebes ermöglichen. Entsprechend sieht der von der Europäischen Union veröffentlichte „E-Health Action Plan 2012-2020“ eine flächendeckende Verfügbarkeit von telemedizinischen Dienstleistungen bis 2020 vor (European Commission, 2014). Die tatsächlichen Entwicklungen sind allerdings eher ernüchternd. Als Gründe für die schleppende Einführung von Telemedizin werden bislang rechtliche und technische Hindernisse diskutiert wie Unklarheiten über die Delegierbarkeit ärztlicher Leistungen, die Vereinbarkeit mit dem Fernbehandlungsverbot, die Datensicherheit sowie haftungsrechtliche Fragen (Dockweiler, 2016a). Auch wenn mit dem so genannten „E-Health-Gesetz“ veränderte politische Rahmenbedingungen geschaffen wurden (Bundesministerium für Gesundheit, 2018), bleiben zu viele Unbestimmtheiten, um auf die neuen Technologien umzustellen. Für eine erfolgreiche Diffusion der neuen Versorgungsmaßnamen und -strukturen ist ein breiter inter- und transdisziplinärer Diskurs zwischen Wissenschaft, Politik und Praxis notwendig. Dabei muss vor allem der Frage nachgegangen werden, welche Faktoren die Akzeptanz telemedizinischer Anwendungen durch Ärzt*innen beeinflussen. „Denn werden Prozesse der Entwicklung und Implementierung nicht unter den Gesichtspunkten der Nutzerinnen- und Nutzerakzeptanz begleitet und findet darauf aufbauend keine Ableitung von Akzeptanz fördernden[!] Maßnahmen statt, verbleibt das Potential der Technologien ungenutzt“ (Dockweiler, 2016b, S. 258). Die Akzeptanz einer Technologie ist somit zentrale Voraussetzung für eine erfolgreiche Implementierung (Wills, El-Gayar, & Bennett, 2008). Folglich besteht ein wachsender Bedarf, die Faktoren zu verstehen, welche die Akzeptanz von Telemedizin positiv beeinflussen (Kohnke, Cole, & Bush, 2014). Für eine nachhaltige Adoption telemedizinischer Anwendungen ist es wesentlich, auf die Erwartungshaltung der Ärzt*innen einzugehen, deren Wahrnehmung der Rahmenbedingungen und den Einfluss des sozialen Umfeldes zu kennen, um etwaige Barrieren und damit schließlich eine Ablehnung der Telemedizin durch Ärzt*innen zu verhindern. Aktuell gibt es nur wenige Studien, die sich mit der Akzeptanz von Telemedizin aus Sicht von Ärzt*innen befassen (Dockweiler, 2016b). Die vorliegende Studie greift diesen Bedarf auf und untersucht die Akzeptanz von Telemedizin unter Ärzt*innen. Hierfür wurden qualitative Leitfadeninterviews durchgeführt, um den individuellen Ansichten und Einstellungen der Ärzt*innen und dem sich schnell entwickelnden Themenfeld gerecht werden zu können.

3 Forschungsleitende Theorie und Forschungsfragen

Eine vielversprechende und, bezogen auf die Erklärung der Akzeptanz neuer Technologien, bewährte Theorie stellt die „Unified Theory of Acceptance and Use of Technology“ (UTAUT) von Venkatesh et al. (2003) dar. Nach diesem Modell hängt die Nutzung einer Technologie von der Verhaltensintention ab, welche von vier Faktoren beeinflusst wird (Abbildung 1). Die *Leistungserwartungen* beschreiben, welcher subjektive Nutzen von einer Innovation erhofft wird. Die *Aufwandserwartungen* beziehen den geschätzten Aufwand für die Nutzung neuer Technik mit ein. *Soziale Einflüsse* beschreiben Erfahrungen und Einstellungen anderer Nutzer*innen mit und zu der Technologie. Die *erleichternden Rahmenbedingungen* fragen nach unterstützenden Faktoren (u.a. rechtliche und finanzielle Aspekte), die für die Akzeptanz und Implementierung neuer Technologien als förderlich angesehen werden. *Geschlecht*, *Alter*, *individuelle Erfahrungen* und die *Freiwilligkeit der Nutzung* werden als Moderatoren in das Modell mit einbezogen.

Abbildung 1: Modifiziertes und vereinfachtes UTAUT-Modell nach Venkatesh et al. (2003)

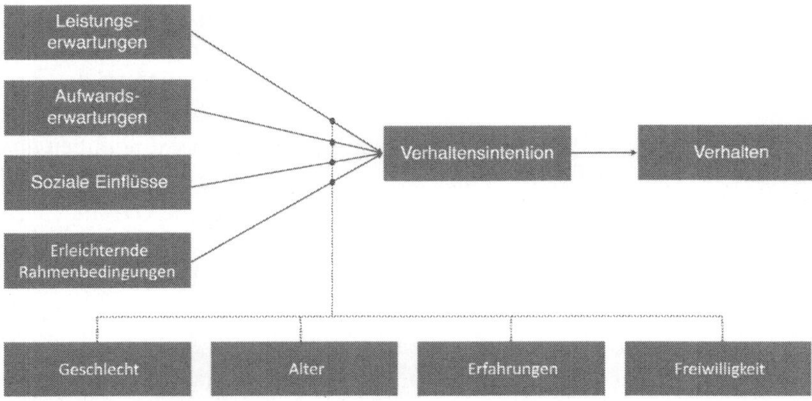

Obwohl die meisten der unterschiedlichen Adoptionsmodelle für einen jobbezogenen Kontext entwickelt worden sind, hat sich die UTAUT auch für die Erklärung von Technikakzeptanz in anderen Bereichen bewährt und wurde auch im Kontext der Nutzung von eHealth und mHealth belegt (Williams & Ami-Nahr, 2012; Rakibul & Golam, 2017). Daher greift die vorliegende Studie auf die UTAUT zurück, um die Akzeptanz von Telemedizin bei Ärzt*innen in Deutschland zu untersuchen. In diesem Zusammenhang ist es auch wichtig zu wissen, ob die Erwartungen bei allen Ärzt*innen unterschiedlicher Fachrichtungen gleich sind, oder hier Unterschiede hinsichtlich Wünschen, Barrieren, oder Hemmungen vorherrschen, da man dementsprechend anders mit den jeweiligen Akzeptanztypen kommunizieren müsste. Folglich sollen konkret folgende Forschungsfragen beantwortet werden:

> *FF1:* Welche Leistungserwartungen, Aufwandserwartungen, sozialen Einflüsse, erleichternden Rahmenbedingungen sind für die Akzeptanz von Telemedizin bei den Fachärzt*innen relevant?

> *FF2:* Welche Akzeptanz-Typen lassen sich hieraus ableiten?

4 Methodisches Vorgehen

Bei gleichzeitig hohen Erwartungen an die Digitalisierung des Gesundheitswesens seitens der Politik und der (Fach-)öffentlichkeit sind nur wenige qualitative Informationen über die Akzeptanz von telemedizinischen Leistungen von Ärzt*innen vorhanden und zudem meist nur auf eine spezifische Anwendung bezogen. Es soll in dieser Studie über die übergreifenden UTAUT-Konstrukte hinaus erfasst werden, welche Vorstellungen die Ärzt*innen mit Telemedizin verbinden und ob sich dabei Gemeinsamkeiten bzw. Unterschiede hinsichtlich der Einstellungen und Erfahrungen zu einer Typologie zusammenfassen lassen. Zur Beantwortung der Forschungsfragen führten wir qualitative Leitfadeninterviews mit Fachärzt*innen verschiedener Fachrichtungen ($N = 11$) mit einem Durchschnittsalter von 49 Jahren durch. Die genauen Merkmale sind in Tabelle 1 abgebildet. Die Vorselektion erfolgte durch die Kassenärztliche Vereinigung Thüringen, die nach an Telemedizin und Digitalisierung der Praxen interessierten Ärzt*innen suchte. Im Vordergrund stand hier, dass ein möglichst breites Spektrum an Fachrichtungen abgedeckt ist. Insgesamt fanden sich 15 Interessent*innen. Alle Fachärzt*innen wurden telefonisch eingeladen, an der Studie teilzunehmen. Dabei wurde im Vorfeld mit einem Arzt ein Pretest durchgeführt. Drei Interviews konnten nicht in die Auswertung miteinbezogen werden, da es sich in zwei Fällen um keine Fachärzt*innen handelte und ein Interview nicht aufgezeichnet werden durfte. Somit wurden zwischen März und April 2018 elf Interviews geführt und aufgezeichnet. Der Interviewleitfaden wurde theoriegeleitet entwickelt und bildet die theoretischen Konstrukte der UTAUT ab. Weiter waren Erfahrungen mit Telemedizin und Wünsche für telemedizinische Anwendungen relevant sowie die Frage, wie die Ärzt*innen ihren Informationsstand über Telemedizin einschätzen. Zuletzt wurden die Ärzt*innen über ihre allgemeinen technischen Kenntnisse befragt. Die Interviews dauerten im Schnitt eine Stunde. Für die Auswertung wurden die Interviews zunächst transkribiert, um sie anschließend mit Hilfe der Kodierungssoftware MAXQDA zu analysieren. Um die Anonymität zu gewährleisten, wurden die Namen geändert. Die erste Forschungsfrage wurde nach Kuckartz‘ (2016) *inhaltlich strukturierender qualitativer Inhaltsanalyse* ausgewertet, die verschiedene Analysestufen sowie die deduktive und induktive Herangehensweise bei der Kategorienbildung kombiniert. Die Hauptkategorien wurden deduktiv entlang des Leitfadens bzw. theoretischen Rahmens abgeleitet. Die Bildung von induktiven Subkategorien fand anhand des Untersuchungsmaterials statt. Zur Auswertung der zweiten Forschungsfrage wurde die *typenbildende qualitative Inhaltsanalyse* nach Kuckartz (2016) angewandt. Dabei wird durch stetigen Vergleich und Kontrastierung der Einzelfälle eine Gruppierung von Fällen mit ähnlichen Mustern erstellt, die sich deutlich von anderen Mustern und Gruppen unterscheiden lässt.

*Tabelle 1: Merkmale der Interviewpartner*innen*

Geänderter Name	Geschlecht	Alter	Facharzt/ärztin für...	Typologie
Dr. Klaus Hofmann	männlich	59	Allgemeinmedizin	Enthusiast
Dr. Martin Beck	männlich	41	innere Medizin (Rheumatologie)	Enthusiast
Dr. Diana Steinle	weiblich	60	Haut- & Geschlechtskrankheiten	Enthusiastin
Dr. Peter Neumann	männlich	52	Orthopädie	Aufgeschlossener
Dr. Franz Schwägerl	männlich	46	Allgemeinmedizin	Aufgeschlossener
Dr. Christian Baumler	männlich	46	Allgemeinmedizin	Aufgeschlossener
Dr. Friedrich Kautz	männlich	43	Kinderheilkunde (Kardiologie)	Aufgeschlossener
Dr. Emma Lehmann	weiblich	47	Psychiatrie	Aufgeschlossene
Dr. Julia Mayer	weiblich	46	HNO-Heilkunde	Verunsicherte
Dr. Georg Gießing	männlich	53	Radiologie / Nuklarmedizin	Verunsicherter
Dr. Stefan Froh	männlich	45	Nervenheilkunde	Verunsicherter

5 Ergebnisse

Determinanten der Telemedizin-Akzeptanz

Die Ergebnisse zur ersten Forschungsfrage werden entlang der UTAUT-Faktoren dargestellt. Bei den *Leistungserwartungen* hat sich gezeigt, dass die Ärzt*innen in der Telemedizin vor allem eine Reduzierung der Kosten und des Verwaltungsaufwandes sehen. Das könnte daran liegen, dass die meisten Ärzt*innen den digitalen Bruch kritisieren, also dass Befunde zwar digital erstellt, jedoch immer noch analog übertragen werden: *„Ich fände es gut, wenn ich z.B. Befunde per Mail bekomme. Dann müsste ich nicht alles ausdrucken, einscannen und dann schreddern. Das kostet Toner, Zeit und Ressourcen von einer Schwester, die das machen muss. Und es geht viel eleganter als PDF-Versand."* (Dr. Peter Neumann). Eine Überwindung dieses Bruchs sehen die befragten Ärzt*innen durch die zentrale Speicherung der Befunde auf dem Chip der Gesundheitskarte, wodurch alle behandelnden Ärzt*innen auf essentielle Informationen zugreifen können: *„Ich finde das ist mein großer Traum, dass der Patient seine Chipkarte einschiebt und dann sind die letzten Arztbriefe und der Medikationsplan drin und das ist dann sofort eingepflegt in meiner Software"* (Dr. Diana Steinle). Darüber hinaus sehe man durch den Einsatz von telemedizinischen Anwendungen Potential zur Zeiteinsparung. Unter anderem durch den Einsatz der Videosprechstunde, wodurch die Fahrtzeiten der Hausbesuche wegfallen, die vor allem bei Patient*innen in ländlichen Regionen recht lange sein kann. *„Also, wenn ich zum Hausbesuch fahren muss, sind das 20 Minuten, das ist schon ziemlich viel Zeit. Trotzdem bin ich nur 10 Minuten bei dem Patienten. Das heißt, ich verbringe 30 Minuten für einen 10 Minuten Kontakt. Wenn ich den 10 Minuten Kontakt per Online-Video hätte und 20 Minuten Fahrzeit sparen könnte, dann wäre das super."* (Dr. Franz Schwägerl). Die eingesparte Zeit könne beispielsweise für die Behandlung weiterer Patient*innen genutzt werden.

Demgegenüber stehen die *Aufwandserwartungen.* Interessanterweise werden dabei häufig die gleichen Aspekte wie bei den Leistungserwartungen genannt. Die eingesparten Kosten durch den Einsatz von Telemedizin werden laut den Fachärzt*innen letztlich nur durch neue Ausgaben von telemedizinischen Leistungen ersetzt. Der Aufwand erhöhe sich, da neue Strukturen und Anschaffungen notwendig seien. *„Die Kosten kommen ja spätestens, wenn man sich die erforderliche Hardware anschaffen muss. Dann muss man Zeit dazu verwenden, die einzubinden, das heißt Techniker* *kommen – die kommen nicht umsonst. Dann muss man schauen, dass man sich und das Personal auf die neuen Anwendungen vorbereitet und einweist. Das dauert Zeit, bis die geschult sind, dass zumindest in der eigenen Praxis der Ablauf mit den neuen Modulen so funktioniert, dass es reibungslos und fehlerfrei über die Bühne gehen kann*“ (Dr. Peter Neumann). So verlockend die Idee von gespeicherten Befunden auf der Gesundheitskarte auch klingt, so häufig wurden doch auch datenschutzrechtliche Bedenken geäußert, da nicht geklärt ist, wer welche Daten einsehen *darf* und wer welche Daten einsehen *muss*. „*Klar ist es schön, aber muss denn alles durchsichtig sein? Also, wenn ein Patient HIV-positiv ist, muss ich das als HNO-Arzt wissen, wenn ich ihm nicht gerade Blut abnehme? Es ist schön, wenn ich es weiß. Aber wenn es auf der Chipkarte steht, weiß es jeder. Weiß nicht, ob der Patient das will.*“ (Dr. Julia Mayer). Auch die momentan noch schlechte bis ausbleibende Bezahlung wird häufig kritisiert und stellt wohl eine der wesentlichsten Barrieren für die Implementierung von telemedizinischen Anwendungsmöglichkeiten bei den befragten Ärzt*innen dar, weshalb viele, trotz grundsätzlich positiver Einstellung, noch keine Notwendigkeit hierfür sehen. „*Was momentan an Telematik vergütet wird für die Videosprechstunde ist lächerlich. Dafür lohnen sich die ganzen Anschaffungen nicht. Man muss kostendeckend arbeiten können“ (Dr. Emma Lehmann). „Zusätzlicher Aufwand. Zusätzliche Kosten. Keine Einnahmen. Nee. Keine Lust. (Lacht)*“ (Dr. Klaus Hofmann).

Soziale Einflüsse scheinen bei den Ärzt*innen keine Rolle zu spielen: „*Ich denke wir Mediziner sind ja tendenziell auch eher Eigenbrötler*“ (Dr. Christian Baumler). Es wird nur selten mit anderen Ärzt*innen und auch Patient*innen über den Einsatz und die Möglichkeiten von Telemedizin gesprochen. „*Man trifft sich ja selten in der Freizeit, klar wenn man jetzt irgendwie so befreundete Niedergelassene hat, mit denen man dadrüber reden kann, aber ansonsten ist es ja jetzt nichts, was so ein großes Thema unter uns ist; wenn dann wird gemeckert*“ (Dr. Stefan Froh). Auch scheinen die Einstellungen anderer Ärzt*innen keinen wesentlichen Einfluss auf ihr eigenes Akzeptanz- und Adoptionsverhalten von Telemedizin zu haben.

Als *erleichternde Rahmenbedingungen* wurde in Folge der Aufwandserwartungen verlangt, dass telemedizinische Dienstleistungen „*finanziell besser finanziert werden*“ (Dr. Diana Steinle). Weiter äußerten auch die Hälfte der Befragten Wünsche nach monetären Anreizen: „*Also ich glaube, dass Ärzte ohne sozusagen finanzielle Subventionierung oder eine Prämie überhaupt niemals auf so was aufspringen würden*“ (Dr. Stefan Froh). Bei technischen Schwierigkeiten wurde eine umfassende datenschutz- und haftungsrechtliche Absicherung der Ärzt*innen als förderliche Rahmenbedingung genannt. Zudem sollen die Patient*innen dabei einen Teil der Verantwortung tragen und sich bei den Kosten beteiligen, um eine sonst befürchtete Überbeanspruchung zu verhindern.

Alter und *Geschlecht* zeigten bei den in dieser Studie geführten Befragungen keine Unterschiede hinsichtlich der Akzeptanz von Telemedizin bei Fachärzt*innen. Das könnte jedoch auch daran liegen, dass die Stichprobe in dieser Untersuchung hinsichtlich des Alters sehr homogen war und Ärztinnen deutlich unterrepräsentiert waren. Die Ergebnisse der Faktoren *Erfahrungen* und *Freiwilligkeit* verdeutlichen sich am besten anhand der Typologie, weshalb an dieser Stelle nicht weiter darauf eingegangen werden soll.

Typologie der Telemedizin-Akzaptanz

Insgesamt haben sich drei Akzeptanz-Typen herausgebildet: Die *Enthusiast*innen*, die *Aufgeschlossenen* und die *Verunsicherten* (Tabelle 1). Dem Typus *Enthusiast*innen* konnten anhand der Interviews drei Ärzt*innen zugeordnet werden. Sie zeichnen sich dadurch aus, dass sie bereits telemedizinische Dienstleistungen benutzt oder zumindest erste Erfahrungen damit gemacht haben. Der Ausdruck Enthusiast verdeutlicht, dass diese Ärzt*innen bereit waren oder sind, selbst Geld in die Implementierung von Telemedizin zu investieren, da sie auch die Entwicklung positiv voranbringen möchten: *„Also man muss ja auch mal ein bisschen Mut haben und was probieren. Wenn man nur Angst hat, dann denke ich kommen wir auch nicht voran. Deswegen mache ich das ja auch mit dieser Videosprechstunde, obwohl es mir nicht sehr viel bringt, aber auch einfach um mal Erfahrungen zu sammeln und mitreden zu können"* (Dr. Martin Beck). Die *Enthusiast*innen* beklagen sich hauptsächlich über die hemmende Entwicklung in Deutschland, da sie bereits seit mehreren Jahren viel Zeit und Geld in den Einsatz von telemedizinischen Anwendungen investiert haben, sich jedoch ihrer Meinung nach das System nicht ausreichend geändert habe: „[...] *ich hab jetzt nichts gegen die Digitalisierung, mir geht's nur darum, so wie das hier gemacht wird und von der „gematik" zusammen mit der Politik durchgesetzt wird, sehe ich, das wird nicht funktionieren. Das ist so wie der Berliner Hauptstadtflughafen in der ärztlichen Digitalisierung*" (Dr. Klaus

Hofmann). So sind diese zwar erfreut, dass sich mittlerweile eine Entwicklung in Deutschland zeigt, diese aber zu spät sei und immer noch im internationalen Vergleich hinterher läge.

Die *Aufgeschlossenen* stellen mit fünf zugehörigen Ärzt*innen den größten Typ dar. Ärzt*innen dieses Typus sind gegenüber der Telemedizin grundsätzlich offen eingestellt, die Mehrheit hat jedoch noch keine telemedizinischen Anwendungen benutzt und somit auch keine Erfahrungen sammeln können. Sie betonen und fürchten verstärkt die Nachteile und pointieren die Aufwandserwartungen. Auch fühlen sie sich „*pauschal schlecht informiert*“ (Dr. Franz Schwägerl) über die Möglichkeiten und Risiken von Telemedizin. Sie wollen vor allem direkte Vorteile für sich oder zumindest für die Patient*innen sehen, um ihr Akzeptanzverhalten positiv zu ändern: „*Wenn es mir hilft im Alltag, dann würde ich auch investieren. Es gibt viele Kinderärzte, die kleine Laborgeräte in ihren Praxen haben und das rentiert sich nicht und trotzdem machen sie es, weil es ihnen in ihrem Alltag hilft*“ (Dr. Friedrich Kautz). Wenn also der Einsatz von telemedizinischen Anwendungen den Praxisablauf, die Behandlung von Patient*innen oder den Verwaltungsaufwand sichtbar verbessert ohne größere Kompromisse oder Nachteile in Kauf zu nehmen, seien diese Ärzt*innen durchaus bereit in telemedizinische Leistungen zu investieren.

Zu den *Verunsicherten*, die den dritten Typ darstellen, lassen sich drei Fachärzt*innen aus der vorliegenden Studie zuordnen. Sie sind grundsätzlich skeptisch gegenüber Telemedizin eingestellt, wofür vor allem die Angst vor einem Kontrollverlust verantwortlich ist. So würden bei einer Online-Terminvereinbarung die Patient*innen einen Termin buchen, ohne einschätzen zu können, wie viel Zeit deren Behandlung tatsächlich in Anspruch nimmt. Wenn sie dann neben „[...] *den Patienten, die sowieso regulär einen Termin haben* [...]*, dazwischen noch Lücken lassen müssen im Computersystem, für die Patienten, die sich online eintragen möchten, wird es sehr schwierig die Patienten so einzutakten, dass es von den Abläufen her gut reinpasst*“ (Dr. Julia Mayer). Zudem könnten die Patient*innen sehr einfach und kurzfristig mit einem Klick wieder absagen, ohne persönlich Kontakt aufnehmen zu müssen, wodurch die Ärzt*innen eine Erhöhung der spontanen Absagen und dadurch eine Störung des Praxisbetriebes fürchten. Problematisch wird auch der übermäßige Einsatz von technischen Hilfsmitteln bei der Behandlung gesehen, der dazu führen könne, dass sie den „*persönlichen Patienten-Kontakt verlieren*“ (Dr. Julia Mayer). Insofern sehe man auch die Videosprechstunde kritisch, da die Patient*innen nicht im Ganzen wahrgenommen werden und somit wichtige nonverbale Kommunikationsfaktoren verloren gehen können. Allgemein zeigt sich ein gewisser Techniknegativismus, der die Digitalisierung von Praxen generell kritisch sieht. Entsprechend sehen die *Verunsicherten* insgesamt keine zusätzlichen und relevanten Vorteile für ihren Praxisalltag.

6 Zusammenfassung

Innerhalb dieser Studie wurde die UTAUT als theoretisches Fundament eingesetzt, um die Erwartungen und Zweifel telemedizinischer Anwendungen von niedergelassenen Fachärzt*innen zu ermitteln. Mit Hilfe der Determinanten des UTAUT-Modells konnten systematisch mögliche Einflussfaktoren für die Adoption und Akzeptanz abgefragt werden. Parallel dazu erlaubten die qualitativen Leitfadeninterviews eine vertiefende und ausführlichere Sichtweise auf die Wünsche und Ängste der Ärzt*innen und ermöglichen es somit Implikationen für die Forschung, Politik und Praxis zu formulieren. Zusammenfassend zeigt sich, dass die Mehrheit der Ärzt*innen dem Einsatz von telemedizinischen Anwendungen im ambulanten Bereich gegenüber grundsätzlich positiv eingestellt ist. Jedoch wird die Telemedizin höchst kontrovers bewertet, wenn nach individuellen Akzeptanzbarrieren gefragt wird. Als Hindernisse für die Implementierung von Telemedizin werden rechtliche und ökonomische Rahmenbedingungen gesehen. Dabei wurden vor allem eine zu niedrige oder gar ausbleibende Honorierung telemedizinischer Dienstleistungen sowie haftungsrechtliche Unklarheiten bei Fehlbehandlungen mittels Telemedizin als Hürden für die Implementierung digitaler Hilfsmittel genannt. Entstehende Kosten und datenschutzrechtliche Fragen wurden hingegen bei sichtbarem Nutzen als weniger problematisch angesehen. Trotz dieser Hürden zeigt sich, dass die Ärzt*innen durchaus bereit sind, ihre Praxis zu digitalisieren, solange dies die Behandlung von Patient*innen, die Praxisverwaltung und die Kommunikation mit anderen Ärzt*innen erleichtert. Diese Potentiale werden deutlich hervorgehoben, wobei die Ärzt*innen von Seiten der Politik auf erleichternde Rahmenbedingungen hoffen.

7 Limitationen

Diese Studie wurde lediglich mit einem kleinen Sample von elf Fachärzt*innen durchgeführt. Darunter waren zwar wie gewünscht verschiedene Fachrichtungen vertreten, allerdings erschwert diese Heterogenität auch die Vergleichbarkeit, da der Praxisalltag sich mit den Fachrichtungen deutlich unterscheiden kann und somit auch der Einsatz und die Akzeptanzeinstellung telemedizinischer Anwendungen. Zusätzlich war eine Auswahlbedingung der Ärzt*innen, dass grundsätzlich ein Interesse in Telemedizin bestehe, dementsprechend waren in der Stichprobe keine a priori Skeptiker. Jedoch stellte sich im Laufe der Auswertung heraus, dass unter anderem Ärzt*innen des Typus *Verunsicherte* misstrauisch gegenüber der Digitalisierung der Praxen gegenüberstehen. So kann davon ausgegangen werden, dass auch die Ansichten grundlegender Skeptiker miterfasst worden sind, dennoch ist die Meinung und Sichtweise der kritisch eingestellten durchaus interessant und sollte auch bei zukünftigen Studien stärker beachtet werden. Weiter lassen sich anhand dieser Studie keine generalisierenden Aussagen treffen. Es wurden ausschließlich Fachärzt*innen in Thüringen befragt. Somit können keine allgemeinen Aussagen über Kliniken oder die Ärzteschaft in Deutschland getroffen werden. Zuletzt soll hier noch das relativ hohe Durchschnittsalter (49 Jahre) genannt werden. Dies liegt unter anderem auch daran, dass die Ausbildung zum Facharzt deutlich mehr Zeit in Anspruch nimmt. Nichtsdestotrotz wäre es für zukünftige Studien interessant, wie junge bzw. angehende Ärzt*innen sowie Patient*innen zu dem Einsatz von Telemedizin stehen und die Ergebnisse ganzheitlich miteinander in Verbindung zu setzen, weshalb sich dabei die Nutzung der UTAUT anböte. Trotz methodischer Limitationen machen die Befunde wichtige Aspekte für eine erfolgreiche Implementierung telemedizinischer Anwendungen deutlich. Ähnlich wie bei der partizipativen Entscheidungsfindung sollte die Einführung von Telemedizin nicht paternalistisch geprägt sein, sondern auf Augenhöhe mit allen Beteiligten und betroffenen Akteuren im Konsens eine Lösung gefunden werden, um Handlungsansätze für die Politik, Technikanbieter und die Ärzteschaft selbst abzuleiten, welche die Entwicklung für die Digitalisierung des Gesundheitswesens fördern können.

8 Implikationen für die Praxis

Anhand der in Abschnitt 5.2 beschriebenen Akzeptanz-Typologie lassen sich bereits vorsichtig Handlungsempfehlungen für die Politik und Praxis ableiten. So verlangen die *Enthusiast*innen* nicht zwingend finanzielle Anreize, da sie aus eigener Überzeugung und einer gewissen Technikaffinität handeln und Erfahrungen sammeln möchten. Hier sollte verstärkt auf deren individuelle Wünsche eingegangen werden, da diese Ärzt*innen durch die praktischen Erfahrungen die meisten Ideen und Anregungen haben und ebenfalls die Bereitschaft zeigen, neue Umsetzungen zu testen, auch wenn das für sie zusätzlichen Aufwand oder Kosten bedeutet. Jedoch sollte der tägliche Praxisablauf dadurch nicht gestört oder unterbrochen werden. Des Weiteren können die *Enthusiast*innen* auch als Vermittler für andere Ärzt*innen agieren und etwa den Typen *Aufgeschlossene* und *Verunsicherte* von Erfahrungen direkter Vorteile in ihrer Praxis sowie Implementierungsstrategien berichten, welche Schwierigkeiten sie hatten und was man bei einer Integrierung beachten sollte. Dafür könnten beispielsweise Workshops oder Weiterbildungen eine angemessene Plattform darstellen. Dies ist vor allem sinnvoll, da die *Aufgeschlossenen* noch Bedarf in der Aufklärung von Telemedizin sehen und deshalb auch stärker informiert werden sollten. Die *Aufgeschlossenen* könnte man zudem durch finanzielle Anreize seitens der kassenärztlichen Vereinigungen durchaus dazu bewegen Telemedizin auszuprobieren. Auch die Bereitschaft telemedizinische Software zu testen war innerhalb der Interviews sehr groß und könnte eine weitere Strategie zur Förderung der Akzeptanz darstellen, da sie die direkten Vorteile im eigenen Praxisbetrieb erleben und auch positiv anderen Ärzt*innen davon berichten. Die *Verunsicherten* legen, wie die *Enthusiast*innen*, nicht viel Wert auf finanzielle Anreize. Grund hierfür ist, dass sie generell nicht von der Digitalisierung der Praxen überzeugt sind. Um sie also annähernd zu dem Einsatz von Telemedizin zu bringen, könnten auch hier ähnliche Handlungsempfehlungen wie bei den *Aufgeschlossenen* gelten. Allerdings sollte der Fokus eher auf die *Aufgeschlossenen* gelegt werden, da dieser Typus erstens die Mehrheit der Ärzt*innen darstellt und zweitens diese am ehesten dazu bereit wären Telemedizin zu implementieren oder zumindest zu testen.

Unabhängig von der Akzeptanz-Typologie, lassen sich auch übergreifende Handlungsempfehlungen ableiten. So ist es aus Sicht aller Ärzt*innen fundamental für die Implementierung von Telemedizin, eine angemessene bzw. kostendeckende Finanzierung telemedizinscher Anwendungen zu gewährleisten. Auch kritisieren viele Ärzt*innen ein Erzwingen der Implementierung von Telemedizin, weshalb dies möglichst verhindert werden sollte, da sonst ein Reaktanzverhalten wahrscheinlich ist. Stattdessen sollten direkte Vorteile für den Praxisalltag und die Behandlung von Patient*innen aufgezeigt werden. Die Ärzt*innen haben deutlich gemacht, dass sie bereit sind, Investitionen in die Telemedizin zu leisten, sobald sie einen solchen Nutzen sehen. Die kassenärztlichen Vereinigungen sollten demnach eine bessere Vergütung aushandeln, damit Telemedizin-Anwendungen reizvoller werden. So sollte auch der Bund für die notwendigen technischen Voraussetzungen sorgen, wie die flächendeckende Netzinfrastruktur und ein ausreichend schnelles Internet, vor allem in den unterversorgten ländlichen Gebieten. Zusammen mit der ausreichenden Finanzierung, der Bereitstellung von lizensierten Komponenten sowie deren Zuverlässigkeit nehmen diese Faktoren einen wesentlichen Einfluss auf das Akzeptanzverhalten bezüglich Telemedizin ein. Dabei sollten die Telemedizin-Anwendungen standardisiert sein, also unabhängig vom jeweiligen Praxisverwaltungssystem, Bundesland, oder der Gesundheitskasse. Die Digitalisierung revolutioniert das Gesundheitswesen. So können Ärzt*innen zusammen mit den Patient*innen einfacher, schneller und zuverlässiger arbeiten und Herausforderungen wie dem demographischen Wandel und dem Ärztemangel entgegenwirken. Dennoch sollten technische Hilfsmittel stets eine unterstützende Funktion wahren und nicht den persönlichen Arzt-Patienten-Kontakt ersetzen.

Literaturverzeichnis

Brokmann, J. C., Czaplik, M., Bergrath, S., Valentin, B., Hirsch, F., Rossaint, R., & Beckers, S. K. (2014). Telemedizin: Perspektiven für die ländliche Notfallversorgung. *Notfall + Rettungsmedizin*, *17*(3), 209–216.

Bundesärztekammer (2016). *Entwicklung der Arztzahlen nach ärztlichem Tätigkeitsbereich*. Abgerufen am 20.03.2018, von https://www.bundesaerztekammer.de/ fileadmin/user_upload/downloads/pdf-Ordner/Statistik2016/Stat16Tab01.pdf.

Bundesministerium für Gesundheit (2018, 20. Februar). E-Health-Gesetz. Abgerufen 28. Juni. 2018, von https://www.bundesgesundheitsministerium.de/service/begriffe-von-a-z/e/e-health-gesetz.html.

Davis, F. (1989). Perceived Usefulness, Perceived Ease of Use, and User Acceptance of Information Technology. *MIS Quarterly,13*(3), 319-340.

Destatis (2009). Statistisches Bundesamt, Wiesbaden, Bevölkerung Deutschlands bis 2060. 12. Koordinierte Bevölkerungsrechnung 2009, www.destatis.de.

Dockweiler, C. (2016a). *Adoption und Akzeptanz telemedizinischer Leistungen aus Perspektive der Nutzerinnen und Nutzer*. Bielefeld: Universität Bielefeld.

Dockweiler, C. (2016b). Akzeptanz der Telemedizin. In F. Fischer, & A. Krämer (Hrsg.), *eHealth in Deutschland Anforderungen und Potenziale innovativer Versorgungsstrukturen* (S. 257-271). Berlin, Deutschland: Springer.

Duftschmid, G., Binder, M., Wrba, T., Dorda, W., & Pehamberger, H. (2005). Guidelines for the planning and implementation of telemedical applications. *Wiener klinische Wochenschrift*, *117*(19–20), 673–683.

European Commission (2014). Putting patients in the driving seat: A digital future for healthcare. Abgerufen am 24.06.2018, von http://europa.eu/rapid/press-release_IP-12-1333_en.pdf.

Eysenbach, G. (2001). What is e-health? *Journal of Medical Internet Research, 3*(2), e20. doi:10.2196/jmir.3.2.e20

Kohnke, A., Cole, M. L., & Bush, R. (2014). Incorporating UTAUT Predictors for Understanding Home Care Patients' and Clinician's Acceptance of Healthcare Telemedicine Equipment. *Journal of Technology Management & Innovation*, *9*(2), 29–41.

Kuckartz, U. (2016). *Qualitative Inhaltsanalyse. Methoden, Praxis, Computerunterstützung.* (3., überarbeitete Auflage). In *Grundlagentexte Methoden* (3., überarbeitete Auflage). Weinheim Basel: Beltz Juventa.

PricewaterhouseCoopers AG, (PWC). (2010). *Gesundheitswesen, Fachkräftemangel, stationärer und ambulanter Bereich bis zum Jahr 2030*. Abgerufen am 30.06.2018, von www.pwc.de/de/gesundheitswesen-und-pharma/assets/fachkraeftemangel.pdf.

Rakibul H., Golam S. (2017). Understanding Factors Influencing the Adoption of mHealth by the Elderly: An Extension of the UTAUT Model, International Journal of Medical Informatics.

Rechel, B., Grundy, E., Robine, J.-M., Cylus, J., Mackenbach, J. P., Knai, C., & McKee, M. (2013). Ageing in the European Union. *The Lancet*, *381*(9874), 1312–1322.

Rossmann, C., & Karnowski, V. (2014). eHealth & mHealth: Gesundheitskommunikation online und mobil. In K. Hurrelmann & E. Baumann (Hrsg.), Handbuch Gesundheitskommunikation (S. 271–285). Bern: Huber.

Trill, R. (2018a). eHealth-Anwendungen im Überblick. In R. Trill (Hrsg.), *Praxisbuch eHealth: von der Idee zur Umsetzung* (2., erweiterte und überarbeitete Auflage, S. 45–69). Stuttgart: Verlag W.Kohlhammer.

Trill, R. (2018b). Gesundheitswesen im Umbruch. In R. Trill (Hrsg.), *Praxisbuch eHealth: von der Idee zur Umsetzung* (2., erweiterte und überarbeitete Auflage, S. 22–33). Stuttgart: Verlag W.Kohlhammer.

van den Berg, N., Schmidt, S., Stentzel, U., Mühlan, H., & Hoffmann, W. (2015). Telemedizinische Versorgungskonzepte in der regionalen Versorgung ländlicher Gebiete: Möglichkeiten, Einschränkungen, Perspektiven. *Bundesgesundheitsblatt - Gesundheitsforschung - Gesundheitsschutz*, *58*(4–5), 367–373.

Venkatesh, Morris, Davis, & Davis. (2003). User Acceptance of Information Technology: Toward a Unified View. *MIS Quarterly*, *27*(3), 425.

Williams, P. A. H., & Ami-Narh, J. T. (2012). A revised UTAUT model to investigate E-health acceptance of health professionals in Africa. *Journal of Emerging Trends in Computing and Information Sciences*, *3*(2), 1383-1391.

Wills, M. J., El-Gayar, O. F., & Bennett, D. (2008). Examining Healthcare Professionals' acceptance of electronic medical records using UTAUT, (2), 6.

Patientenzentrierte Kommunikation in der Onkologie: Ärztliche Best-Practice-Strategien, Rollen und Ziele für die gemeinsame Therapieentscheidung vor dem Hintergrund patientenseitiger Onlinerecherche

Simone Jäger & Constanze Rossmann

1 Einleitung

Die voranschreitende Digitalisierung hält auf vielfältige Weise Einzug in die Gesundheitskommunikation. Typische Berührungspunkte lassen sich am besten mit Blick auf die vier Ebenen der Gesundheitskommunikation aufzeigen: der massenmedialen, der institutionellen bzw. organisatorischen, der interpersonalen und der intrapersonalen (vgl. Rossmann, Hastall & Baumann, 2014; Rossmann & Ziegler, 2013; Signitzer, 2001). Der digitale Wandel betrifft hierbei alle genannten Ebenen. Aktuelle Beispiele dafür sind das wachsende Angebot von Gesundheitsinformationen in den Onlinemedien, etwa auf Gesundheitsportalen (massenmediale Ebene), die vermehrte Anwendung von Webkonferenzen in der medizinischen Versorgung von Patient*innen und die seit dem 1.7.2017 auch in Deutschland zugelassene Online-Sprechstunde (TK, 2017; institutionelle Ebene), diverse Foren für Vernetzung, Austausch und Unterstützung von betroffenen Peers (interpersonale Ebene) sowie die zunehmende Anzahl an Apps für gesundheitsbezogenes Selbstmanagement (überwiegend intrapersonale Ebene).

Wie diese Beispiele zeigen, lassen sich gerade im digitalen Bereich die beobachtbaren Anwendungen nicht in jedem Fall eindeutig einer Ebene zuordnen, was auch im Zusammenhang mit der Bedeutung von Online-Gesundheitsinformationen für die Arzt-Patient-Kommunikation deutlich wird. So recherchieren Patient*innen zunehmend online zu Gesundheitsthemen, fühlen sich durch diese Recherchen bestärkt oder verunsichert, ersetzen oder vereinbaren dadurch einen Termin bei Ärzt*innen und bringen diese Informationen mitunter in medial vermittelte oder persönliche Arzt-Patient-Gespräche ein. Die Gesundheitsinformationssuche im Internet berührt beispielsweise also: erstens die massenmediale Ebene, und zwar dadurch, dass Patient*innen auf das dortige Angebot zugreifen; zweitens die intrapersonale Ebene, indem Patient*innen durch ihre Recherche selbst informierter oder aber von der Informationsflut überfordert sind; drittens die organisatorische Ebene, wenn anschließend ein Arzttermin abgesagt oder neu vereinbart wird; viertens die Ebene der online vermittelten interpersonalen Kommunikation, falls sich Patient*innen anknüpfend an ihre Recherche mit medizinischem Fachpersonal oder auch betroffenen Peers im Internet dazu austauschen; und fünftens die direkte interpersonale Kommunikation, indem Patient*innen ihre Suchergebnisse in das Face-to-Face-Gespräch mit ihren Ärzt*innen einbringen. Der vorliegende Beitrag beleuchtet im Zuge der beobachtbaren Veränderungen durch die Digitalisierung gezielt die letztgenannte Ebene, also die der direkten interpersonalen Kommunikation im Offline-Kontext, auf der Ärzt*in und Patient*in als Kerninteraktionspartner*innen verortet sind. Die Kommunikation zwischen beiden Parteien wird ggf. um Klinik- oder Praxispersonal sowie Angehörige ergänzt. Das persönliche Arzt-Patient-Gespräch wird durch die skizzierten Entwicklungen im Online-Kontext, darunter insbesondere die patientenseitige Internetrecherche, fortlaufend geprägt (vgl. Gerber & Eiser, 2001; Tautz, 2002; Wald, Dube & Anthony, 2007).

Das Online-Informationsverhalten von Patient*innen gewinnt im Kontext der Arzt-Patient-Interaktion vor allem für die gemeinsame Therapieentscheidung an Bedeutung. So basiert die Wahl der besten Therapie idealerweise auf einer informierten Entscheidungsfindung, bei der den Patient*innen alle Optionen sowie Vor- und Nachteile der infragekommenden Therapien bekannt sind, um darauf aufbauend die beste Entscheidung für ihre jeweilige Situation treffen zu können (vgl. Epstein & Street, 2007; Joffe, Cook, Clearly, Clark, & Weeks, 2001; Rummer & Scheibler, 2016; Woolf et al., 2005). Im Internet können sich Patient*innen umfassend zu aktuellen Therapieverfahren informieren und sich in der Sprechstunde bei ihren Ärzt*innen näher dazu erkundigen. Den medizinischen Leistungserbringer*innen kommt an dieser Stelle eine Schlüsselfunktion zu, denn nur diese können die Informationen auf ihren Qualitätsgehalt hin überprüfen und auch dahingehend bewerten, ob sie für die individuelle Krankheitssituation der Patient*innen überhaupt passen. Neben der Fachexpertise und Berufserfahrung von Ärzt*innen in der konkreten Sprechstundensituation werden die Behandlungspräferenzen von Patient*innen zunehmend auch durch das Internet geprägt. Es stellt mindestens eine zusätzliche und meist dazu sehr umfangreiche Stimme dar - sei es in Form von weiteren Informationsquellen, patientenseitigen Erfahrungsberichten oder Empfehlungen anderer Ärzt*innen - die für die Therapieentscheidung zu berücksichtigen ist. Da die jeweiligen Webseiten, Portale, Foren oder anderen Onlineformen wie erwähnt inhaltlich qualitativ hochwertige oder minderwertige Informationen vermitteln können und auch Qualitätsinformationen grundsätzlich noch auf ihre Passgenauigkeit für die Patient*innen zu überprüfen sind, fällt es demnach in den ärztlichen Leistungsbereich, auf die Informationen einzugehen, die Patient*innen online recherchiert haben und in die Sprechstunde einbringen.

Dieser Beitrag beleuchtet die Situation, in der Patient*innen die mitgebrachten Internetinformationen für die Therapieentscheidung berücksichtigt wissen möchten und sie deshalb explizit im persönlichen Gespräch bei ihren Ärzt*innen ansprechen. Wie Ärzt*innen ihre Kommunikation hierbei strategisch optimal gestalten, welches ärztliche Rollenverständnis sich daraus ergibt und welche Ziele bei ihrem kommunikativen Verhalten im Vordergrund stehen, wird im Folgenden untersucht. Zunächst werden der Hintergrund und Fokus der durchgeführten Studie[1] tiefer betrachtet, dann daraus konkrete Forschungsfragen abgeleitet. Im Anschluss wird die methodische Herangehensweise erläutert und eine Auswahl der Studienergebnisse dargestellt. Der Beitrag schließt mit einem Fazit, das die Kernpunkte zusammenfasst, Implikationen und Limitationen aufgreift, den Nutzen der Studie verdeutlicht und einen Ausblick gibt.

2 Theorie: Hintergrund und Fokus

2.1 Arzt-Patient-Kommunikation im Wandel

Das Arzt-Patient-Gespräch bildet insofern das „Herzstück" dieser Betrachtungsebene, als hier wesentliche Informationen rund um die patientenseitigen Gesundheitsbelange ausgetauscht werden: angefangen von Symptomen über ihre Deutung, Ursachen und Behandlungsoptionen bis hin zu deren Auswirkungen auf Gesundheitszustand und Lebensqualität (vgl. Reinhardt, Jäger & Rossmann, 2018). Der Arzt-Patient-Kommunikation kommen dabei sechs wesentliche Funktionen zu: Informationsaustausch, emotionale Unterstützung, Unsicherheitsmanagement, Beziehungsstärkung, Treffen von (Therapie-)Entscheidungen und Gesundheitsmanagement der Patient*innen (vgl. Street, Makoul, Arora & Epstein, 2009). Die Arzt-Patient-

1 Die Studie ist Teil des Dissertationsprojekts der Erstautorin dieses Beitrags. Das Vorhaben beschäftigt sich mit effektiver patientenzentrierter Kommunikation von onkologisch tätigen Ärzt*innen. Dabei geht es insbesondere um die Entwicklung, dass sich Patient*innen für die Therapieentscheidung zunehmend im Internet informieren und diese Recherchen in die Sprechstunde einbringen.

Beziehung hat sich vor allem in den letzten beiden Jahrzehnten von einem paternalistischen zu einem patientenzentrierten Verhältnis entwickelt, in dem informierte Patient*innen gehört werden wollen und selbst ihre Therapie mitgestalten können (vgl. Roter, 2000).

Verschiedene Studien zeigen, dass sich diese aktive Partizipation, vor allem bei Therapieentscheidung und Selbstmanagement, positiv auf den Behandlungserfolg auswirkt (vgl. im Überblick Roter & Hall, 2006). Der gemeinsamen Entscheidung („shared decision“) geht voraus, dass die beiden Gesundheitspartner*innen ihr jeweiliges Wissen miteinander teilen („shared knowledge“) und die Hauptaspekte zusammen abwägen („shared deliberation“; im Konzept des „shared mind“ bei Epstein & Street, 2011). Dies bildet die Basis für eine höhere Zufriedenheit mit der Ärztin oder dem Arzt und ihrer Behandlung sowie die Adherence[2], die einen entscheidenden Faktor für den Therapieerfolg darstellt. Entsprechend ist die ärztliche Kommunikation nicht nur für die Qualität der Arzt-Patient-Beziehung relevant, sondern leistet über die erwähnten Parameter auch einen Beitrag zur Therapieeffektivität und zur Lebensqualität. Daher sollte sie stets als ein Teil der medizinischen Versorgung berücksichtigt werden (vgl. dazu auch: Epstein & Street, 2007; Roter & Hall, 2006; Street, 2013; Street et al., 2009).

Insbesondere bei Krankheitsbildern, die einige Arztbesuche erfordern, wo viele Informationen besprochen werden und schwierige Entscheidungen getroffen werden müssen, und die mit langwiereigen Therapien und Nachsorgeterminen einhergehen können, wie im Fall von Krebserkrankungen, wird eine patientenzentrierte Kommunikation empfohlen (vgl. Epstein & Street, 2007). Wie wichtig diese ist, zeigt sich beispielsweise im Forschungskontext des Unsicherheitsmanagements, zu dem die ärztlichen Leistungserbringer durch gezielte Kommunikation die bestehenden Unsicherheiten auf Patientenseite beseitigen oder zumindest minimieren können (vgl. Dean & Street, 2015). Die Empfehlungen zur patientenzentrierten Kommunikation aus der Fachliteratur werden zunehmend auch in der Politik aufgegriffen. Ein Beispiel stellt der Nationale Krebsplan dar, der unter anderem die Stärkung der kommunikativen Kompetenz der Leistungserbringer*innen und die aktive Miteinbeziehung von Patient*innen in die Entscheidung über medizinische Maßnahmen in den Mittelpunkt rückt (vgl. Handlungsfeld 4, Ziele 12a und 13 in BMG, DKG, DKH & ADT, 2017).

---

2 Wird betrachtet, inwiefern die getroffenen Therapieentscheidungen auch eingehalten werden, so spiegelt der Begriff Adherence einen partnerschaftlichen Ansatz in der Arzt-Patient-Interaktion wider, bei welchem sich Patient*innen aktiv einbringen und Therapieziele und -pläne gemeinsam mit ihren Ärzt*innen abstimmen (vgl. Sabaté & WHO, 2003).

2.2 Bedeutung des Internets für das Arzt-Patient-Gespräch

Im Internet finden Interessierte eine Fülle an Informationen zu Therapien, ihren Nebenwirkungen und Erfolgsquoten. Mit der wachsenden Verfügbarkeit des Internets [3] machen Patient*innen von diesem umfangreichen Informationsangebot auch öfter und intensiver Gebrauch (vgl. Fox & Duggan, 2013; HON, 2005; Johnson & Case, 2012; Kummervold et al., 2008; Skopos-Institut, 2010). Diese Entwicklung spielt vor allem bei vielschichtigen, chronischen und lebensbedrohlichen Erkrankungen eine Rolle, unter anderem im Fall bestimmter Krebserkrankungen. In diesen Kontexten dient die Informationssuche im Internet primär dazu, eine zweite Meinung einzuholen oder Unterstützung zu erhalten, um die Krankheiten und ihre Therapien, die nicht selten mit Nebenwirkungen verbunden sind, besser bewältigen zu können (vgl. Fox & Duggan, 2013).

Die Tatsache, dass sich Patient*innen häufig im Internet informieren, wirkt sich direkt oder indirekt auf die Arzt-Patient-Kommunikation aus. Denn indem diese Gesundheitsinformationen in die Sprechstunde mitgebracht werden, tangieren sie auch Ärzt*innen, die entsprechend darauf reagieren und eingehen. Spricht der Patient oder die Patientin die Online-Gesundheitsrecherche an, bleibt es allerdings in der Regel nicht bei einer Konfrontation der Ärzt*innen mit den gefundenen Internetinformationen (direkter Effekt). Auch durch Online-Informationen geprägte Einstellungen, z.B. gegenüber einer bestimmen Therapieform, und Annahmen, beispielsweise bezüglich der Wirksamkeit bestimmter Behandlungsformen gegen die eigene Krebskrankheit, werden diskutiert oder schwingen zumindest unterschwellig in Form von Erwartungen auf der Patientenseite im Gespräch mit (indirekter Effekt).

2.3 Ärztlicher Umgang mit patientenseitiger Onlinerecherche

Behandelnde Ärzt*innen nehmen also nicht nur wahr, dass sich Patient*innen zunehmend online zu Gesundheitsthemen informieren, sondern

3 Dies beinhaltet folgende Entwicklungen im Rahmen des Breitbandinternets innerhalb der letzten 20 und insbesondere der letzten zehn Jahre: Die Anzahl der festnetzbezogenen und mobilen Breitbandanschlüsse steigt deutschland- und weltweit kontinuierlich an. Die Übertragungstechnologien werden fortlaufend verbessert (vgl. Statistika, 2019). Immer mehr Menschen nutzen das Internet, um Informationen online abzurufen oder einzustellen sowie für den Austausch mit privaten oder beruflichen Kontakten (vgl. Statistisches Bundesamt, 2019).

außerdem, wie sich dies auf patientenseitiges Wissen, Emotionen und Verhalten auswirkt und wie das wiederum die Arzt-Patient-Beziehung verändert. Sie reagieren darauf im Idealfall mit gezielten kommunikativen Strategien (vgl. hierzu Jäger, 2012, 2015a, b; Tautz, 2002; Wald, Dube, & Anthony, 2007; zu diesbezüglichen weiteren Kommunikationsmustern auch Caiata-Zufferey & Schulz, 2012). Dies ist deshalb wichtig, weil sowohl unbewusste als auch bewusste kommunikative Handlungen die Arzt-Patient-Interaktion und ihre Folgen beeinflussen können. Die ärztlichen Leistungserbringer sollten ihre Kommunikationsstrategien demnach so anpassen, dass sie auf die von Patient*innen mitgebrachten (Online-)Informationen und die daraus potenziell resultierende Unsicherheit eingehen können.

Die ärztlichen Kommunikationsstrategien bedingen erstens andere Elemente der Arzt-Patient-Interaktion, konkret Patient Involvement (das heißt das aktive Einbringen der Patient*innen) und Shared Decision-Making (also die gemeinsame Entscheidungsfindung), und haben zweitens darüber hinaus Einfluss auf die Folgen der Arzt-Patient-Interaktion. Diese Auswirkungen können sowohl die Patient*innen selbst betreffen, die dadurch z.B. mehr zur Therapie motiviert werden oder mehr Vertrauen in ihre Ärzt*innen aufbauen, aber auch das ärztliche Fachpersonal selbst, das unnötige Komplikationen im Arzt-Patient-Gespräch umgehen und über die gesteigerte Adherence letztlich mehr Therapieerfolge verzeichnen kann. Darüber hinaus berühren die positiven Effekte der Arzt-Patient-Interaktion, die durch gute ärztliche Kommunikation also maßgeblich mitgestaltet werden kann, die Beziehung zwischen den Interaktionspartner*innen, z.B. wird diese tiefer oder intensiver. Aber auch das Gesundheitssystem profitiert davon, wenn Patient*innen zufrieden sind und somit nicht die Praxis oder das Krankenhaus wechseln oder aber die Behandlung abbrechen. Rückwirkend zeigen sich die Folgen der ärztlichen Kommunikation auch im Online-Kontext, der am Anfang dieser Wirkungskette steht: Nach dem ärztlichen Gespräch ist davon auszugehen, dass das Verhalten von Patient*innen bei der Onlinerecherche anders ausfällt, sie z.B. weniger oder gezielter recherchieren. Zudem können sich auch die Inhalte und Formen der Internetinformationen verändern, beispielsweise dadurch, dass Patient*innen ihre neuen Erkenntnisse darüber, ob eine bestimmte Therapie für eine Krebsart, ein Krankheitsstadium oder andere zu berücksichtigende Faktoren passt, in Foren mit anderen Betroffenen teilen.

Zusammenfassend lässt sich also festhalten: Gehen Ärzt*innen so auf die mitgebrachten Informationen ein, dass Patient*innen damit zufrieden sind, eröffnen sich Chancen zur Verbesserung der Arzt-Patient-Beziehung. Darüber kann ein Beitrag zum Therapieerfolg geleistet und das aktive Gesundheitsengagement von Patient*innen auch über die medizinische Behandlung hinaus gefördert werden. Vor diesem Hintergrund beschäftigt sich der vorliegende Beitrag mit ärztlichen kommunikativen Strategien in dem Kontext und diese werden von beiden Seiten der Arzt-Patient-Interaktion beleuchtet.

3 Zielsetzung der empirischen Studie

Konkret stellt sich die Frage, wie Ärzt*innen mit Patient*innen kommunizieren sollten, die sich im Internet über Therapien informiert haben. Um ein umfassendes Bild zu erhalten, daraus Best-Practice-Strategien und daran anknüpfend ärztliche Rollen und Ziele ableiten zu können, soll diese also aus der Perspektive beider Interaktionspartner*innen betrachtet werden. Als Anwendungskontext dienen die häufigsten Krebserkrankungen Brust-, Prostata- und Darmkrebs (vgl. RKI, 2016). Diese wurden aus mehreren Gründen ausgewählt: Erstens liegen aufgrund der Häufigkeit dieser Erkrankungen reichlich Informationen im Internet vor, was Patient*innen bei der gezielten Suche nach Therapieformen zugutekommt. Zweitens sind die Patient*innen, die von diesen Erkankungen betroffen sind, sehr gut online und offline organisiert, was den Austausch über durchlaufene Therapieformen, erlebte Arzt-Patient-Kommunikation und anderes unter den Betroffenen fördert. Drittens haben die hier untersuchten ärztlichen Best-Practice-Strategien angesichts der Häufigkeit dieser Krebsarten einen konkreten Nutzen für viele Patient*innen, wenn sie in diesen erforschten Kontexten praktiziert werden. Dabei werden folgende drei Dimensionen der Arzt-Patient-Kommunikation anhand konkreter Forschungsfragen betrachtet:

(1) Kommunikationsstrategien: Basierend auf dem „Framework for Patient-Centered Communication in Cancer Care“ von Epstein und Street (2007) wurden die folgenden sechs Kategorien erfasst, in die die Kommunikationsstrategien, die in der empirischen Studie untersucht werden, einzuordnen sind: Arzt-Patient-Beziehung, Informationsaustausch, Umgang mit Emotionen, Unsicherheitsmanagement, Therapieentscheidungen und Selbstmanagement. Als siebte Dimension wurden übergreifende Struktur- und Zeitelemente ergänzt. Die in der Studie betrachteten Kommunikationsstrategien, von denen schließlich die besten identifiziert werden sollten,

stellen ideale Verhaltensweisen in diesem Kontext dar, die sich im ärztlichen Arbeitsalltag nicht immer vollständig umsetzen lassen. Deswegen erfolgt außerdem ein Einblick in die Gründe, die einer kontinuierlichen Anwendung im Weg stehen können. Die entsprechenden Forschungsfragen lauten:

*FF1a: Welche ärztlichen Kommunikationsstrategien sind für eine effektive patientenzentrierte Kommunikation mit Krebspatient*innen nach deren Internetrecherche für die Therapieentscheidung essentiell?*

FF1b: Welche Gründe stehen einer kontinuierlichen Anwendung entgegen?

(2) Kommunikatorrollen: Dabei gilt es herauszufinden, wo sich die ärztlichen Kommunikations- und Handlungsweisen auf dem Spektrum zwischen paternalistisch und patientenzentriert konkret einordnen:

FF2: Welches Rollenverständnis steht hinter den angewandten kommunikativen Strategien?

(3) Kommunikationsziele: Aus der Theorie zum Thema (siehe hierzu vorheriges Kapitel) wurden die folgenden drei Konsequenzen abgeleitet, auf die sich diese Studie fokussiert: Als interaktionsnahe Folge wird die Zufriedenheit mit der ärztlichen Betreuung, insbesondere der Therapieentscheidung, betrachtet. Als gesundheitsbezogene ist das mentale/psychische Wohlbefinden relevant, da es einen grundlegenden Teilbereich persönlicher Lebensqualität darstellt. Dazwischen, also intermediär, steht die Adherence, das heißt die Therapietreue im Sinne des gemeinsam vereinbarten Therapieplans. Dabei soll untersucht werden, ob diese Ziele in einer bestimmten Rangfolge berücksichtigt werden:

FF3: Welche Priorität haben diese patientenbezogenen Ziele für die ärztliche Kommunikation in dem untersuchten Kontext?

4 Methode

*4.1 Delphi-Befragung von Ärzt*innen und Patientenvertreter*innen*

Zur Beantwortung dieser Forschungsfragen wurde mit Ärzt*innen und Patientenvertreter*innen eine Delphi-Befragung durchgeführt. Diese Methode wird grundsätzlich verwendet, um Trendentwicklungen, den idealen Umgang damit, konkrete Handlungsempfehlungen sowie diesbezügliche Konsensfindungen auf Expertenebene zu untersuchen, und besteht dementsprechend aus mindestens zwei Befragungsrunden (vgl. Häder, 2014). Sie wurde bereits in medizinischen Kontexten eingesetzt, unter anderem um Leitlinien zu erstellen (vgl. u.a. Diviani & Schulz, 2011; Hearnshaw, Harker, Cheater, Baker & Grimshaw, 2001; Jones & Hunter, 1995; Keeney, Hasson & McKenna, 2011).

Für die Analyse der Best-Practice-Kommunikation sollen beide Perspektiven der Arzt-Patient-Interaktion einbezogen werden. Dies ermöglicht es, beide Sichtweisen miteinander zu vergleichen und integriert zu betrachten. In der Studie werden deshalb zum einen die Erfahrung und Expertise behandelnder Ärzt*innen sowie zum anderen die Erfahrungswerte von Patientenvertretenden als Expert*innen für patientenseitige Bedürfnisse[4] berücksichtigt. Diese werden jeweils vor dem Hintergrund ihrer Bedeutung für die oben genannten Folgen der Arzt-Patient-Interaktion betrachtet. Auf diese Weise lässt sich ein umfassendes Bild von idealer ärztlicher Kommunikation für diesen Anwendungsbereich gewinnen. Für die zu befragende Expert*innengruppe wurden onkologisch tätige therapieleitende/-entscheidende Ärzt*innen sowie Patientenvertreter*innen, jeweils für die Bereiche Brust-, Darm- und Prostatakrebs, ausgewählt. Die ärztlichen Leistungserbringer*innen sollten in Tumorboards[5] involviert sein, da dies garantierte,

---

4 Patientenvertreter*innen sind in der Regel selbst Betroffene in den Krankheitsbereichen, in denen sie sich für die Patientenseite einsetzen. Das trifft auch für die vorliegende Stichprobe zu, in der die Mehrheit der befragten Patientenvertreter*innen selbst wegen einer oder mehreren Krebserkrankungen in medizinischer Behandlung war oder ist. Patientenvertreter*innen können aus ihrem intensiven und meist langjährigen Kontakt gebündelt für die Erfahrungen von mehreren Patient*innen sprechen.

5 Ein Tumorboard ist eine gesetzlich festgelegte, interdisziplinär ausgerichtete interne Fachkonferenz, die zur umfassenden Beurteilung eines patientenbezogenen Falls einberufen wird. Hier wird der Gesundheitszustand besprochen, Therapieoptionen werden diskutiert und ein Behandlungsplan wird erstellt (vgl. Pfleger, 2014).

dass sie an Therapieentscheidungen mitbeteiligt sind. Die Patientenvertreter*innen sollten wiederum in Selbsthilfegruppen tätig sein, da es wichtig war, dass sie in regem Austausch mit Krebspatient*innen stehen und somit Aussagen über die Erfahrungen vieler Patient*innen und grundlegende Bedürfnisse auf Patientenseite machen können.

Die Delphi-Befragung wurde als teilstandardisierte Onlinebefragung realisiert und erstreckte sich über zwei aufeinander aufbauende Runden.

4.2 Messinstrumente: Befragungsrunde 1 und 2

In die Konstruktion der Fragebögen sind die drei zuvor skizzierten Untersuchungsbereiche eingeflossen: patientenzentrierte Kommunikation, Arztrollenverständnis und Kommunikationsziele. Auf diese drei Teilbereiche wird im Folgenden näher eingegangen.

Dem quantitativen Befragungsteil zu den *Kommunikationsstrategien* liegt erstens eine umfassende Literaturrecherche zugrunde, zweitens wurden die Strategien für den spezifischen Untersuchungskontext angepasst und vervollständigt. Zuletzt wurden die Erhebungsinstrumente einem Pretest (N = 15) mit Ärzt*innen und Patientenvertreter*innen für die drei Krebsarten sowie mit Kommunikationsexpert*innen, darunter Leitungen im klinischen Bereich und Wissenschaftler*innen, unterzogen und daraufhin optimiert.

Dies mündete in einen Entwurf mit 73 Strategien, die in der ersten Befragungsrunde zur Bewertung vorgelegt wurden. Konkret sollten die ärztlichen Kommunikations- und Handlungsweisen hinsichtlich ihrer Wichtigkeit auf einer 7-stufigen Skala von 1 (= überhaupt nicht wichtig) bis 7 (= extrem wichtig) bewertet werden. Als eindeutige Best-Practice-Kommunikation galten Items, die als sehr wichtig bis extrem wichtig ($M \geq 6$) eingeschätzt wurden. Darüber hinaus wurden die Befragten in einer offenen Frage gebeten, weitere Kommunikationsstrategien zu benennen, die ihnen wichtig sind. Außerdem sollten die Befragten mögliche Gründe dafür angeben, dass sie bestimmte Strategien nicht oder nur reduziert anwenden. Diese Abfrage erfolgte zum einen standardisiert – mit Fokus auf Zeitmangel, fehlendes Training und zu geringe Vergütung – und zum anderen offen.

Die Strategien, die unter der offenen Abfrage in der ersten Befragungsrunde ergänzt worden waren, wurden zusammen mit denjenigen, über die sich die Expertengruppe in dieser ersten Runde noch nicht einig gewesen war, in der zweiten Runde vorgelegt. Für die Wiedervorlage waren konkret die Items qualifiziert, die in der ersten Runde als wichtig bis sehr wichtig

($5 \leq M < 6$) bewertet worden waren. Die Items, die geringere Bewertungen erhielten, konnten im Übergang von der ersten zur zweiten Befragungsrunde gestrichen werden (Tabelle 1). In der zweiten Runde bewerteten die Befragten diese Kommunikations- und Handlungsweisen hinsichtlich der Kriterien „Must-include" (formuliert als „absolutes Muss") und „Cut-out" (formuliert als „weniger wichtig" und auslassbar in diesem Kontext). Die Expert*innen konnten jeweils 15 Strategien mit „Ja" und 15 mit „Nein" bewerten; der Rest wurde auf „keine Auswahl" gesetzt. Auf diese Weise konnten gezielt die besten dieser wichtigen bis sehr wichtigen Strategien identifiziert und ein klares Cut-off-Kriterium bestimmt werden. Dies lag bei 50 % nach oben – Einschluss durch mehr als die Hälfte der Befragten – und bei 20 % nach unten – Ausschluss durch weniger als ein Fünftel der Befragten.

Tabelle 1: Strategien beim Übergang von der ersten zur zweiten Befragungsrunde am Beispiel der Kategorie zu Therapieentscheidungen

Strategie	*n*	*M*	*SD*	Bedeutung
dem Patienten seine konkreten Optionen, inkl. Nicht-Behandlung, mit Vor- und Nachteilen sowie Risiken aufzeigen und gemeinsam abwägen	265	6,37	0,74	sehr bis extrem wichtig (eindeutig identifiziert in Runde 1)
den Patienten zu seinen mitgebrachten Informationen bezüglich der Therapie gezielt beraten und eine Empfehlung aussprechen	263	5,83	0,94	wichtig bis sehr wichtig (Wiedervorlage in Runde 2)
Gesprächsvorbereitung unterstützen durch Empfehlung einer Entscheidungshilfe für Patienten (z.B. webbasierte partizipative Entscheidungshilfe Prostatakrebs bei nicht-metastasiertem Fall)	230	4,97	1,27	teils/teils bis wichtig (entfällt in Runde 1)

Anmerkung: Für die Darstellung wurde von den insgesamt zwölf Strategien, mit denen in dieser Kategorie in der ersten Befragungsrunde gestartet wurde, exemplarisch eine für jede der drei Übergangsmöglichkeiten zur zweiten Runde ausgewählt.

Wie im vorherigen Kapitel beschrieben, sollte zudem das *Arztrollenverständnis*, das hinter den angewandten kommunikativen Strategien steht, eingeschätzt werden. Um dies zu untersuchen, wurden zehn mögliche Rollen vorgegeben, von denen die Befragten eine auswählen sollten. Die Abfrage erfolgte mit konkretem Bezug auf die vorher ausgewählten Strategien und sollte für die Ärzt*innen das eigene und für die Patientenvertreter*innen ihre sich daraus ergebenden Vorstellungen vom ärztlichen Rollenverständnis am besten beschreiben. Für den Fall, dass sich die Expert*innen keiner der vorgegebenen Rollen zuordnen konnten, hatten sie die Möglichkeit, ihr Rollenverständnis in einer offenen Frage anzugeben.

Als *Kommunikationsziele* wurden Zufriedenheit, Adherence und Wohlbefinden ausgewählt. Diese patientenbezogenen Ziele sollten die Befragten nach ihrer Priorität bewerten, indem sie sie in die gewünschte Rangreihe brachten. Darüber hinaus enthielten die Erhebungsinstrumente in beiden Runden erstens Kompetenzfragen zum Expertenstatus, darunter Kontakthäufigkeit mit der untersuchten Situationsart, in der Patient*innen ihre mitgebrachten Internetinformationen für die Therapieentscheidung berücksichtigt wissen möchten, Urteilssicherheit in Bezug auf die eingeschätzten Strategien und bestimmte Charakteristika, wie gezielte interpersonale Kommunikation und Berufs-/Arbeitserfahrung, und zweitens Fragen zur Soziodemografie.

4.3 Durchführung und Stichprobe

Die Delphi-Befragung wurde mit der Umfragesoftware Unipark online durchgeführt. Die erste Runde war drei Monate (2018) und die zweite zwei Monate (2018/19) im Feld. Zur Erhöhung der Teilnahmebereitschaft wurden verschiedene relevante Institutionen um Unterstützung bei der Rekrutierung bzw. ideelle Unterstützung gebeten. Folgende Institutionen konnten hierfür gewonnen werden: Deutsche Krebsgesellschaft e.V., Leitlinienprogramm Onkologie, Stiftung LebensBlicke, BRCA-Netzwerk e.V., Bundesverband Prostatakrebs Selbsthilfe e.V. und Deutsche ILCO e.V. Darüber hinaus wurden mehrere Erinnerungsschreiben versandt, um die Ausschöpfungsquote zu erhöhen.

Auf dieses Weise konnten $N = 268$ Befragte in Runde 1 und $N = 115$ Befragte in Runde 2 gewonnen werden. Die Beendigungsquote beträgt 34,8 bzw. 24,2 Prozent. Die Stichproben setzten sich in beiden Runden zu etwa einem Drittel aus therapieleitenden bzw. -entscheidenden Ärzt*innen (Runde 1: 31,7 %; Runde 2: 37,4 %) und zu etwa zwei Dritteln aus Patientenvertreter*innen (Runde 1: 68,3 %; Runde 2: 62,6 %) zusammen. Die Expertengruppe deckt verschiedene krebsbezogene Arbeitsbereiche ab, am häufigsten Brustkrebs (Runde 1: 47,4 %; Runde 2: 40,0 %), gefolgt von

Prostatakrebs (Runde 1: 43,7 %; Runde 2: 23,5 %) und an dritter Stelle Darmkrebs (Runde 1: 34,7 %; Runde 2: 18,3 %). Die beiden Stichproben sind zudem heterogen hinsichtlich medizinischer Fachrichtungen, Arbeitsstätten, Arbeitspositionen bzw. Tätigkeitsbereiche, onkologischer Zusatzqualifikationen und medizinischer Indikationen, das heißt eigener Betroffenheit von einer oder mehrerer Krebserkrankungen. Das Durchschnittsalter liegt bei etwa 60 Jahren (Runde 1: M = 60,67, SD = 11,23; Runde 2: M = 58,41, SD = 10,48). Frauen und Männer sind in Runde 1 etwa gleichmäßig vertreten, in Runde 2 überwiegt der Frauenanteil (60,0 %). Zudem fällt der Expert*innenindex für die untersuchten Fragestellungen in der Befragtengruppe insgesamt hoch aus.

5 Ergebnisse

In der ersten Befragungsrunde wurden von den 73 Strategien, mit denen nach dem Pretest gestartet wurde, 25 kommunikative Best-Practices identifiziert; in der zweiten Runde wurden weitere 18 Strategien für den finalen Katalog gewonnen. Somit wurden insgesamt 43 Strategien als essentiell für diesen Untersuchungskontext eingestuft. Was die einzelnen Themenblöcke anbelangt, so wurden über beide Runden für die Arzt-Patient-Beziehung, den Informationsaustausch und den Umgang mit Emotionen jeweils neun kommunikative Strategien als sehr bis extrem wichtig (Runde 1) bzw. als „Must-include" (Runde 2) identifiziert, für Therapieentscheidungen acht, für das Unterstützen von Selbstmanagement und übergreifende Bereiche, das heißt Struktur- und Zeitelemente, jeweils drei und für Unsicherheitsmanagement zwei (Tabelle 2). Die Verteilung der Strategien auf die sieben Dimensionen deutet darauf hin, dass Ärzt*innen den Eckpfeilern von Beziehung, Informationen und Emotionen, dicht gefolgt von für das Setting relevanten Therapieentscheidungen, am meisten Gewicht beimessen. Die ärztliche Kommunikation zur Förderung des aktiven Selbstmanagements von Patient*innen sowie Gesprächsstruktur-, Zeit- und Zeitqualitätsmanagement ergänzen diese Basis. Gezieltes Unsicherheitsmanagement fällt in diesem Kontext weniger stark ins Gewicht (vgl. ebd.).

Tabelle 2: Anzahl identifizierter Best-Practice-Strategien pro Kommunikationskategorie, Befragungsrunde und gesamt

	K1	K2	K3	K4	K5	K6	K7	Gesamt
Runde 1	7	4	4	1	6	1	2	25
Runde 2	2	5	5	1	2	2	1	18
Gesamt	9	9	9	2	8	3	3	43

Anmerkung: Die Bezeichnungen der Kategorien wurden wie folgt abgekürzt: Arzt-Patient-Beziehung (K1), Informationsaustausch (K2), Umgang mit Emotionen (K3), Unsicherheitsmanagement (K4), Therapieentscheidungen (K5), Unterstützung von Selbstmanagement (K6) und übergreifende Bereiche (K7).

Um zu verdeutlichen, welche konkreten Strategien die Expert*innen mit den jeweiligen Dimensionen verbinden, sollen im Folgenden die jeweiligen Top-Strategien angeführt werden: den Patienten bzw. die Patientin als Person wahrnehmen und dieser bewusst Respekt und Feingefühl entgegenbringen (Arzt-Patient-Beziehung, $n = 267$, $M = 6{,}47$, $SD = 0{,}72$); den Patient*innen konkrete Optionen, inkl. Nicht-Behandlung, mit Vor- und Nachteilen sowie Risiken aufzeigen und gemeinsam abwägen (Therapieentscheidungen, $n = 265$, $M = 6{,}37$, $SD = 0{,}74$); den Patient*innen das Gefühl geben, dass sie Fragen stellen können, und gezielt zu Fragen ermutigen (Informationsaustausch, $n = 266$, $M = 6{,}34$, $SD = 0{,}78$); ein Gespräch in Privatsphäre ohne Hektik, Raum für alle Fragen und bewusste Zuwendung mit ganzer Aufmerksamkeit (übergreifende Bereiche, $n = 257$, $M = 6{,}17$, $SD = 0{,}97$); die Patient*innen motivieren, realistische Ziele zu erreichen, und dabei den Fokus auf die Verbesserung der Lebensqualität legen (Umgang mit Emotionen, $n = 266$, $M = 6{,}15$, $SD = 0{,}82$); die Patient*innen informieren, wer wann im Fall einer Frage oder eines Anliegens konktaktiert werden kann (Selbstmanagement, $n = 263$, $M = 6{,}02$, $SD = 0{,}94$); den Patient*innen ein gutes Gefühl dafür vermitteln, wie die medizinische Evidenz zur diagnostizierten Krebserkrankung und deren Behandlung aussieht (Unsicherheitsmanagement, n = 265, $M = 6{,}00$, $SD = 0{,}86$). Im Zentrum dieser kommunikativen Verhaltensweisen steht jeweils eindeutig der Patient bzw. die Patientin.

Neben diesen als am wichtigsten eingestuften Strategien gibt es noch eine Reihe weiterer, von denen aufgrund des begrenzten Umfangs des Beitrags an dieser Stelle nicht alle einzeln vorgestellt werden können. Für einen

Eindruck werden hier drei ausgewählt, die den Bezug zum Untersuchungsgegenstand besonders deutlich machen: Erstens erachten die Befragten in der Kategorie der Arzt-Patient-Beziehung ein offenes Gespräch als essentiell. Hierbei gilt es, „die Karten auf den Tisch zu legen", vor allem zu Nebenwirkungen, Behandlungsoptionen und bislang unbekannten oder noch nicht selbst angewandten Therapieansätzen. Zweitens ist es für den Informationsaustausch sehr wichtig, dass sich behandelnde Ärzt*innen mit den Internetinformationen auseinandersetzen, die die Patient*innen in das Gespräch einbringen, damit diese sich gut aufgehoben fühlen. In der Regel erfolgt eine solche individuelle Tiefenanalyse, indem Ärzt*innen die Informationen kritisch wertschätzen, anschaulich bewerten und angemessen erklären. Drittens ist es hierbei auch wichtig, dass die Ärzt*innen die Gesprächsagenda flexibel halten und an den aktuellen Bedarf anpassen, um so auf die Informationen, die Patient*innen aus ihrer Onlinerecherche mitbringen, eingehen zu können. Bei der Einschätzung der kommunikativen Strategien ist sich die Expertengruppe ihres Urteils insgesamt sicher (Runde 1: $N = 268$, $M = 3{,}90$, $SD = 0{,}74$; Runde 2: $N = 115$, $M = 3{,}52$, $SD = 0{,}83$; 5-er-Skala von 1 = sehr unsicher bis 5 = sehr sicher).

Was die Gründe einer reduzierten oder einmal ausbleibenden Anwendung der gewählten Strategien anbelangt, so sehen rund 88% der Expertengruppe den Zeitdruck als hauptsächliches Problem. Knapp 40% der Befragten stellen hierbei eine unzureichende Vergütung und rund 30% einen Trainingsbedarf heraus. In Runde 1 wurden weitere mögliche Gründe genannt, die sich unter Rahmenbedingungen der Arzt-Patient-Interaktion sowie Charakteristika der Patient*innen und der Ärzt*innen bündeln lassen. Dabei handelt es sich jedoch um spezifische Einzelfallprobleme, die mit gezielten Kommunikationsstrategien nur schwer veränderbar sind. Das betrifft auf der Arztseite z.B. zu wenig gezeigte Empathie sowie ausgeprägte Skepsis bezüglich der mitgebrachten Internetinformationen. Seitens des Patienten oder der Patientin können kognitive Grenzen eine Rolle spielen oder aber, dass sie ihr Bedürfnis, dass Ärzt*innen mehr Erklärungen geben, mehr auf die Internetinformationen eingehen oder diese für die Therapieentscheidung berücksichtigen werden, zurückhalten und nicht direkt ansprechen. Und schließlich kann auch ein fehlender Draht zwischen den beiden Interaktionspartner*innen ein diesbezügliches Problem darstellen, was durchaus vorkommt und nicht allein strategisch mit einer angepassten Kommunikation zu beheben ist.

Die hauptsächliche Arztrolle, die hinter der Anwendung der von der Expertengruppe ausgewählten Strategien steht, ist eindeutig patientenzentriert bzw. konsumentenorientiert (vgl. hierzu auch die theoretischen Konstrukte zu Prototypen des Arzt-Patient-Verhältnisses von Roter, 2000, und Emanuel & Emanuel, 1992) und bestätigt damit die Einordnung der untersuchten Kommunikation in diese Sparte. Die wichtigste Rolle ist eine Kombination aus Fachexpert*in (48,1 %) und Berater*in (20,1 %), gefolgt von dem/der Ratgeber*in (11,7 %). Außerdem konnten über den methodischen Teil der offenen Abfrage zur Arztrolle auch in diesem Kontext ergänzende Konzepte identifiziert werden: erstens eine ganzheitliche Perspektive für Beratung und Behandlung, darunter Ernährungsmedizin und Psychoonkologie, zweitens ein partnerschaftliches Fundament in der Arzt-Patient-Beziehung und drittens die hier ebenfalls zu berücksichtigende individuelle Passgenauigkeit für die Patient*innen.

Schließlich wurden bestimmte Folgen auf Patientenseite in der Form von Zielen, die die Ärzteschaft mit diesen Kommunikations- und Handlungsweisen verfolgt, nach ihrer Priorität bewertet. In der Einschätzung der Expertengruppe steht die Zufriedenheit von Patient*innen mit der ärztlichen Betreuung, insbesondere der Therapieentscheidung, im Vordergrund ($M = 1{,}45$, $SD = 0{,}70$, $Mdn = 1$). Das zweitwichtigste Kommunikationsziel ist das mentale/psychische Wohlbefinden, das einen Indikator gesundheitsbezogener Lebensqualität darstellt ($M = 2{,}00$, $SD = 0{,}69$, $Mdn = 2$). An dritter Stelle folgt die Adherence, das heißt die Therapietreue im Sinne des gemeinsam vereinbarten Therapieplans ($M = 2{,}46$, $SD = 0{,}75$, $Mdn = 3$).

6 Fazit

Die Digitalisierung hält Einzug in alle Ebenen der Gesundheitskommunikation, dabei auch in die interspersonale, auf der die Arzt-Patient-Kommunikation angesiedelt ist. In der Sprechstunde mit ihren Ärzt*innen möchten Patient*innen zunehmend aktiv miteinbezogen werden. An dieser Stelle wird der Nutzen von gesundheitsbezogenen Internetinformationen deutlich. Das dortige Angebot wächst fortlaufend und rasch – und Patient*innen machen hiervon immer mehr Gebrauch. Insbesondere für komplexe, chronisch verlaufende, lebensgefährliche und häufig auftretende Erkrankungen wie im Fall von Brust-, Darm- und Prostatakrebs und hier speziell im Setting von Therapieentscheidungen ist diese Entwicklung von Bedeutung. Wie behandelnde Ärzt*innen in diesem Fall möglichst gut auf Patient*innen eingehen können, die sich vor der Sprechstunde online informiert haben, wurde in der vorgestellten Studie mit einer teilstandardisierten Delphi-Befragung mit onkologisch tätigen therapieleitenden/-entscheidenden Ärzt*innen sowie Patientenvertreter*innen für diese drei Krebsarten in zwei Runden (Runde 1: $N = 268$, Runde 2: $N = 115$) untersucht. Dabei wurden ärztliche Kommunikationsstrategien, Kommunikatorrollen und Kommunikationsziele für diesen Kontext beleuchtet.

Die Ergebnisse lassen sich wie folgt zusammenfassen: Erstens wurde ein Katalog bestehend aus 43 kommunikativen Strategien produziert, der sich über sieben theoretisch fundierte Kategorien erstreckt. Die Basis mit den meisten Strategien bilden die Kategorien Arzt-Patient-Beziehung, Informationsaustausch und Umgang mit Emotionen, dicht gefolgt von Therapieentscheidungen. Mit nur einem Drittel an ausgewählten Strategien sind Unterstützung von Selbstmanagement und übergreifende Bereiche zu verzeichnen, danach folgt Unsicherheitsmanagement. Diese Verteilung verdeutlicht, wie wichtig die Vorbereitung für die eigentliche Entscheidungsfindung im Arzt-Patient-Gespräch ist. Für das ärztliche Fachpersonal ist es demnach aus Sicht der befragten Expertengruppe empfehlenswert, gleich zu Beginn der Begegnung mit Patient*innen Zeit in die Kommunikation zu investieren. Zweitens ist die diesen ärztlichen Strategien zugrundeliegende Arztrolle am besten mit einer Kombination aus Fachexpert*in, Berater*in und Ratgeber*in zu beschreiben, was einen patientenzentrierten Ansatz bestätigt. Drittens zielen Ärzt*innen mit dieser Best-Practice-Kommunikation primär auf die Zufriedenheit von Patient*innen mit der ärztlichen Betreuung, dabei vor allem der Therapieentscheidung, ab. Diese Ergebnisse spiegeln sowohl die Einschätzungen der Arzt- als auch der Patientenseite auf Expertenebene wider.

Aus den Ergebnissen der Studie lassen sich folgende Implikationen ableiten: Effektive, das heißt konkret folgenbezogene, ideale Kommunikation für behandelnde onkologisch tätige Ärzt*innen, die Therapiegespräche mit Patient*innen nach deren Internetrecherche führen, wurde für die drei häufigsten Krebserkrankungen aufgedeckt. Diese kommunikativen Strategien können, nach empirischer Analyse der Zusammenhänge mit den drei ausgewählten Folgen auf Patientenseite sowie anschließenden Test- und Evaluierungsphasen, in Leitlinien für das persönliche Arzt-Patient-Gespräch in diesem Kontext implementiert werden. Auf diese Weise lässt sich in diesen medizinischen Bereichen ein Beitrag zur Verbesserung der Arzt-Patient-Kommunikation, hierüber zur Stärkung der Arzt-Patient-Beziehung und schließlich über die Sprechstunde hinaus zu positiven Folgen auf Patientenseite leisten.

Die Limitationen dieser Studie beziehen sich erstens auf die Spezifität des Samples und des Untersuchungskontextes. Die Stichprobe wurde durch bestimmte E-Mail-Verteiler, Newsletter, Webseiten und Facebook-Seiten erreicht. Zwar ist sie heterogen zusammengesetzt und erfüllt die angelegten

Expertenstatuskriterien, nichtsdestotrotz spricht sie damit für die deutschen Verhältnisse in diesem speziellen Forschungsbereich. Die Befunde geben dennoch deutliche Hinweise darauf, wie wichtig es insgesamt ist, dass die Bedürfnisse von Patient*innen in die Kommunikation mit ihren Ärzt*innen miteinbezogen werden. Darüber sind sich die befragten Expert*innen einig, auch wenn sie es nicht immer umsetzen können, vornehmlich wegen des bestehenden Zeitdrucks im medizinischen Behandlungsalltag. Zweitens wurden in der vorgestellten Studie ideale Kommunikationsstrategien herausgearbeitet und patientenseitige Folgen als Ziele der ärztlichen Kommunikation beleuchtet. Auf Basis dessen lässt sich noch nicht eindeutig angeben, inwieweit die identifizierten Strategien tatsächlich in der Lage sind, Zufriedenheit, Wohlbefinden und Adherence bei Patient*innen zu verbessern. Diese Frage wird in einem Folgeprojekt untersucht, das eine quantitative Onlinebefragung mit Brust-, Darm- und Prostatakrebspatient*innen umfasst.

Literaturverzeichnis

Bundesministerium für Gesundheit [BMG], Deutsche Krebsgesellschaft [DKG], Deutsche Krebshilfe [DKH] & Arbeitsgemeinschaft Deutscher Tumorzentren [ADT] (2017). *Nationaler Krebsplan. Handlungfelder, Ziele und Umsetzungsempfehlungen. Ziel 12a/12b/13 - Stärkung der kommunikativen Kompetenz der Leistungserbringer und der Patientenkompetenz.* Abgerufen von http://www.bundesgesundheitsministerium.de/themen/praevention/nationaler-krebsplan/was-haben-wir-bisher-erreicht/ziel-12a12b13.html (29.09.2017).

Caiata-Zufferey, M., & Schulz, P. J. (2012). Physicians' communicative strategies in interacting with Internet-informed patients: Results from a qualitative study. *Health Communication, 27*(8), 738–749. doi:10.1080/10410236.2011.636478

Diviani, N., & Schulz, P. J. (2011). What should laypersons know about cancer? Towards an operational definition of cancer literacy. *Patient Education and Counseling, 85*(3), 487–492. doi:10.1016/j.pec.2010.08.017

Dean, M., & Street, R. L., Jr. (2015). Managing uncertainty in clinical encounters. In A. F. Hannawa & B. Spitzberg (Hrsg.), *Handbooks of communication science: Communication competence* (Bd. 22, S. 477–501). Berlin, Boston: De Gruyter.

Emanuel, E. J. & Emanuel, L. L. (1992). Four models of the physician-patient relationship. *Journal of the American Medical Association, 267*(16), 2221-6. doi:10.1001/jama.267.16.2221

Epstein, R. M., & Street, R. L., Jr. (2007). *Patient-centered communication in cancer care: Promoting healing and reducing suffering.* Bethesda, MD: National Cancer Institute, NIH Publication No. 07-6225.

Epstein, R. M., & Street, R. L., Jr. (2011). Shared mind: Communication, decision making, and autonomy in serious illness. *The Annals of Family Medicine, 9*(5),454–461. doi:10.1370/afm.1301

Fox, S., & Duggan, M. (2013). *Health Online 2013. Report for Pew Research Center's Internet & American Life Project* [Electronic version]. Abgerufen von http://pew internet.org/Reports/2013/Health-online.aspx (29.09.2017).

Gerber, B. S., & Eiser, A. R. (2001). The patient-physician relationship in the Internet age: Future prospects and the research agenda. *Journal of Medical Internet Research, 3*(2), e15. doi: 10.2196/jmir.3.2.e15

Häder, M. (2014). *Delphi-Befragungen. Ein Arbeitsbuch* (3. Aufl.). Wiesbaden: Springer.

Health on the Net Foundation [HON] (2005). *9th HON survey of health and medical Internet users* [Electronic version]. Abgerufen von http://www.hon.ch/Survey/Survey2005/res.html (04.11.2012).

Hearnshaw, H. M., Harker, R. M., Cheater, F. M., Baker, R. H., & Grimshaw, G. M. (2001). Expert consensus on the desirable characteristics of review criteria for improvement of health care quality. *Quality in Health Care, 10*(3), 173–178. doi:10.1136/qhc.0100173

Jäger, S. (2012). *Am Puls des Informationstrends: Wahrnehmung, Einstellungen und Verhalten von Ärzten im Umgang mit Internetpatienten. Eine qualitative Befragung von Hausärzten und Onkologen* (Unveröffentlichte Magisterarbeit). Univ., Mainz.

Jäger, S. (2015a). Effektive Kommunikation mit Internetpatienten in der Onkologie: Schlüsselkonzept zur Analyse der Arztperspektive. In M. Schäfer, O. Quiring, C. Rossmann, M. Hastall & E. Baumann (Hrsg.), *Gesundheitskommunikation im gesellschaftlichen Wandel* (Reihe Medien + Gesundheit, S. 165–175). Baden-Baden: Nomos.

Jäger, S. (2015b). Effektive Kommunikation mit Internetpatienten: Von der Arztperspektive zur gespiegelten Befragung mit Patienten. *FORUM – Das offizielle Magazin der Deutschen Krebsgesellschaft, 30*(3), 224–227. doi:10.1007/s12312-015-1284-6

Joffe, S., Cook, E. F., Cleary, P. D., Clark, J. W., & Weeks, J. C. (2001). Quality of informed consent in cancer clinical trials: A cross-sectional study. *Lancet, 358*(9295), 1772-7. doi:10.1016/S0140-6736(01)06805-2

Johnson, J. D., & Case, D. O. (2012). *Health information seeking.* New York, NY: Peter Lang Publishing.

Jones, J., & Hunter, D. (1995). Qualitative research: Consensus methods for medical and health services research. *British Medical Journal, 311*(7001), 376–380. doi:10.1136/bmj.311.7001.376

Keeney, S., Hasson, F., & McKenna, H. (2011). *The Delphi technique in nursing and health research.* Oxford, UK: Wiley-Blackwell.

Kummervold, P. E., Chronaki, C. E., Lausen, B., Prokosch, H.-U., Rasmussen, J., Santana, S., … Wangberg, S. C. (2008). eHealth trends in Europe 2005-2007: A population based survey. *Journal of Medical Internet Research, 10*(4), e42. doi:10.2196/jmir.1023

Pfleger, P. (2014). Netdoktor Krebsschule: Was ist ein Tumorboard? Abgerufen von https://www.netdoktor.at/krankheit/krebsschule/was-ist-ein-tumorboard-3647074 (08.08.2019).

Reinhardt, A., Jäger, S., & Rossmann, C. (2018). Gesundheits- und Risikokommunikation in den Gesundheitsberufen. In R. Haring (Hrsg.), *Gesundheitswissenschaften* (Springer Reference Pflege – Therapie – Gesundheit, S. 257-267). Berlin, Heidelberg: Springer. doi:10.1007/978-3-662-54179-1_24-1

Robert Koch-Institut [RKI] (2016). *Bericht zum Krebsgeschehen in Deutschland 2016.* Abgerufen von http://www.krebsdaten.de/Krebs/DE/Content/Publikationen/Krebsgeschehen/Krebsgeschehen_inhalt.html (29.09.2017).

Rossmann, C., & Ziegler, L. (2013). Gesundheitskommunikation: Medienwirkungen im Gesundheitsbereich. In W. Schweiger & A. Fahr (Hrsg.), *Handbuch Medienwirkungsforschung* (S. 207–226). Wiesbaden: VS Verlag.

Rossmann, C., Hastall, M. R., & Baumann, E. (2014). Kommunikationswissenschaftliche Grundlagen der Gesundheitskommunikation. In K. Hurrelmann & E. Baumann (Hrsg.), *Handbuch Gesundheitskommunikation* (S. 81–94). Bern: Hans Huber.

Roter, D. L. (2000). The enduring and evolving nature of the patient-physician relationship. *Patient Education and Counseling, 39*(1), 5–15. doi:10.1016/s0738-3991(99)00086-5

Roter, D. L., & Hall, J. A. (2006). *Doctors talking with patients – patients talking with doctors: Improving communication in medical visits.* Westport, CT: Praeger.

Rummer, A., & Scheibler, F. (2016). Patientenrechte: Informierte Entscheidung als patientenrelevanter Endpunkt. *Deutsches Ärzteblatt 113*(8), 322-324.

Sabaté, E., & World Health Organization [WHO] (2003). *Adherence to long-term therapies: Evidence for action.* World Health Organization, Geneva.

Signitzer, B. (2001). Ansätze und Forschungsfelder der Health Communication. In K. Hurrelmann & A. Leppin (Hrsg.), *Moderne Gesundheitskommunikation: Vom Aufklärungsgespräch zur E-Health* (S. 22–35). Bern: Verlag Hans Huber.

Skopos-Institut (2010). *Der Blick ins virtuelle Wartezimmer. Die MS&L-Gesundheitsstudie 2010* [Electronic version]. Abgerufen von http://www.virtuelles-wartezimmer.de/wp-content/uploads/2010/07/MSL_Gesundheitsstudie_Brochure_web2.pdf (14.04.2011).

Statistika (2019). *Statistiken zum Breitbandinternet.* Abgerufen von https://de.statista.com/themen/740/breitbandinternet/ (30.10.2019).

Statistisches Bundesamt (2019). *Statistisches Jahrbuch 2019: Kultur, Medien, Freizeit.* Abgerufen von https://www.destatis.de/DE/Themen/Querschnitt/Jahrbuch/jb-kultur-medien-freizeit.pdf?__blob=publicationFile (30.10.2019).

Street, R. L., Jr. (2013). How clinician-patient communication contributes to health improvement: Modeling pathways from talk to outcome. *Patient Education and Counseling, 92*(3), 286–291. doi:10.1016/j.pec.2013.05.004

Street, R. L. Jr., Makoul, G., Arora, N. K., & Epstein, R. M. (2009). How does communication heal? Pathways linking clinician–patient communication to health outcomes. *Patient Education and Counseling, 74*(3), 295–301. doi:10.1016/j.pec.2008.11.015

Tautz, F. (2002). *E-Health und die Folgen: Wie das Internet die Arzt-Patient-Beziehung und das Gesundheitssystem verändert.* Frankfurt/Main: Campus-Verlag.

Techniker Krankenkasse [TK] (2017). Mit der *Online-Videosprechstunde den Arzttermin zuhause wahrnehmen.* Abgerufen von https://www.tk.de/techniker/gesund-leben/digitale-gesundheit/online-videosprechstunde-2010644 (17.07.2019).

Wald, H. S., Dube, C. E., & Anthony, D. C. (2007). Untangling the Web – The impact of Internet use on health care and the physician-patient relationship. *Patient Education and Counseling, 68*(3), 218–224. doi:10.1016/j.pec.2007.05.016

Woolf, S. H., Chan, E. C., Harris, R., Sheridan, S. L., Braddock, C. H., Kaplan, R. M., Krist, A., O'Connor, A. M., & Tunis, S. (2005) Promoting informed choice: Transforming health care to dispense knowledge for decision making. *Annals of Internal Medicine, 143*(4), 293-300. doi:10.7326/0003-4819-143-4-200508160-00010

Die Arztwahl online: Identifikation verschiedener Typen von Online-Bewertungen auf Arztbewertungsportalen

Daniel Possler, Elena Link & Julia Niemann-Lenz

1 Einleitung

Ärzt*innen zählen in Deutschland zu den zentralen Ansprechpartner*innen für gesundheitliche Fragen. Vor allem für die Bewältigung einer Erkrankung ist die ärztliche Betreuung von zentraler Bedeutung. Entsprechend des Konzeptes der unterstützenden Versorgung sowie aktueller Erkenntnisse basiert die Heilung einer Erkrankung dabei sowohl auf den fachlichen Kompetenzen des medizinischen Fachpersonals in Bezug auf die Diagnose und Therapie eines Krankheitsbildes als auch auf deren interpersonalen Kompetenzen wie Sympathie, Empathie und Fürsorge (Ommen, Janssen, Neugebauer, & Pfaff, 2007; Riedl & Schüßler, 2017). Die Relevanz dieser Inhalts- und Beziehungsebene der medizinischen Behandlung für die Genesung zeigt, wie wichtig es für Patient*innen ist, einen geeigneten Arzt oder eine geeignete Ärztin zu finden. Gleichzeitig wird aber auch deutlich, dass die optimale Arztwahl herausfordernd ist: Für eine belastbare Auswahlentscheidung benötigen Patient*innen umfassende Informationen über beide Ebenen der unterstützenden Versorgung, um die Gesamtqualität der medizinischen Behandlung verschiedener Ärzt*innen vergleichen zu können. Eben solche Informationen können Patient*innen inzwischen aber im Internet finden. Speziell auf Arztbewertungsportalen (ABPs) sind eine Vielzahl an Daten über medizinisches Fachpersonal abrufbar (Victoor, Delnij, Friele, & Rademakers, 2012). Neben allgemeinen Informationen – etwa Adressen, Öffnungszeiten und Zertifizierungen – bieten ABPs dabei insbesondere Informationen zur fachlichen und interpersonalen Kompetenz von Ärzt*innen in Form von Erfahrungsberichten, die von Nutzer*innen verfasst wurden (Emmert, Sander, Esslinger, Maryschok, & Schöffski, 2012).

ABPs gewinnen dabei zunehmend an Bedeutung: So stieg in den vergangenen Jahren nicht nur die Anzahl der gelisteten Ärzt*innen kontinuierlich an, sondern auch die Anzahl der aktiven Patient*innen, die Kommentare verfassen, sowie die Anzahl der Betroffenen, die Informationen solcher

Portale in ihre Arztwahl einbeziehen (Emmert & Meier, 2013; McLennan, Strech, & Reimann, 2017). Somit scheinen ABPs den Prozess der Arztwahl nachhaltig zu verändern (Borchers & Krömer, 2015).

Parallel zur wachsenden Bedeutung dieser neuen Informationsquellen für die Wahl von Ärzt*innen, wurde intensiv diskutiert, welche Potenziale oder Grenzen ABPs aufweisen. Zu den diskutierten Potenzialen zählt zunächst die Vielzahl an Informationen über das medizinische Fachpersonal und die erhöhte Transparenz hinsichtlich der subjektiv wahrgenommenen Qualität der Behandlung. Erste inhaltsanalytische Untersuchungen weisen darauf hin, dass ABPs als eine sinnvolle Unterstützung bei der Auswahl eines Arztes bzw. einer Ärztin gelten können und die auf den Portalen angebotenen Informationen relevante Qualitätskriterien der Arztwahl aufgreifen (Emmert, Sander, Esslinger, Maryschok, & Schöffski, 2012). Darüber hinaus werden ABPs, vor allem aufgrund der Steigerung der Transparenz, auch als Ergänzung bisheriger Maßnahmen zur Qualitätssicherung im Gesundheitswesen angesehen (Emmert & Meier, 2013; Grabner-Kräuter & Waiguny, 2015) und können in diesem Sinne als Instrument des Public Reporting fungieren (Rothenfluth, Germeni, & Schulz, 2016). Im Gegensatz dazu nimmt vor allem das ärztliche Fachpersonal die Grenzen von ABPs wahr. So wird befürchtet, dass die inhaltliche Tiefe und Qualität der Bewertung mangelhaft sind und eine negativ geprägte Bewertungskultur vorherrscht (López, Detz, Ratanawongsa, & Sarkar, 2012). Dies könnte die Auswahlentscheidungen potenzieller Patient*innen negativ beeinflussen.

Vor dem Hintergrund dieser Potenziale und Grenzen muss konstatiert werden, dass Befunde zur inhaltlichen Ausrichtung, Tiefe und Bewertungskultur von Arztbewertungen auf deutschen ABPs sich bisher vor allem auf die Merkmale des bewerteten Arztes/der Ärztin und der bewertenden Patient*innen beschränken (bspw. Emmert & Meier, 2013; Emmert, Halling, & Meier, 2015). Daher verfolgt der vorliegende Beitrag das Ziel, eine tiefgehende Auseinandersetzung mit den *Inhalten* der Nutzerkommentare zu leisten und damit die folgende Fragestellung zu beantworten: Welche verschiedenen inhaltlichen Typen von Arztbewertungen können auf Arztbewertungsportalen identifiziert werden?

2 Relevante Kriterien der Arztwahl

Als Grundlage für eine inhaltliche Beschreibung der Typen von Arztbewertungen sollen Qualitätskriterien der Arztwahl dienen. Laut Donabedian

(1988) kann die Qualität der Gesundheitsversorgung anhand struktureller, prozessualer und ergebnisbezogener Kriterien bewertet werden.

Zu den *strukturellen Kriterien* zählen organisatorische Rahmenbedingungen und Faktoren des Gesundheitssystems ebenso wie die verfügbaren Ressourcen und die bestehende Infrastruktur einer Praxis oder eines Arztes bzw. einer Ärztin. In der vorliegenden Studie liegt der Schwerpunkt dabei auf dem Zugang zu medizinischer Infrastruktur. Dies umfasst sowohl die Verfügbarkeit von Terminen als auch die Wartezeit in der Arztpraxis und beschreibt somit, wie einfach es in der Wahrnehmung der Patient*innen ist, eine Behandlung bei dem bewerteten Arzt bzw. der Ärztin zu erhalten.

Die *prozessualen Kriterien* beziehen sich hingegen auf die direkte Erfahrung in der Arzt-Patienten-Interaktion und soll mithilfe von Ommen und Kolleg*innen (2007) noch weiter untergliedert werden. So lässt sich einerseits auf Inhaltsebene die wahrgenommene Qualität der Behandlung betrachten. Dazu zählen die wahrgenommene medizinische Kompetenz der behandelnden Ärzt*innen, die Leistung des unterstützenden Teams und die Dauer der Behandlung (wobei vermutlich sowohl eine subjektiv wahrgenommene „zu kurz“ sowie „zu lang“ Behandlung eine geringere Qualität implizieren kann). Andererseits soll auf der Beziehungsebene auch die wahrgenommene interpersonale Kompetenz, die empfundene Sympathie und Empathie aus Patient*innen-Sicht herangezogen werden.

Zuletzt befasst sich der *Ergebnisbezug* mit dem wahrgenommenen Behandlungserfolg und der Zufriedenheit der Patient*innen. Konkret umfasst diese Dimension sowohl die subjektive Bewertung des Resultats der Behandlung (bspw. Freude über die Verbesserung des Gesundheitszustands und Linderung der Beschwerden) als auch eine Beurteilung der erhaltenen Informationen von den behandelnden Ärzt*innen.

Emmert et al. (2012) weisen bereits inhaltsanalytisch nach, dass diese Kriterien Teil des Diskurses auf ABPs sind. Gerade das Ausmaß der Thematisierung und ihre individuelle Kombination innerhalb von Bewertungen (im Sinne eines thematischen Profils) sollte aber weitere Einblicke bieten und es ermöglichen, die Potenziale und Grenzen von ABPs dezidierter einzuschätzen.

3 Methode

Vor dem Hintergrund dieser theoretischen Überlegungen und vorangehenden Befunde, liegt das Ziel der vorliegenden Studie in der Identifikation verschiedener Typen von Bewertungen auf ABP. Es bietet sich dabei gleich aus mehreren Gründen an, auf eine umfangreiche Stichprobe zurückzugreifen. Zunächst kann durch eine große Fallzahl sichergestellt werden, dass auch randständige und seltene Formen von Bewertungen in ausreichender Menge in den Daten repräsentiert sind (Scharkow, 2012). Weiterhin weisen vorangehende Studien darauf hin, dass sich die Nutzung von ABPs in den vergangenen Jahren verändert hat (Emmert et al., 2015). Mit Blick auf die Generalisierbarkeit sollen daher Bewertungen aus einem längeren Zeitraum berücksichtigt werden.

Bei der konkreten Ziehung einer solchen Stichprobe sind weiterhin regionale Unterschiede in der Gesundheitsversorgung zu berücksichtigen. So ist beispielsweise nicht auszuschließen, dass sich Rezensionen in ländlichen und städtischen Regionen aufgrund von Unterschieden in der Versorgungsdichte und der damit einhergehenden Konsequenz für die Auswahloptionen unterscheiden. Eine Analyse möglicher regionaler Unterschiede in der ABP–Bewertungskultur steht bisweilen noch aus und soll durch die vorliegende Studie nicht geleistet werden. Stattdessen werden Rezensionen aus einer einheitlichen geographischen Region fokussiert. Die Wahl fällt dabei auf Berlin, eine großstädtische Region mit einer hohen Versorgungsdichte. So ist zu vermuten, dass aufgrund der hohen Konkurrenzsituation eine große Vielfalt an Rezensionstypen auf ABPs identifiziert werden können.

Schließlich zeigen vorangehende Studien, dass die Art der Bewertung zwischen Ärzt*innen unterschiedlicher Fachbereiche systematisch variiert (Emmert & Meier, 2013). Die vorliegende Studie fokussiert sich dabei auf Orthopäd*innen, Gynäkolog*innen und Zahnärzt*innen. So werden Mediziner*innen dieser Fachbereiche häufig bewertet (Emmert & Meier, 2013). Zudem sind aufgrund der hohen Relevanz von individuellen Gesundheitsleistungen in diesen Fachbereichen ein große Vielfalt und Polarität an Rezensionen zu erwarten.

Auf Grundlage dieser Kriterien basiert die vorliegende Studie also auf eine Vollerhebung von N = 33.182 Bewertungen von Orthopäd*innen, Gynäkolog*innen und Zahnärzt*innen aus Berlin, die auf dem größten deutschen ABP Jameda[1] publiziert wurden (Stichtag: 02.06.2016). Das Sample ermöglicht somit erstmals einen umfänglichen Blick auf die Bewertungen verschiedener Fachärzt*innen in einer großstädtischen Versorgungsregion mit hoher Ärztedichte und damit hohen Auswahlmöglichkeiten.

---

1 Wir danken Jameda für die Bereitstellung der Daten. Gleichzeitig weisen wir darauf hin, dass die Konzeption, Durchführung, Auswertung und Interpretation der Studie unabhängig von den Interessen des Unternehmens erfolgt ist.

Die Rohdaten enthalten für jede Bewertung neben den Nutzer*innen-Kommentaren auch eine Benotung des Arztes (in Schulnoten) sowie in vielen Fällen eine nutzerbasierte Einstufung der Qualität der Rezension mit einem bis max. fünf Sternen (hilfreich-Bewertung; Antwort auf die Frage: „Wie hilfreich fanden Sie diese Bewertung?"). Da die Typenbildung auf inhaltlichen Eigenschaften basieren soll, wurden die Kommentare einer Inhaltsanalyse unterzogen. Aufgrund der großen Fallzahl wurde dabei eine automatische Inhaltsanalyse auf Basis eines maschinellen Lernverfahrens angewandt (Scharkow, 2012, 2013; Waldherr, Heyer, Jähnichen, Niekler, & Wiedemann, 2016). Das Vorgehen kann in drei Schritte unterteilt werden (siehe Abb. 1).

Abbildung 1: Schritte der Inhaltsanalyse der vorliegenden Studie

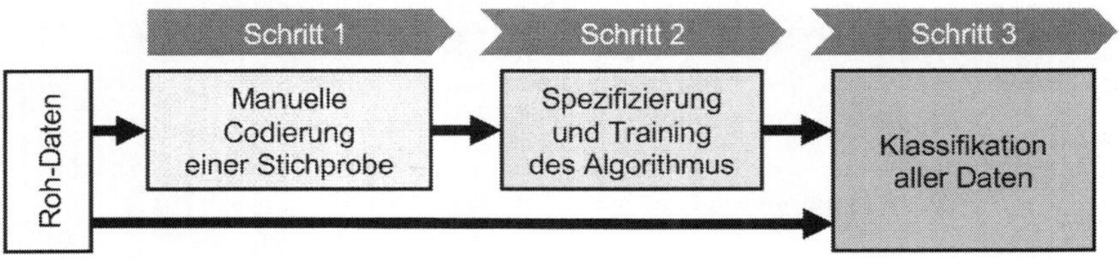

In einem ersten Schritt wurden die Qualitätskriterien in einer Stichprobe des Ausgangsmaterials manuell codiert. Die codierten Daten wurden im zweiten Schritt für das Training und die Evaluation eines Klassifikations-Algorithmus verwendet. Schließlich wurde, im dritten Schritt, das gesamte Ausgangsmaterial mit Hilfe des zuvor trainierten Algorithmus codiert.

3.1 Schritt 1: Manuelle Codierung

Das Vorgehen im ersten Schritt gleicht dem einer klassischen Inhaltsanalyse (Rössler, 2017). Es wurde eine zufällige Stichprobe des Ausgangsmaterials gezogen (n = 894) und von vier geschulten Codierer*innen codiert. Die Operationalisierung orientierte sich an den strukturellen, prozessualen und ergebnisbezogenen Kriterien von Donabedian (1988). Insgesamt wurden neun Kriterien erfasst (siehe Tabelle 1). Nach Abschluss der Codierung zeigten sich allerdings deutliche Verteilungsunterschiede zwischen den vier Ausprägungen. Teilweise wurden Ausprägungen gar nicht oder nur sehr selten codiert. Machine-Learning-Algorithmen sind darauf angewiesen, dass für jede Ausprägung, die codiert werden soll, eine ausreichende Menge an Trainingsdaten vorliegen (Scharkow, 2012). Daher wurden Kategorien mit vierstufigen Ausprägungen nachträglich in Dummy-Variablen überführt (1 = Kriterium wird erwähnt, 0 = Kriterium wird nicht erwähnt). Wie in Tabelle 2 dargestellt ist, konnte für jede Variable eine zufriedenstellende Verteilung und gute Reliabilitätswerte erzielt werden.

Tabelle 1: Beschreibung und Messung der manuell codierten Kategorien

Kategorie	**Definition**	**Messung**
Zugang	Aussagen zur Zugänglichkeit (z. B. Wartezeit, Lage, Öffnungszeit) und Erreichbarkeit des Arztes / der Ärztin	dichotom
medizinische Kompetenz	Bewertungen der medizinischen Fähigkeiten und Fertigkeiten des Arztes / der Ärztin	vierstufig
interpersonale Kompetenz	Aussagen zum Arzt / der Ärztin „als Mensch“, den sozialen und kommunikativen Fähigkeiten oder zur Arzt/Ärztin-Patient*in-Beziehung	dichotom
Sympathie	Bewertungen, wie sympathisch der Arzt / die Ärztin empfunden wurde	vierstufig
Empathie	Bewertungen des Einfühlungsvermögens des Arztes / der Ärztin in Situation und Befinden der Patient*innen	vierstufig
Leistung des Teams	Bewertungen der Leistung aller Mitarbeiter*innen einer Praxis – mit Ausnahme des Arztes / der Ärztin	vierstufig
Dauer der Behandlung	Bewertungen der Dauer, Häufigkeit und Zeitspanne des Kontakts mit dem Arzt / der Ärztin	vierstufig
Qualität der Information	Bewertungen der Qualität der vom Arzt / der Ärztin vermittelten Informationen (insbes. Informationsgehalt und -menge sowie Kommunikationskompetenz)	vierstufig
medizinische Konsequenz	Bewertungen der Folgen oder Konsequenzen der ärztlichen Behandlung für den Gesundheitszustand	vierstufig

Anmerkungen: dichotome Messung: 1 = Kriterium wird in der Bewertung angesprochen, 0 = Kriterium wird nicht erwähnt; vierstufige Messung: -1 = negative Bewertung des Kriteriums durch Verfasser*in; 0 = ambivalente Bewertung oder Nennung ohne Bewertung; +1 = positive Bewertung des Kriteriums durch Verfasser*in; 99 = Kriterium nicht genannt

3.2 Schritte 2 und 3: Training des Algorithmus und Klassifikation

Anschließend wurde ein Machine-Learning-Algorithmus mit den codierten Daten trainiert und evaluiert. Als Verfahren kamen dabei Support-Vector-Machines zum Einsatz (SVM; Vapnik, 1996; Kuhn & Johnson, 2016) – eine beliebte und performante Familie von Algorithmen für die Klassifikation von Texten im Allgemeinen (Joachims, 1999) und Rezensionen im Speziellen (bspw. Pang, Lee, & Vaithyanathan, 2002). Implementiert wurde das Verfahren mit dem Caret-Paket in R (Version 6.0-76; Kuhn 2008).

In einem ersten Schritt wurden die Texte dabei vorverarbeitet, um die Datenkomplexität zu reduzieren (für einen Überblick zu möglichen Vorverarbeitungsschritten: Scharkow, 2012). In einem iterativen Verfahren, erwiesen sich dabei die folgenden Prozeduren als sinnvoll:

- Entfernung von Satzzeichen (z. B. Punkte, Kommata) sowie Zahlen und Whitespaces (u.a. Leerzeichen, Tabs),
- Umwandlung aller Buchstaben in Kleinbuchstaben,
- Löschen häufig vorkommender, aber nicht inhaltstragender Worte („Stopwords"; Basis: deutschsprachige Stopword-Liste des R-Pakets TM, Version 0.7-3, Feinerer, Hornik & Meyer, 2008),
- Entfernung von geläufigen Suffixen zur Rückführung von gebeugten Worten auf eine kanonische Form („Stemming"; Basis: deutsche Version des Porter Stemmers, Feinerer et al., 2008)
- Löschen aller Worte, die nicht mindestens 10-mal im gesamten Korpus auftreten.

Nach dieser Vorverarbeitung, wurde die codierte Stichprobe in ein Trainings-Set (80 % der Daten) und ein Test-Set (20 % der Daten) unterteilt. Unter Verwendung des Trainings-Sets wurden anschließend die optimalen Modellparameter (Kernel, Tuning-Parameter C, Hyperparameter σ bei radialem Kernel) für jede Kategorie iterativ ermittelt („Grid Search", Hsu, Chang, & Lin, 2016). Hierzu wurden SVMs mit verschiedenen Parametern für jede Kategorie trainiert und unter Verwendung eines Kreuzvalidierungsverfahrens auf Basis des Trainings-Sets evaluiert (Kuhn & Johnson, 2016; Scharkow, 2013). Die optimalen Parameter für jede Kategorie können Tabelle 2 entnommen werden.

Zur abschließenden Evaluation wurden die restlichen 20 % der Stichprobendaten („Test-Set") mit den trainierten Modellen klassifiziert und die Codierungen mit denen der manuellen Inhaltsanalyse verglichen. Die Accuracy- und Cohen's κ-Werte in Tabelle 2 geben somit an, wie gut die Klassifikatoren für Kommentare funktionieren, mit denen sie nicht trainiert wurden. Insgesamt kann die Leistung der Klassifikatoren überwiegend als akzeptabel bewertet werden, so dass die Modelle für die Codierung des vollständigen Samples verwendet werden konnten. Für diese abschließende Klassifikation wurden die Gesamtdaten entsprechend den oben aufgeführten Prozeduren vorverarbeitet und schließlich mit Hilfe der trainierten Modelle codiert.

Tabelle 2: Deskriptiva, Parameter und Reliabilitätswerte der manuellen und automatischen Codierung

	Manuelle Codierung (n = 894)			**Machine Learning** (N = 33.182)				
	Deskriptive Statistik		Reliabilität	Modellspezifikation			Test	
	1 = erwähnt	0 = nicht erwähnt	Holsti's C	Kernel	σ	C	Accuracy	Cohen's κ
Strukturelle Kriterien								
Zugang	n = 225	n = 668	0,98	Linear	-/-	0.25	0,89	0,65
Prozessuale Kriterien								
mediz. Kompetenz*	n = 426	n = 467	0,92	Linear	-/-	0.5	0,81	0,35
interpers. Kompetenz	n = 563	n = 330	0,98	Radial	0,0299	4	0,76	0,44
Sympathie*	n = 394	n = 449	0,96	Radial	0,0299	4	0,77	0,53
Empathie*	n = 197	n = 696	0,89	Linear	-/-	0.1	0,83	0,40
Leistung des Teams*	n = 321	n = 572	0,96	Linear	-/-	4	0,76	0,44
Dauer der Behandlung*	n = 209	n = 684	0,92	Linear	-/-	0.1	0,92	0,79
Ergebnisbezogene Kriterien								
Qualität der Information*	n = 288	n = 605	0,95	Linear	-/-	2	0,80	0,53
med. Konsequenz*	n = 160	n = 733	0,92	Linear	-/-	0.5	0,81	0,35

Anmerkungen: * Kategorien wurden anhand von vier Ausprägungen (-1, 0, +1, 99) erfasst und anschließend dichotomisiert.

4 Ergebnisse

Im Folgenden betrachten wir die Eigenschaften der Arztbewertungen des Gesamtsamples ($N = 33.182$) zunächst deskriptiv und präsentieren anschließend fünf verschiedene inhaltliche Typen von Arztrezensionen.

4.1 Deskriptive Ergebnisse

Insgesamt werden die Qualitätskriterien der Arztwahl recht häufig in den untersuchten Rezensionen thematisiert. Insbesondere Bewertungen der interpersonalen und fachlichen Kompetenzen sowie der Sympathie sind weit verbreitet (siehe Abb. 2). Während zwischenmenschliche Fähigkeiten somit eine zentrale Rolle in den Rezensionen einnehmen, wird das Empathievermögen des medizinischen Fachpersonals nur selten erwähnt (12 %, $n = 3.960$). Überraschend ist auch die geringe Thematisierung der medizinischen Konsequenzen der Behandlung (13 %, $n = 4.320$). Die Nutzer*innen diskutieren folglich häufig, ob Ärzt*innen ihr Handwerk verstehen (medizinische Kompetenz), der Erfolg der Behandlung (medizinische Konsequenzen) wird aber nur selten aufgegriffen.

Insgesamt erhalten die Ärzt*innen in den Rezensionen gute Schulnoten ($M = 1{,}7$; $SD = 1{,}5$). Die Bewertungen sind vor der Vorverarbeitung (s. o.) im Schnitt 400 Zeichen lang (inkl. Leerzeichen; $SD = 353$) und nur ca. 47 Prozent aller Rezensionen ($n = 15.519$) haben eine nutzerbasierte Einstufung der Qualität erhalten (hilfreich-Bewertung). Diese Kommentare wurden insgesamt als eher hilfreich eingestuft ($M = 3{,}4$ Sterne; $SD = 1{,}7$).

Abbildung 2: Häufigkeit der Thematisierung der Qualitätskriterien

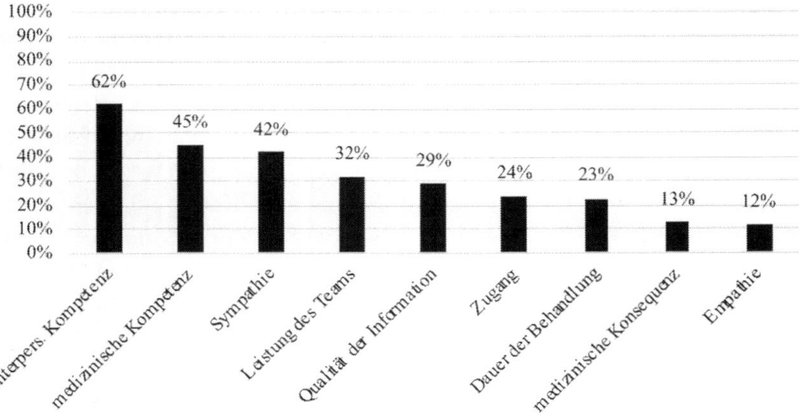

4.2 Bewertungstypen

Zur Identifikation von Bewertungs-Typen wurde eine Clusteranalyse auf Basis der medizinischen Qualitätskriterien durchgeführt (Ward-Algorithmus, Maß: quadrierte euklidische Distanz). Vor der Clusterbildung wurden die Fälle zufällig sortiert, um Reihenfolgeeffekte auszuschließen. Auf Basis des Scree-Plots ergibt sich eine fünf Cluster-Lösung (s. Tabelle 3). Rezensionen des ersten Typs können als *„umfassende Bewertungen"* bezeichnet werden. Nahezu alle Qualitätsdimensionen werden hier signifikant häufiger angesprochen als in den übrigen Bewertungs-Typen. Diese Rezensionen vermitteln somit einen relativ umfangreichen Eindruck über die Qualität der Ärzt*innen. Mit $n = 9423$ (ca. 28 %) stellen diese Formen der Kommentare die größte Gruppe im untersuchten Sample dar. Das Gegenstück zu den „umfassende Bewertungen" sind die *„kargen Ergebnisberichte"*. In den Rezensionen dieses Typus, werden lediglich die medizinischen Konsequenzen von Behandlungen überdurchschnittlich oft thematisiert. Alle anderen Qualitätskriterien werden hingegen deutlich seltener erwähnt, als in den Rezensionen der meisten anderen Typen. Mit ca. 27 % ($n = 9.025$) sind die „kargen Ergebnisberichte" die zweithäufigste Form der Bewertungen in unserer Stichprobe. Die übrigen Typen legen jeweils einen individuellen Schwerpunkt auf eines oder mehrere Qualitätskriterien. Hier sind zunächst *„Bewertungen der Kompetenz"* zu nennen. 23 % ($n = 7.711$) aller untersuchten Rezensionen können diesem Typus zugeordnet werden. Sie beschäftigen sich inhaltlich überdurchschnittlich oft mit der interpersonalen und medizinischen Kompetenz der Ärzt*innen sowie deren Sympathie. Der vierthäufigste Typ (11 % der Rezensionen; $n = 3.815$) – *„Bewertungen der Behandlungsqualität"* – erwähnt überdurchschnittlich häufig Charakteristika und Konsequenzen der Behandlung durch die Ärzt*innen. Hierzu zählen neben der Bewertung der Dauer des Kontakts zwischen medizinischem Fachpersonal und Patient*innen auch die Qualität der erhaltenen Informationen und der Zugang zur Behandlung (Lage der Praxis, Wartezeit auf den Termin, Öffnungszeiten). Schließlich stellt der letzte Typ die *„Bewertung der Soft Skills"* (10 %; $n = 3.208$) dar. Diese Rezensionen ähneln auf den ersten Blick den „umfassenden Bewertungen", da viele Kriterien überdurchschnittlich oft behandelt werden. Besonders auffällig ist aber vor allem die intensive Diskussion von zwischenmenschlichen Kompetenzen der bewerteten Ärzt*innen, sprich deren interpersonelle Kompetenz, Sympathie und Empathie-Fähigkeit.

Tabelle 3: Unterschiede zwischen den Clustern hinsichtlich der medizinischen Qualitätskriterien

	Gesamt $N = 33182$	Cluster 1: Umfassende Bewertungen $n = 9423$	Cluster 2: Bewertungen Behandlungsqualität $n = 3815$	Cluster 3: Bewertungen der Kompetenz $n = 7711$	Cluster 4: karge Ergebnisberichte $n = 9025$	Cluster 5: Bewertung der Soft Skills $n = 3208$	F-Test, Effektstärke
medizinische Kompetenz	0,45 (0,50)	0,58 ^{a} (0,49)	0,42 ^{b} (0,49)	0,65 ^{c} (0,48)	0,11 ^{d} (0,31)	0,58 ^{a} (0,49)	$F(4, 33177)=1976{,}6$; $p<.001$; $\eta^2=.192$
Zugang	0,24 (0,42)	0,40 ^{a} (0,49)	0,36 ^{b} (0,48)	0,00 ^{c} (0,00)	0,20 ^{d} (0,40)	0,24 ^{e} (0,42)	$F(4, 33177)=1230{,}4$; $p<.001$; $\eta^2=.129$
Interpers. Kompetenz	0,62 (0,49)	0,99 ^{a} (0,08)	0,54 ^{b} (0,50)	0,76 ^{c} (0,43)	0,05 ^{d} (0,22)	0,90 ^{e} (0,30)	$F(4, 33177)=12359{,}2$; $p<.001$; $\eta^2=.598$
Sympathie	0,42 (0,49)	0,88 ^{a} (0,32)	0,00 ^{b} (0,00)	0,47 ^{c} (0,50)	0,06 ^{d} (0,24)	0,50 ^{e} (0,50)	$F(4, 33177)=7613{,}8$; $p<.001$; $\eta^2=.479$
Empathie	0,12 (0,32)	0,05 ^{a} (0,22)	0,07 ^{b} (0,25)	0,00 ^{c} (0,00)	0,01 ^{d} (0,06)	1,00 ^{e} (0,00)	$F(4, 33177)=32301{,}7$; $p<.001$; $\eta^2=.786$
Dauer der Behandlung	0,23 (0,42)	0,36 ^{a} (0,48)	0,76 ^{b} (0,43)	0,00 ^{c} (0,00)	0,05 ^{d} (0,23)	0,31 ^{e} (0,46)	$F(4, 33177)=3964{,}7$; $p<.001$; $\eta^2=.323$
Qualität der Information	0,29 (0,45)	0,37 ^{a} (0,48)	0,58 ^{b} (0,49)	0,24 ^{c} (0,43)	0,06 ^{d} (0,24)	0,46 ^{w} (0,50)	$F(4, 33177)=1348{,}1$; $p<.001$; $\eta^2=.140$
medizinische Konsequenz	0,13 (0,34)	0,22 ^{a} (0,41)	0,07 ^{b} (0,26)	0,00 ^{c} (0,00)	0,19 ^{d} (0,39)	0,07 ^{b} (0,26)	$F(4, 33177)=628{,}46$; $p<.001$; $\eta^2=.070$
Leistung des Teams	0,32 (0,47)	0,63 ^{a} (0,48)	0,37 ^{b} (0,48)	0,05 ^{c} (0,22)	0,17 ^{d} (0,37)	0,41 ^{b} (0,49)	$F(4, 33177)=2582{,}7$; $p<.001$; $\eta^2=.237$

Anmerkungen: $N = 33.182$; Verfahren: Einfaktorielle Varianzanalysen mit Post-Hoc-Tests (Tamhane-T2);
^{abc} Werte mit unterschiedlichen Buchstaben unterscheiden sich signifikant voneinander ($p < .05$)

Tabelle 4: Unterschiede zwischen den Clustern hinsichtlich der Länge, hilfreich-Bewertung und Note

	Gesamt $N = 33182$	Cluster 1: Umfassende Bewertungen $n = 9423$	Cluster 2: Bewertungen der Behandlungsqualität $n = 3815$	Cluster 3: Bewertungen der Kompetenz $n = 7711$	Cluster 4: karge Ergebnisberichte $n = 9025$	Cluster 5: Bewertung der Soft Skills $n = 3208$	F-Test, Effektstärke
hilfreich-Bewertung	3,37 (1,65)	$3,53^{a}$ (1,61)	$3,57^{a}$ (1,57)	$3,31^{b}$ (1,67)	$3,09^{c}$ (1,67)	$3,77^{d}$ (1,51)	$F(4, 15514)=75,1$; $p<.001$; $\eta^2=.019$
Länge	399,34 (353,17)	$516,11^{a}$ (393,28)	$485,75^{b}$ (356,28)	$259,93^{c}$ (187,57)	$288,54^{d}$ (309,23)	$600,38^{e}$ (401,06)	$F(4, 33177)=1263.9$; $p<.001$; $\eta^2=.132$
Note für Mediziner*in	1,74 (1,46)	$1,59^{a}$ (1,29)	$1,79^{b}$ (1,52)	$1,54^{a}$ (1,26)	$2,07^{c}$ (1,69)	$1,66^{a}$ (1,45)	$F(4, 33177)=185.6$; $p<.001$; $\eta^2=.022$

Anmerkungen: $N = 33.182$; Verfahren: Einfaktorielle Varianzanalysen mit Post-Hoc-Tests (Tamhane-T2); hilfreich-Bewertung von 1 (nicht hilfreich) bis 5 (sehr hilfreich); Länge in Zeichen (inkl. Leerzeichen), Note für Mediziner*in entspricht deutschen Schulnoten (1-6);

[abc] Werte mit unterschiedlichen Buchstaben unterscheiden sich signifikant voneinander ($p < .05$)

Zur näheren Charakterisierung der Typen können die Noten-Bewertung, die Länge und hilfreich-Bewertungen herangezogen werden (siehe Tabelle 4). Hinsichtlich der durchschnittlichen Länge der Bewertungen zeigen sich substanzielle Unterschiede zwischen den Typen (η^2 = ,132). Vor allem die „umfassenden Bewertungen" sowie die „Bewertung der Soft Skills" sind sehr ausführlich formuliert. Dies ist vermutlich eine Folge der Vielfalt der angesprochenen Qualitätskriterien. Konsequenterweise fallen Bewertungen, die sich auf wenige oder nur ein Kriterium fokussieren, deutlich kürzer aus. Hier sind insbesondere „karge Ergebnisberichte" und „Bewertungen der Kompetenz" zu nennen (siehe Tabelle 4).

Mit Bezug auf die Schulnote der bewerteten Ärzt*innen zeigen sich hingegen kaum substantielle Unterschiede (η^2 = ,022). Hervorzuheben ist allerdings, dass das medizinische Fachpersonal in „kargen Ergebnisberichten" am schlechtesten benotet wird. Dies legt nahe, dass die Typen unterschiedliche Motive der Verfasser*innen widerspiegeln. Autor*innen von „kargen Ergebnisberichten" sind vermutlich weniger an einer umfassenden Bewertung interessiert, sondern möchten (in wenigen Zeilen) auf eher negative Konsequenzen einer Behandlung hinweisen.

Mit Blick auf die hilfreich-Bewertungen der Rezensionen zeigen sich ebenfalls nur geringe Unterschiede (η^2 = ,019). Allerdings ist erkennbar, dass monothematische und knappe Rezensionen – „karge Erlebnisberichte" und „Bewertungen der Kompetenz" – tendenziell weniger Sterne erhalten, als lange Rezensionen, die viele Qualitätskriterien betrachten (bspw. "Bewertung der Soft Skills"). Dies legt den Schluss nahe, dass Nutzer*innen von ABPs vor allem lange und vielschichtige Bewertungen wertschätzen.

5 Diskussion und Ausblick

Die Ergebnisse der Inhaltsanalyse von N = 33.182 Bewertungen von Orthopäd*innen, Gynäkolog*innen und Zahnärzt*innen aus dem Raum Berlin verdeutlichen verschiedene Potentiale und Grenzen von ABPs. Zu den Potenzialen zählt dabei zunächst, dass der Großteil der Nutzerkommentare eine umfassende Bewertung vornimmt – insbesondere die identifizierten Typen „umfassende Bewertung" und „Bewertung der Soft-Skills", die zusammen 38 % aller untersuchten Rezensionen repräsentieren (n = 12.631). Darüber hinaus zeigt die vorliegende Studie, dass sich die Bewertungen des medizinischen Fachpersonals oftmals an Qualitätskriterien der Arztwahl orientieren (Donabedian, 1988). Die Befunde spiegeln somit die Ergebnisse vorangehender inhaltsanalytischer Untersuchungen von deutschsprachigen

ABPs wieder (Emmert et al., 2012). Entgegen der vom ärztlichen Fachpersonal geäußerten Befürchtungen, herrscht dabei zudem eine positive Bewertungskultur vor. Selbst eher negativ geprägte Bewertungs-Typen wie „karge Ergebnisberichte" stellen den Ärzt*innen insgesamt eher positive Schulnoten aus (*M* = 2,1, *SD* = 1,7). Mit Blick auf den Beitrag solcher Kommentare für die Arztwahl des oder der Einzelnen und das Public Reporting kann aus den Erkenntnissen gefolgert werden, dass insbesondere umfassende Erfahrungsberichte das Potenzial bieten, ein belastbares Urteil über die Qualität der Behandlung eines Arztes oder einer Ärztin zu treffen und eine höhere Transparenz in Bezug auf die Qualität der Versorgung im deutschen Gesundheitssystem zu schaffen.

Nichtsdestotrotz lassen sich auch Gefahren identifizieren. Auch wenn prinzipiell bedeutende Bewertungskriterien in den Rezensionen angesprochen werden, handelt es sich um subjektive Wahrnehmungen, denen subjektive Maßstäbe zu Grunde liegen. Folglich sind Rückschlüsse auf die ‚tatsächliche' Qualität der Behandlung nur bedingt möglich.

Die vorliegende Studie zeigt somit einige zentrale Potenziale und Grenzen von ABPs auf. Mit Blick auf die Aussagekraft der Daten, sind aber dennoch einige Limitationen zu nennen. Zunächst schränkt die dichotome Codierungslogik der Qualitätskriterien die Befunde ein (1 = thematisiert, 0 = nicht thematisiert). Valenzen konnten somit nicht erfasst werden. Zwar vermittelt die Schulnoten-Bewertung der Ärzt*innen einen Eindruck über die inhaltliche Richtung der Rezension, für eine vollständigere Charakterisierung sollten zukünftig aber unbedingt auch Valenzen codiert werden. Eine weitere Limitation stellt die untersuchte Stichprobe dar. Zwar konnte eine Vollerhebung durchgeführt werden, allerdings nur für spezifische Fachrichtungen und eine geographische Region. Es ist daher unklar, ob die Befunde auch auf andere Regionen übertragbar sind – insbesondere solche mit einer geringen Versorgungsdichte. So kann vermutet werden, dass Ärzt*innen in ländlichen Regionen aufgrund der geringen Konkurrenzsituation ggf. deutlich seltener und möglicherweise aus anderen Gründen bewertet werden, als die Mediziner*innen in der untersuchten großstädtischen Region. Weiterhin ist fraglich, ob die Befunde für andere Fachärzt*innen ähnlich ausfallen. Beispielsweise könnten die Rezensionen noch positiver ausfallen oder eine geringere Polarität aufweisen, wenn in dem jeweiligen Fachbereich individuelle Gesundheitsleistungen eine geringere Rolle spielen, als bei Orthopäd*innen, Gynäkolog*innen und Zahnärzt*innen. Schließlich ist anzumerken, dass auch die Auswahl der Plattform *Jameda* zu spezifischen Verzerrungen geführt haben mag. Daher sollte zukünftige Forschung die verschiedenen Plattformen vergleichend analysieren.

Insgesamt bieten die gewonnenen Erkenntnisse gute Ansatzpunkte für Anschlussstudien. Zunächst können die Typen eine Grundlage für die Charakterisierung und den Vergleich von verschiedenen ABPs darstellen. Weiterhin können die Ergebnisse auch der Erforschung der Wirkung von Arztbewertungen dienen. So kann etwa auf Basis der Typen untersucht werden, wie viele und welche Art von Bewertungen Rezipient*innen konsumieren, bis sie eine Entscheidung fällen. Darüber hinaus deutet die vorliegende Studie darauf hin, dass umfassende, positive Rezensionen als hilfreicher wahrgenommen werden, als kurze, eher negative-geprägte Berichte über den Behandlungserfolg. Unter Umständen besitzen aber gerade negative Bewertungen einen heuristischen Wert, da sie signalisieren, welche Ärzt*innen im Auswahlprozess nicht beachtet werden müssen. Diese konkurrierenden Hypothesen sollten näher untersucht werden. Alles in allem zeigt die vorliegende Studie, dass die Inhalte von Arztbewertungen durch die Kombination verschiedener Qualitätskriterien eine gute Grundlage für die Erforschung der Wahrnehmung der Qualität der Gesundheitsversorgung darstellen.

Literaturverzeichnis

Borchers, N. S. & Kromer, N. (2015). Die Rolle von Arztbewertungsportalen im Prozess der Arztwahl – Patienten-Empowerment durch Laienbewertungen? In M. Schafer, O. Quiring, C. Rossmann, M. R. Hastall & E. Baumann (Hrsg.), *Gesundheitskommunikation im gesellschaftlichen Wandel* (S. 153–164). Baden-Baden: Nomos.

Donabedian, A. (1988). The quality of care: How can it be assessed? *JAMA, 260*(12), 1743–1748. doi:10.1001/jama.1988.03410120089033

Emmert, M., & Meier, F. (2013). An Analysis of Online Evaluations on a Physician Rating Website: Evidence From a German Public Reporting Instrument. *Journal Of Medical Internet Research, 15*(8), e157.doi:10.2196/jmir.2655

Emmert, M., Halling, F., & Meier, F. (2015). Evaluations of Dentists on a German Physician Rating Website: An Analysis of the Ratings. *Journal Of Medical Internet Research, 17*(1), e15. doi:10.2196/jmir.3830

Emmert, M., Sander, U., Esslinger, A.S., Maryschok, M., & Schöffski, O. (2012). Public Reporting in Germany: the content of physician rating websites. *Methods of Information in Medicine, 51*(2), 112–120. doi:10.3414/ME11-01-0045

Feinerer, I., Hornik, K., & Meyer, D. (2008). Text Mining Infrastructure inR. *Journal Of Statistical Software, 25*(5). doi:10.18637/jss.v025.i05

Grabner-Kräuter, S. & Waiguny, M. K. (2015). Insights Into the Impact of Online Physician Reviews on Patients' Decision Making: Randomized Experiment. *Journal of Medical Internet Research, 17*(4), e93. doi:10.2196/jmir.3991

Hsu, C.-W., Chang, C.-C. & Lin, C.J. (2016). *A practical guide to support vector classification*. Verfügbar unter: http://www.csie.ntu.edu.tw/~cjlin/papers/guide/guide.pdf

Joachims T. (1998). Text categorization with Support Vector Machines: Learning with many relevant features. In C. Nédellec, & C. Rouveirol (Hrsg.), *Machine Learning: ECML-98* (S. 137–142). Berlin: Springer

Kuhn, M. (2008). Building predictive models in R using the caret package. *Journal of Statistical Software, 28*(5). doi:10.18637/jss.v028.i05

Kuhn, M. & Johnson, K. (2016). *Applied predictive modeling* (5. Aufl.). New York: Springer.

López, A., Detz, A., Ratanawongsa, N. & Sarkar, U. (2012). What Patients Say About Their Doctors Online: A Qualitative Content Analysis. *Journal of General Internal Medicine, 27*(6), 685–692. doi:10.1007/s11606-011-1958-4

McLennan, S., Strech, D. & Reimann, S. (2017). Developments in the Frequency of Ratings and Evaluation Tendencies: *A Review of German Physician Rating Websites. Journal of Medical Internet Research, 19*(8), e299. doi:10.2196/jmir.6599

Ommen, O., Janssen, C., Neugebauer, E., & Pfaff, H. (2007). Einflussfaktoren auf das Vertrauen schwerverletzter Patienten in den Krankenhausarzt. Der Chirurg: *Zeitschrift für alle Gebiete der operativen Medizen, 78*(1), 52–61. doi:10.1007/s00104-006-1229-9

Pang, B., Lee, L., & Vaithyanathan, S. (2002). Thumbs up?: sentiment classification using machine learning techniques. In *Proceedings of the 2002 Conference on Empirical Methods in Natural Language Processing* (S. 79-86). Verfügbar unter https://www.aclweb.org/anthology/W02-1011

Riedl, D.& Schüßler, G. (2017). The influence of doctor-patient communication on health outcomes: A systematic review. Zeitschrift für Psychosomatische Medizin und Psychotherapie, 63(2), 131-150.

Rössler, P. (2017). *Inhaltsanalyse* (3. Aufl.). Konstanz/München: UTB.

Rothenfluh, F., Germeni, E. & Schulz, P. J. (2016). Consumer Decision-Making Based on Review Websites: Are There Differences Between Choosing a Hotel and Choosing a Physician? *Journal of Medical Internet Research, 18*(6), e129. doi:10.2196/jmir.5580

Scharkow, M. (2012). *Automatische Inhaltsanalyse und maschinelles Lernen.* Berlin: epubli.

Scharkow, M. (2013). Thematic content analysis using supervised machine learning: An empirical evaluation using German online news. *Quality & Quantity, 47*(2), 761–773. doi:10.1007/s11135-011-9545-7

Vapnik, V. (1996). *The nature of statistical learning theory*. Springer, New York.

Victoor, A., Delnij, D.M., Friele, R.D. & Rademakers, J. (2012). Determinants of patients choice of healthcare providers: a scoping review. *Health Services Research, 12*(1), 272. doi:10.1186/1472-6963-12-272

Waldherr, A., Heyer, G., Jähnichen, P., Niekler, A. & Wiedemann, G. (2016). Mining big data with computational methods. In G. Vowe & P. Henn (Hrsg.), *Political communication in the online world: Theoretical approaches and research designs* (S. 201–217). New York: Routledge

Durch Online-Portale ins Wartezimmer? Wie Arztbewertungsportale die Arztwahl beeinflussen

Elena Link, Esther Schmotz & Eva Baumann

1 Einleitung

Immer mehr Patient*innen teilen auf Arztbewertungsportalen (ABPs) ihre Erfahrungen mit ärztlichem Fachpersonal, Bewertungen eines Arztes oder einer Ärztin sowie ihre Wahrnehmung der Behandlungsqualität. Zugleich werden diese Erfahrungsberichte von einer steigenden Anzahl (potenzieller) Patient*innen genutzt, um sich über medizinisches Fachpersonal zu informieren und die Bewertungen anderer Patient*innen in ihre Arztwahl einzubeziehen (Emmert, Meier, Pisch, & Sander, 2013; Grabner-Kräuter & Waiguny, 2015). Folglich ergänzen die angebotenen Erfahrungsberichte Empfehlungen des eigenen Umfeldes oder des Hausarztes/der Hausärztin und besitzen das Potenzial, den Prozess der Arztwahl zu verändern und die zugrundeliegende Wissensbasis für die Auswahlentscheidung zu verbessern (Borchers & Krömer, 2015). Dies scheint bedeutsam, da eine adäquate Arztwahl für die Patient*innen herausfordernd erscheint. Die Herausforderung besteht darin, dass es sich bei der Auswahlentscheidung eines Arztes oder einer Ärztin um ein Erfahrungsgut handelt, als Laie die Einschätzung fachlicher Kompetenzen nahezu unmöglich ist und eine vergleichsweise hohe Informations- und Machtasymmetrie in der Arzt-Patienten-Beziehung vorherrscht (Dugan, Trachtenberg, & Hall, 2005; Hall, Dugan, Zheng, & Mishra, 2001). Rothenfluh, Germeni und Schulz (2016) betonen daher im Zuge der Arztwahl auch die Bedeutung von Vertrauen.

Vertrauen zählt generell zu den zentralen Komponenten von Arzt-Patienten-Beziehungen. Es stellt die Bereitschaft zur positiven Akzeptanz einer durch Verletzlichkeit geprägten Situation dar, in der Patient*innen annehmen, dass sich das ärztliche Fachpersonal um ihre Interessen sorgt und die Handlungen der Ärzt*innen verlässlich und wohlwollend sind (Anderson & Dedrick, 1990; Hall et al., 2001; Link, 2019; Mayer, Davis, & Schoorman, 1995). Damit ist Vertrauen eine Voraussetzung für den Beziehungsaufbau und spielt für Patient*innen eine wichtige Rolle, um ärztliche Hilfe in Anspruch zu nehmen. Darüber hinaus nimmt Vertrauen aber auch Einfluss auf die Kommunikation in der Behandlungssituation, erleichtert die Diagnoseerstellung durch den offenen Umgang mit Problemen und beeinflusst das Behandlungsergebnis, da es auch die Einhaltung ärztlicher Ratschläge wahrscheinlicher macht (Anderson & Dedrick, 1990; Scheibler et al., 2011; siehe im Überblick Link, 2019). Vor dem Hintergrund der hohen Bedeutung des Vertrauens für die Arzt-Patienten-Interaktion scheint es zentral, die Vertrauensgenese und ihre Determinanten zu verstehen, die auf ABPs vorherrschen. Basierend auf dem Verständnis von Vertrauen als beobachter- und situationsabhängige Zuschreibung, können ABPs Gründe und Informationen liefern, die Wissensdefiziten über ärztliche Leistungen entgegenwirken und zur Vertrauensgenese in Form eines Vorschusses an Vertrauen beitragen können. Es ist anzunehmen, dass solche Gründe, die den Vorschuss legitimieren, Erfahrungen anderer Patient*innen darstellen, die Auskunft über ihre Zufriedenheit geben und damit einen ersten Eindruck der Kompetenz, Redlichkeit und Ehrlichkeit des Arztes oder der Ärztin vermitteln (Dugan, Trachtenberg, & Hall, 2005).

Vor diesem Hintergrund gilt es der Frage nachzugehen, ob Online-Bewertungen von Ärzt*innen in einem solchen Vertrauensvorschuss für einen spezifischen Arzt oder eine Ärztin münden können, die Grundhaltung zu einem Arzt oder einer Ärztin verbessern und folglich die Arztwahl und Behandlung beeinflussen.

Diese Frage soll mittels des folgenden Beitrags beantwortet werden. Dabei sollen mittels einer theoretischen Auseinandersetzung mit dem digitalen Auswahlprozess von Ärzt*innen vertrauensrelevante Entscheidungskriterien identifiziert und danach einer empirischen Prüfung unterzogen werden. Im Fokus dieser Analyse steht dabei auch, die vertrauensrelevanten Potenziale von Bewertungsportalen von einer generellen durch ABPs vermittelten positiven Haltung gegenüber Ärzt*innen abzugrenzen. Dabei wird eine positive Einstellung als Vorstufe oder Voraussetzung von Vertrauen verstanden. Zunächst sollen jedoch, stets mit Bezug zur Einstellungs- und Vertrauensbildung, die Potenziale von ABPs genauer betrachtet und ein Überblick über bisherige Forschungserkenntnisse gegeben werden.

2 Der Prozess der digitalen Arztwahl

ABPs bieten neben allgemeinen Informationen über Ärzt*innen die Möglichkeit für Patient*innen Kommentare zu verfassen und Noten für einen Leistungserbringer zu vergeben (Borchers & Krömer, 2015; Emmert, Sander, Esslinger, Maryschok, & Schöffeski, 2012). Gerade diese Dokumentation und Zusammenfassung der Erfahrungen anderer Nutzer*innen können als Evaluationskriterien für suchende potenzielle Patient*innen dienen, die das Vertrauen beeinflussen und für die Entscheidungsfindung im Zuge der Arztwahl herangezogen werden können.

Forschung zur Wirkung von ABPs ist bisher weniger verbreitet; vielmehr werden in der wissenschaftlichen Auseinandersetzung primär deren Potenziale und Risiken auf normativer Ebene reflektiert, oder es werden in deskriptiver Form Inhalte und Valenz der Bewertungen, Nutzungsdeterminanten und Merkmale der Nutzer*innen analysiert (Emmert et al., 2013; Lagu, Hannon, Rothberg, & Lindenauer, 2010; McLennan, Strech, & Reimann, 2017; Strech & Reinmann, 2012; siehe hierzu auch Possler, Link, & Niemann-Lenz in diesem Band).

Spezifisch mit dem Einfluss von ABPs auf die Arztwahl befasst sich eine qualitative Studie von Rothenfluth und Kolleg*innen (2016). Auf der Basis eines Vergleichs von Reisebewertungs- und Arztbewertungsportalen wird deutlich, dass sich die Arztwahl durch ein eher geringes Risikoempfinden auszeichnet, eher schnell, weniger informationsbasiert und nach dem „trial and error"-Prinzip erfolgt. Eine experimentelle Studie, die ebenfalls die individuelle Urteilsbildung der Nutzer*innen fokussiert, liegt beispielsweise von Reinhardt, Weber und Rossmann (2017) vor. Vor dem Hintergrund der Fallbeispielforschung wird unter anderem der Effekt der Valenz der Nutzerkommentare und der Durchschnittsnote analysiert und gezeigt, dass beide Faktoren die Erinnerung, Bewertung und Verhaltensintentionen der Befragten beeinflussen. Die stärksten Effekte gehen von den summarischen Realitätsbeschreibungen (Durchschnittsnote eines Arztes/einer Ärztin) aus, während die Valenz der einzelnen Kommentare im Vergleich weniger bedeutend erscheint.

Basierend auf diesen ersten Erkenntnissen können insbesondere Entscheidungsheuristiken als bedeutend für die Einstellungsbildung angesehen werden und sollen mit Blick auf ihre Wirkung auf den Vertrauensvorschuss und die generelle Haltung zu den bewerteten Ärzt*innen in den Fokus rücken.

2.1 Vertrauensrelevante Evaluationskriterien der Arztwahl über ABPs

Basierend auf Forschungen zur Wirkung von Online-Empfehlungen (u. a. Chiou & Cheng, 2003; Lee, Rodgers, & Kim, 2009; Kim & Gupta, 2012) und den Einflussfaktoren der Vertrauensgenese sowie von Vertrauens- und

Glaubwürdigkeitsurteilen (u.a. Metzger, 2007; Sundar, 2008) soll eine Auswahl einzelner potenziell vertrauensrelevanter Evaluationskriterien der Arztwahl erfolgen. Unter Einbezug des Aufbaus von ABPs zeigt sich, dass es sich bei der Durchschnittsnote für einen Arzt oder eine Ärztin (Valenz) und dem Volumen an Bewertungen (Anzahl) um zwei sehr zentrale Bestandteile der Seiten handelt – entsprechende Informationen werden sowohl auf der Überblicksseite als auch sehr prominent auf den einzelnen Profilen von Ärzt*innen angeboten.

Analog zu Annahmen der Fallbeispielforschung und den bestehenden Erkenntnissen zur Wirkung von Nutzerkommentaren auf ABPs (Reinhardt et al., 2017), können mit Blick auf heuristische Entscheidungsregeln die Bandwagon-Heuristik und der Negativity-Effekt als bedeutsam angesehen werden (Grabner-Kräuter & Waiguny, 2015; Lee, Park, & Han, 2008; Sundar, 2008).

Die Wirkung der Bandwagon-Heuristik beruht auf der kollektiven Bestätigung und Popularität bestimmter Inhalte (Metzger, Flanagin, & Medders, 2010). So können die Nutzer*innen auf ABPs leicht nachvollziehen, wie viele Bewertungen ein Arzt oder eine Ärztin erhält, was mehr oder weniger viele Andere denken und inwiefern sie anderen Bewertungen zustimmen oder widersprechen. Spezifische Hinweisreize für diese Entscheidungsregel auf ABPs sind die Anzahl der Bewertungen (Volumen) eines Arztes oder einer Ärztin. Liegen für einen Arzt oder eine Ärztin eine Vielzahl an Bewertungen vor, kann dies für die Nutzer*innen des ABPs als Indiktor für die Frequentierung dieses Arztes gelten und dadurch zu einer positiveren Bewertung führen.

In Ergänzung dazu geht der Negativity-Effekt davon aus, dass Individuen negativen Informationen sowohl für Bewertungen als auch Entscheidungen eine höhere Bedeutung zuschreiben (u.a. Feldman, 1966; Skowronski & Carlston, 1989). Informationen über die Valenz der Bewertung auf ABPs finden sich in der Gesamtnote eines Arztes oder einer Ärztin wieder und sind durch den Durchschnitt besonders leicht zugänglich. Dementsprechend besitzt vor allem eine vergleichweise schlechte Benotung des Arztes das Potenzial, dass kein Vertrauensvorschuss erfolgt und eine negative Haltung zu dem Arzt oder Ärztin entsteht. Damit könnten solche Portale weniger der Arztwahl als dem Ausschluss bestimmter Ärzt*innen dienen.

Zudem kann davon ausgegangen werden, dass die beiden Informationen über die Gesamtnote und die Anzahl der Bewertungen auch miteinander in Beziehung stehen und vor allem die Valenz durch ein entsprechendes Volumen an Bedeutung gewinnt.

2.2 Konkretisierung des Forschungsinteresses

Die vorliegende Studie verfolgt auf Basis der bereits dargelegten Wirkungsannahmen das Ziel, zu prüfen, ob eine positive Valenz und ein hohes Volumen an Online-Bewertungen auf einem ABP den Vertrauensvorschuss für einen Arzt oder eine Ärztin sowie die generelle Haltung zu diesem/dieser beeinflussen.

Folgende Hypothesen wurden abgeleitet:
H1: Eine negativere Valenz der Bewertungen führt im Vergleich zu einer positiven Valenz zu (a) geringerem Vertrauen in den Arzt/die Ärztin und (b) einer negativeren generellen Haltung zu dem Arzt/der Ärztin.
H2: Ein höheres Volumen an Bewertungen führt im Vergleich zu einem geringeren Volumen zu (a) höherem Vertrauen in den Arzt/die Ärztin und (b) einer positiveren generellen Haltung zu dem Arzt/der Ärztin.
H3: Das Bewertungsvolumen verstärkt die Wirkung der Valenz auf (a) das Vertrauen in den Arzt/die Ärztin und (b) die generelle Haltung zu dem Arzt/der Ärztin in die entsprechende Richtung.

Zudem wurde ergänzend nach der Rolle möglicher Moderatoren dieses Einflusses gefragt. Vor allem der (subjektiv wahrgenommene) Gesundheitszustand einer Person kann sich auf die Relevanzeinschätzung von Gesundheitsthemen auswirken und damit auch im Hinblick auf gesundheitsbezogene Entscheidungen, wie die Arztwahl, ein wichtiger Hintergrundfaktor sein (Silbermanm, 2015). Demnach ist davon auszugehen, dass vor allem ein als schlechter wahrgenommener Gesundheitszustand die Relevanz der Auseinandersetzung mit Ärzt*innen relevanter erscheinen lässt und dadurch Einfluss auf die Wirkung der Entscheidungsheuristiken in dem vorliegenden Szenario nimmt. Des Weiteren wurde auch die bestehende Erfahrung mit ABPs als Faktor einbezogen. Es wird angenommen, dass erfahrene Nutzer*innen sich auf den Profilen schneller zurechtfinden, mit der Art der Aufbereitung vertraut sind. Die eigene Erfahrung kann auch die Einstellung zu ABPs selbst beeinflussen und damit in Beziehung stehen, dass den angebotenen Informationen eine höhere Wertigkeit zukommt. Die vierte Forschungsfrage lautet daher:

F4: Inwiefern spielen für den Vertrauensvorschuss und die allgemeine Haltung zu dem Arzt/der Ärztin der Gesundheitszustand und die Erfahrung mit ABPs eine Rolle?

3 Methodische Umsetzung

Die Prüfung der Annahmen erfolgte in Form einer experimentellen Online-Befragung im Juli 2017. Es handelte sich um ein 2x2 within-subject-design mit ingesamt *N* = 286 Befragten, die zwischen 16 und 66 Jahren alt (*M* = 32,28; *SD* = 11,78) und zu einem hohen Anteil weiblich waren (72,4 %). Zudem handelt es sich um ein hochgebildetes Sample, da mehr als 60 % der Befragten mindestens einen Fachhochschulabschluss besitzen. Dies ist vor allem das Resultat der Rekrutierung des Convenience Samples über Survey Circle, E-Mail-Verteiler von Hochschulen und Forschungseinrichungen sowie sozialen Netzwerken.

Das Forschungsdesign (siehe Abbildung 1) der Studie zeichnet sich durch die Besonderheit eines Szenario-Ansatzes aus. Vor der aufeinanderfolgenden Darstellung von vier Arztprofilen, wurden die Proband*innen gebeten sich vorzustellen, nach dem Umzug in eine andere Stadt auf der Suche nach einem neuen Zahnarzt/einer neuen Zahnärztin zu sein.
Zahnärzt*innen wurden ausgewählt, da die jährliche zahnärztliche Versorgung gleichermaßen Frauen und Männer anspricht und es sich zudem um eine relativ häufige Suchanfrage auf ABPs handelt. Im Jahr 2017 entfielen auf dem Portal Jameda allein 22 % der Suchanfragen auf Zahnärzt*innen (Alexa Traffic Ranking, 2017).

Abbildung 1: Überblick über das Forschungsdesign

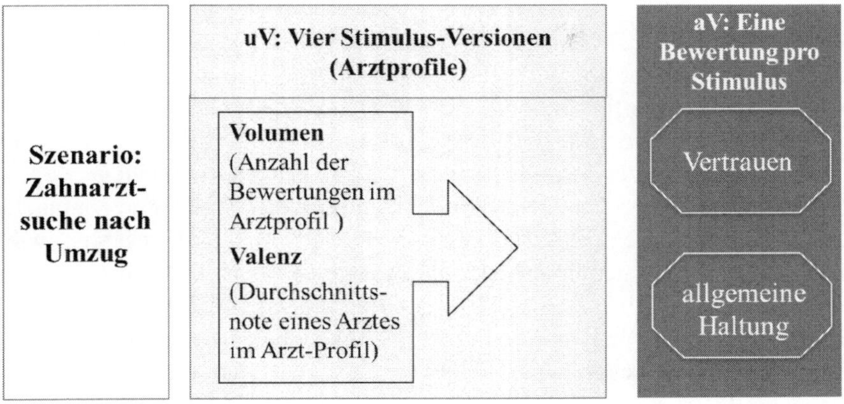

Diese Ausgangssituation stellt die inhaltliche Rahmenhandlung für die Auseinandersetzung mit den vier Arztprofilen dar. Um eine möglichst realitätsnahe Suchsituation zu schaffen, wurde die Gestaltung der fiktiven Arztprofile an das Design der deutschen Website Jameda angelehnt. Eines der Profile ist in Abbildung 2 dargestellt.

Abbildung 2: Beispiel des Stimulus-Materials

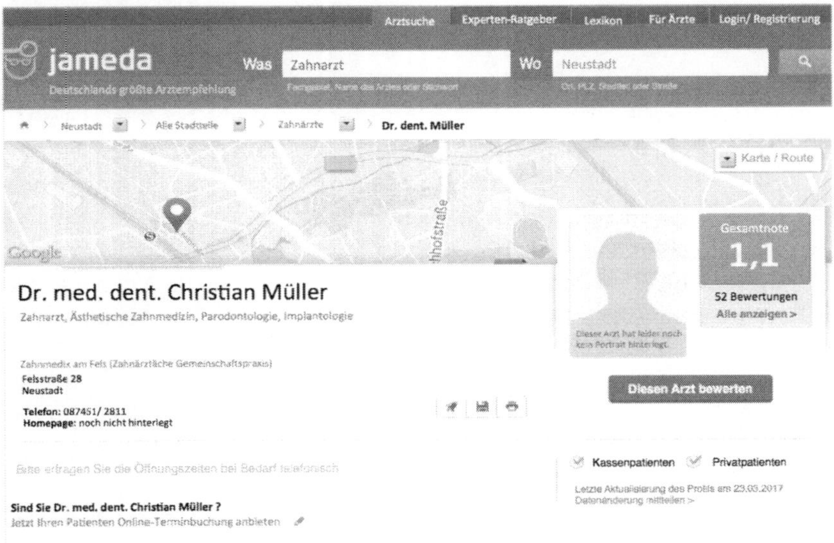

Für die Manipulation wurden die Valenz (Durchschnittsnote gut =1,1 vs. schlecht = 3,2) und das Volumen (niedrig < 5 vs. hoch > 50) der Bewertungen der Arztprofile variiert. Neben den interessierenden Merkmalen wurden die Profile möglichst identisch gehalten. Daher handelt es sich ausschließlich um Männer. Die Namen und Adressen unterscheiden sich jedoch, dabei wurden jeweils häufig vorkommende Namen für Männer mittleren Alters und weit verbreitete Straßennamen gewählt.

Der Fragebogen erfasste neben dem Vertrauensvorschuss (Dugan et al., 2005) und der generellen, positiven Haltung (Grabner-Kräuter & Waiguny, 2015) zu den einzelnen Ärzten die potenziellen Moderatorvariablen, wie den subjektiv wahrgenommenen, zahnbezogenen Gesundheitszustand, das allgemeine subjektive Wohlbefinden (Bansal, Zahedi, & Gefen, 2010; Emmert et al., 2013) und das individuelle Gesundheitsbewusstsein (Dutta-Bergman, 2003). Zudem wurden nutzungsbezogene Faktoren, wie z. B. die generelle Internetnutzung und die Nutzung von ABPs erhoben. Für die vorliegende Analyse wurden nur die subjektive Wahrnehmung des zahnbezogenen Gesundheitszustandes in Form des Vorliegens von Zahnproblemen und die vorherige Erfahrung mit ABPs als Moderatoren herangezogen. Die Skalen zur Erfassung des Vertrauensvorschusses und der positiven Haltung wurden nach einer erfolgreichen Reliabilitätsprüfung zu Mittelwertindizes zusammengefasst.

4 Ergebnisse

Bevor die Ergebnisse der Hypothesenprüfung vorgestellt werden, soll zunächst die generelle Nutzung von ABPs in der Stichprobe beschrieben werden. So geben mehr als die Hälfte der Befragten (60,4 %) an, dass sie zumindest selten online nach Ärzt*innen suchen, 55,9 % ziehen dabei auch ABPs zu Rate, während nur 10 % schon einmal selbst eine Bewertung auf einem solchen Portal verfasst haben. Es zeigt sich somit eine deutliche Tendenz zur passiven Nutzung, die beispielsweise auch für die Nutzung (gesundheitsbezogener) Online-Communitys charakteristisch ist (Baumann & Link, 2016). Jameda zählt dabei zu den bekanntesten Anbietern, der 61 % der Befragten bekannt ist.

Zudem ergeben sich auch interessante Erkenntnisse bei der deskriptiven Beschreibung des Vertrauensvorschusses für die dargestellten Ärzte. Ein Großteil der Befragten (40 %) sieht sich nicht hinreichend in der Lage, die Vertrauenswürdigkeit eines Arztes anhand der Informationen aus dem Profil zu beurteilen. Dies führt dazu, dass die Hypothesentestung nur mit einer

Stichprobe von 161 Proband*innen vorgenommen wird. Im Gegensatz dazu scheint die Einschätzung der generellen Haltung gegenüber den Ärzt*innen für die Proband*innen unproblematisch zu sein.

Im Zuge der Hypothesenprüfung zeigt sich für das verbleibende Sample auf Basis einer zweifaktoriellen Varianzanalyse mit Messwiederholung, dass sowohl die Valenz als auch das Volumen den Vertrauensvorschuss für einen Arzt beeinflussen (siehe Tabelle 1). Die beiden signifikanten Haupteffekte von Valenz und Volumen der Bewertungen bestätigen die Hypothesen 1a und 2a, während ein ebenfalls signifikanter Interaktionseffekt von Valenz und Volumen, die Annahmen der Hypothese 3a bestätigt. Zu beachten ist dabei, dass der Haupteffekt des Volumens vergleichweise schwach ausfällt. Er zeigt somit eine generelle Tendenz zur positiveren Bewertung von Ärzten mit mehr Rezensionen – entscheidender scheint allerdings die Interaktion mit der Valenz zu sein. Zu den höchsten Vertrauenszuschreibungen führt eine gute Gesamtnote (Valenz), verstärkt durch eine hohe Anzahl an Bewertungen ($M = 3{,}86$; $SD = 0{,}632$). Der geringste Vertrauensvorschuss für einen Arzt wird erzielt, wenn die Ärzte eine schlechte Gesamtnote von einer hohen Anzahl von Bewertungen erhalten haben ($M = 2{,}46$; $SD = 0{,}783$). Im Gegensatz zum positiven Effekt des Volumens, wird somit durch die Betrachtung der Interaktionen verdeutlicht, dass in Abhängigkeit von der Valenz ein höheres Volumen den positiven oder negativen Effekt auf das Vertrauen in den Arzt verstärkt.

Der gewährte Vertrauensvorschuss kann dabei mittels des ebenfalls erfassten generellen Vertrauens gegenüber Ärzt*innen nivelliert werden. Das generelle Vertrauen in Ärzt*innen liegt mit einem Mittelwert von 3,4 ($SD = 0{,}708$) im mittleren Bereich. Mit Blick auf diesen Vergleichsmaßstab zeigt sich tendenziell, dass positive Bewertungen diese Grundeinstellung zwar leicht verbessern, generell ist der Zugewinn aber als eher marginal zu bewerten. Im Gegensatz dazu führen die negativen Bewertungen zu einem deutlicheren Vertrauensverlust. Dies kann als Hinweis auf die Bedeutung des Negativity-Effekts gedeutet werden. Demnach wäre es denkbar, dass ABPs weniger der Auswahl als vielmehr dem Ausschluss von bestimmten Ärzt*innen dienen und als Absicherung fungieren, um schlechten Erfahrungen vorzubeugen.

Tabelle 1: Einfluss der Valenz und des Volumens auf die generelle Haltung gegenüber und das Vertrauen in Ärzte auf Online-Bewertungsportalen

	Valenz schlecht *M (SD)*		**Valenz gut** *M (SD)*	
	Volumen niedrig	Volumen hoch	Volumen niedrig	Volumen hoch
Vertrauen	2,59 (0,702)	2,46 (0,783)	3,46 (0,701)	3,86 (0,632)
Generelle Haltung	2,35 (0,786)	2,19 (0,832)	3,55 (0,839)	4,11 (0,727)

n = 161/229; Zweifaktorielle ANOVA mit Messwiederholung; Index Vertrauen abgefragt auf einer 5-er Skala von 1 „stimme ganz und gar nicht zu" bis 5 „stimme voll und ganz zu"; Generelle Haltung abgefragt auf einer 5-er Skala von 1 „stimme ganz und gar nicht zu" bis 5 „stimme voll und ganz zu"

Vertrauen:	Generelle Haltung:
Valenz: $F(1, 160) = 277{,}48$; $p \leq {,}001$; $\eta^2 = {,}634$	Valenz: $F(1, 228) = 562{,}93$; $p \leq {,}001$; $\eta^2 = {,}717$
Volumen: $F(1, 160) = 19{,}44$; $p \leq {,}001$; $\eta^2 = {,}108$	Volumen: $F(1, 228) = 29{,}51$; $p \leq {,}001$; $\eta^2 = {,}115$
Valenz x Volumen: $F(1, 160) = 55{,}706$; $p \leq {,}001$; $\eta^2 = {,}258$	Valenz x Volumen: $F(1, 228) = 90{,}476$; $p \leq {,}001$; $\eta^2 = {,}284$

Die Hypothesen 1b, 2b und 3b rücken anstelle von Vertrauen die generelle Haltung der Patient*innen gegenüber den Ärzten in den Fokus. Es zeigen sich die gleichen Einflussmuster und die Annahmen der Hypothesen können bestätigt werden. Sowohl die Valenz, das Volumen als auch die Interaktion beider Faktoren nehmen stark Einfluss auf die Haltung gegenüber den Ärzten. Während erneut die Valenz die Einflussrichtung vorgibt und durch das Volumen an Einflussstärke gewinnt, zeigt sich dieser Einfluss auf die Haltung noch deutlicher. So führt eine schlechte Bewertung eines Arztes in einer hohen Anzahl an Fällen zu einer eher negativen Haltung zu diesem Arzt ($M = 2{,}19$; $SD = 0{,}832$; siehe Tabelle 1). Im Vergleich dazu wird die positivste Bewertung ($M = 4{,}11$; $SD = 0{,}727$) erzielt, wenn das Arztprofil eine gute Gesamtnote basierend auf vielen Bewertungen aufweist.

Im Zuge der vierten Forschungsfrage wurden der Gesundheitszustand (Zahnprobleme vorhanden vs. nicht vorhanden) und die Erfahrung mit ABPs (vorhanden vs. nicht vorhanden) als Zwischensubjektfaktoren in die Varianzanalyse mit Messwiederholung separat einbezogen. Da sich für Vertrauen und die generelle Haltung ein ähnliches Einflussmuster zeigen, soll an dieser Stelle der Einfluss auf den Vertrauensvorschuss beispielhaft herausgegriffen werden. Es zeigt sich, dass der Gesundheitszustand keinen signifikanten Einfluss auf den Vertrauensvorschuss (F(1, 159) = 0,709; p = n.s.; η^2 = ,004) hat. Die Bewertung der Ärzte scheint somit unabhängig von der eigenen Betroffenheit zu sein. Mit Blick auf die Aussagekraft dieser Ergebnisse ist dabei zu beachten, dass es sich um ein fiktives Szenario handelt und die Suchergebnisse folgenlos für die eigene Arztwahl bleiben.

Für die Erfahrung mit ABPs zeigt sich ebenfalls kein signifikanter Haupteffekt auf den Vertrauensvorschuss (F(1, 109) = 1,32; p = n.s.; η^2 = ,021) – allerdings findet sich ein signifikanter Interaktionseffekt mit der Valenz und dem Volumen der Bewertungen der Ärzte (F(1, 109) = 10,15; $p \leq$,01; η^2 = ,085; siehe Abbildung 3). Die Erfahrung mit ABPs scheint dabei den Einfluss der Profile in positiver wie negativer Richtung tendenziell zu stärken. Dies könnte mit einer auf eigenen Erfahrungen basierenden positiveren Einstellung gegenüber den Portalen und der zugeschriebenen Wertigkeit der angebotenen Informationen zusammenhängen.

Abbildung 3: Einfluss auf den Vertrauensvorschuss in Abhängigkeit von der Erfahrung mit Arztbewertungsportalen

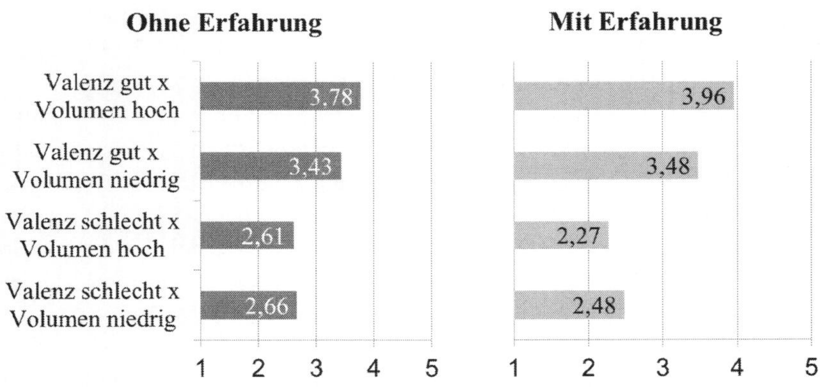

Anmerkung: n = 161, Bewertung des Vertrauensvorschusses auf einer Skala von 1 bis 5

5 Fazit und Ausblick

Zusammenfassend soll festgehalten werden, dass nüchtern gehaltene Arztprofile und -bewertungen – auch bei guter Durchschnittsnote und hoher Anzahl an Benotungen – nicht per se ein vertrauensstiftendes Potenzial entfalten, während die generelle Haltung zu den beschriebenen Ärzten leichter bewertbar und beeinflussbar erscheint. Die Differenzierung der Proband*innen zwischen dem Vertrauensurteil und der Haltung ist dabei eine interessante Erkenntnis der Studie und macht deutlich, dass der Aufbau von Vertrauen voraussetzungsreicher erscheint. Dies zeigt sich auch in den Einflussmustern – indem Vertrauen durch die Informationen auf den Arztprofilen generell weniger stark beeinflusst wird als die generelle Haltung zu einem der Ärzte.

Die beiden heuristischen Hinweise der Bewertung in Form der Gesamtnote eines Arztes (Valenz) und der Anzahl der Bewertungen (Volumen) zeigen sich beide als bedeutend für die Einstellungsbildung und prägen sowohl den Vertrauensvorschuss als auch die generelle Haltung. Für die Bewertung eines Arztes oder einer Ärztin scheint dabei jedoch die Valenz bedeutender zu sein, die durch ein höheres Volumen an Bewertungen noch verstärkt wird. Es finden sich dabei sowohl Hinweise auf den Negativity-Effekt als auch die Bandwagon Heuristik.

Die Auswahlkriterien eines Arztes oder einer Ärztin scheinen dabei unabhängig von gesundheitsbezogenen Faktoren (wie der eigenen Betroffenheit) zu sein. Für das Einflusspotenzial von ABPs ist vielmehr die Erfahrung und Einstellung zu ABPs bedeutsam, die dazu führen kann, dass die Suchenden vertrauter mit den angebotenen Entscheidungsheuristiken sind und die Bewertungen anderer Nutzer*innen an Bedeutung für die eigene Einstellungsbildung und Entscheidungsfindung gewinnen.

Die beschriebenen Erkenntnisse bieten erste Einblicke in die Wirkungsmechanismen von ABPs und fokussieren dabei die grundlegenden Strukturen solcher Portale. Dies kann als Stärke und zugleich als Schwäche der vorliegenden Studie betrachtet werden. Im Sinne einer Stärke gibt die Studie Aufschluss über grundlegende Wirkmechanismen der Anzahl an Bewertungen und der Valenz der Bewertung und zeigt deren Potenzial, die Basis für den Aufbau einer Vertrauensbeziehung zu schaffen. Allerdings wird die Studie durch diesen Fokus nicht der Komplexität des Auswahlprozesses einerseits und der angebotenen Informationen auf ABPs andererseits gerecht. Daher sollten die Erkenntnisse als wertvoller Ausgangspunkt dienen, um in zukünftigen Studien weitere Elemente solcher Portale einzubeziehen. So liegen bereits erste Studien vor (Reinhardt et al., 2017), die auch die Bedeutung von Nutzerkommentaren berücksichtigen. Dies sollte noch stärker erfolgen und kann dabei die inhaltsanalytischen Untersuchungen zu Typen von Arztbewertungen aufgreifen. Zudem ist es auch bedeutsam, nicht nur Einstellungen zu den ausgewählten Ärzt*innen zu untersuchen, sondern auch die Handlungsrelevanz sowie die Konsequenzen solcher Kommentare für die Arzt-Patienten-Interaktion. Eine weitere Limitation der vorliegenden Studie bezieht sich auf das Sample – gerade der hohe Bildungsgrad der Befragten kann einen erheblichen Einfluss auf die Urteilsbildung besitzen. Zudem ist kritisch anzumerken, dass das gewählte Szenario der Zahnarztsuche sehr spezifisch ist und sich in den meisten Fällen durch eine geringe Dringlichkeit auszeichnet. Gerade mit Blick auf den Vertrauensvorschuss, da mit zunehmender Belastung auch ein höherer Bedarf zu Vertrauen einhergehen kann, können anderen Szenarien weitere Hinweise auf die Wirkungsweise von ABPs liefern und andere Konsequenzen für die Arzt-Patienten-Interaktion besitzen. Dies sind einige spannende Anknüpfungspunkte für weitere Forschung.

Literaturverzeichnis

Bansal, G., Zahedi, F. & Gefen, D. (2010). The impact of personal dispositions on information sensitivity, privacy concern and trust in disclosing health information online. *Decision Support Systems, 49*(2), 138–150. doi:10.1016/j.dss.2010.01.010

Baumann, E. & Link, E. (2016). Onlinebasierte Gesundheitskommunikation: Nutzung und Austausch von Gesundheitsinformationen über das Internet. In F. Fischer & A. Krämer (Hrsg.), eHealth in Deutschland. Anforderungen und Potenziale innovativer Versorgungsstrukturen (S. 385-406). Berlin, Heidelberg: Springer. doi: 10.1007/978-3-662-49504-9_21

Borchers, N. S. & Krömer, N. (2015). Die Rolle von Arztbewertungsportalen im Prozess der Arztwahl -Patienten-Empowerment durch Laienbewertungen? In M. Schäfer, O.Quiring, C. Rossmann, M. R. Hastall & E. Baumann (Hrsg.), *Gesundheitskommunikation im gesellschaftlichen Wandel (*S. 153–164). Baden-Baden: Nomos.

Chiou, J.-S. & Cheng, C. (2003). Should a company have message boards on its Web sites? *Journal of Interactive Marketing, 17*(3), 50–61. doi:10.1002/dir.10059

Dugan, E., Trachtenberg, F. & Hall, M. A. (2005). Development of abbreviated measures to assess patient trust in a physician, a health insurer, and the medical profession. *BMC Health Services Research, 5*(64), o. S. doi:10.1186/1472-6963-5-64

Dutta-Bergman, M. (2003). Trusted online sources of health information: Differences in demographics, health beliefs, and health-information orientation. *Journal of Medical Internet Research, 5*(3), e21. doi:10.2196/jmir.5.3.e21

Emmert, M., Meier, F., Pisch, F. & Sander, U. (2013). Physician choice making and characteristics associated with using physician-rating websites: Cross-sectional study. *Journal of Medical Internet Research, 15*(8), e187. doi:10.2196/jmir.2702

Emmert, M., Sander, U., Esslinger, A., Maryschok, M., & Schöffski, O. (2012). Public Reporting in Germany: the content of Physician Rating Websites. *Methods of Information in Medicine, 51(*2), 112-120. doi:10.3414/ME11-01-0045

Feldman, S. (1966). Motivational aspects of attitudinal elements and their place in cognitive interaction. In S. Feldman (Hrsg.), *Cognitive consistency* (S. 75–108). New York: Academic Press. doi:10.1016/B978-1-4832-2828-0.50008-8

Grabner-Kräuter, S. & Waiguny, M. K. (2015). Insights into the impact of online physician reviews on patients' decision making: Randomized experiment. *Journal of Medical Internet Research, 17*(4), e93. doi:10.2196/jmir.3991

Hall, M. A., Dugan, E., Zheng, B., & Mishra, A. K. (2001). Trust in physicians and medical institutions: What is it, can it be measured, and does it matter? *The Milbank Quarterly, 79*(4), 613–639.

Kim, J. & Gupta, P. (2012). Emotional expressions in online user reviews: How they influence consumers'product evaluations. *Journal of Business Research, 65*(7), 985–992. doi:10.1016/j.jbusres.2011.04.013

Lagu, T., Hannon, N. S., Rothberg, M. B. & Lindenauer, P. K. (2010). Patients' evaluations of health care providers in the era of social networking: An analysis of physician-rating websites. *Journal of General Internal Medicine, 25*(9), 942–946. doi:10.1007/s11606-010-1383-0

Lee, J., Park, D.-H. & Han, I. (2008). The effect of negative online consumer reviews on product attitude: An information processing view. *Electronic Commerce Research and Applications, 7*(3), 341–352. doi:10.1016/j.elerap.2007.05.004

Lee, M., Rodgers, S. & Kim, M. (2009). Effects of valence and extremity of eWOM on attitude toward the brand and website. *Journal of Current Issues & Research in Advertising, 31*(2), 1–11. doi:10.1080/10641734.2009.10505262

Link, E. (2019). *Vertrauen und die Suche nach Gesundheitsinformationen: Eine empirische Untersuchung des Informationshandelns von Gesunden und Erkrankten*. Berlin: Springer Verlag.

Mayer, R. C., Davis, J. H., & Schoorman, F. D. (1995). An integrative model of organizational trust. *The Academy of Management Review, 20*(3), 709–734.

McLennan, S., Strech, D. & Reimann, S. (2017). Developments in the frequency of ratings and evaluation tendencies: A review of German physician rating websites. *Journal of Medical Internet Research, 19*(8), e299. doi:10.2196/jmir.6599

Metzger, M. J. (2007). Making sense of credibility on the Web: Models for evaluating online in-formation and recommendations for future research. *Journal of the American Society for Information Science and Technology, 58(*13), 2078–2091. doi:10.1002/asi.20672

Metzger, M. J., Flanagin, A. J., & Medders, R. B. (2010). Social and heuristic approaches to credibility evaluation online. *Journal of Communication, 60*(3), 413–439. doi:10.1111/j.1460-2466.2010.01488.x

Reinhardt, A., Weber, W., & Rossmann, C. (2017). Effects of exemplars and base-rate information on online physician rating sites. Studies in Communication and Media, 6(4), 420-443. doi:10.5771/2192-4007-2017-4-420

Rothenfluh, F., Germeni, E. & Schulz, P. J. (2016). Consumer decision-making based on review websites: Are there differences between choosing a hotel and choosing a physician? *Journal of Medical Internet Research, 18*(6), e129. doi:10.2196/jmir.5580

Scheibler, F., Kasper, J., Turjalei, A., Moisl, D., Ommen, O., Janssen, C., & Pfaff, H. (2011). Entwicklung und Validierung der Skala „Vertrauen in den Arzt" im Kölner Patientenfragebogen. *Klinische Diagnostik und Evaluation, 4*(1), 63–77.

Silbermann, A. (2015). Gesundheitsbewusstes Konsumentenverhalten. Wiesbaden: Springer Verlag. doi: 10.1007/978-3-658-0981-6

Skowronski, J. J. & Carlston, D. E. (1989). Negativity and extremity biases in impression formation: A review of explanations. *Psychological Bulletin, 105*(1), 131–142.

Strech, D. & Reimann, S. (2012). Deutschsprachige Arztbewertungsportale. *Das Gesundheitswesen, 74*(08/09), e61–e67. doi:10.1055/s-0031-1297254

Sundar, S. S. (2008). The MAIN Model: A heuristic approach to understanding technology effects on credibility. In M. J. Metzger & A. J. Flanagin (Hrsg.), *Digital media, youth, and credibility* (S. 73–100). Cambridge, Mass.: MIT Press.

Teil 2:
Potentiale und Grenzen digitaler Medien-technologien in der Gesundheitskommunikation

Die Rolle digitaler Medien in Unterstützungsrepertoires junger Krebspatient*innen: Eine ego-zentrierte Netzwerkanalyse

Doreen Reifegerste & Christine Linke

1 Einleitung

Junge Menschen, die an Krebs erkranken, benötigen Informationen und Unterstützung zur Bewältigung der Erkrankung. Dies können neben den Informationen über die medizinischen Abläufe auch praktische Hilfe (z. B. Transport zur Behandlung) und emotionaler Beistand sein. Dieser Bedarf wird allerdings nicht allein durch professionelle Gesundheitskräfte gedeckt (Treadgold & Kuperberg, 2010). Das soziale Netzwerk aus Angehörigen, Freund*innen oder anderen Erkrankten ist daher eine wichtige Quelle zur Generierung informationeller, emotionaler oder instrumenteller Unterstützung (Traa, Vries, Bodenmann, & Den Oudsten, 2015), da die psycho-soziale Betreuung in der Gesundheitsversorgung zunehmend vernachlässigt wird (Maio, 2016) und es insbesondere jungen Patient*innen schwer fällt Unterstützungsquellen in ihrer Altersgruppe zu finden (Köhler, 2015). Statt sich auf eine einzelne Unterstützungsquelle zu verlassen, konsultieren Patient*innen meist mehrere verschiedene Quellen, die in unterschiedlichen Kommunikationskanälen (digital und nicht digital) verfügbar sind und verschiedene Interaktionsmöglichkeiten aufweisen (Walsh et al., 2010). Dementsprechend sollte auch die Forschung das Zusammenspiel der Nutzung verschiedener Unterstützungsquellen aus unterschiedlichen Kommunikationskanälen (Ruppel & Rains, 2012) analog zum Konzept der Informations- oder Medienrepertoires (Hasebrink & Schmidt, 2012) berücksichtigen und untersuchen, wie Patient*innen ihr eigenes Unterstützungsrepertoire zusammenstellen.

Daher möchten wir das Konzept der Medien- und Informationsrepertoires auf das soziale Unterstützungsnetzwerk junger Erwachsener mit Krebserkrankungen anwenden.

2 Medienrepertoires als Unterstützungsnetzwerk

Grundlegend für die Betrachtung der Kommunikationswelt junger Menschen ist eine ganzheitliche Perspektive. Dafür ist es notwendig, möglichst alle genutzten Medien und die Kombination ihrer Nutzungsweisen zu betrachten (statt lediglich auf ein Medium zu fokussieren). Junge Menschen nutzen häufig gleichzeitig und mobil verschiedene Medieninhalte, Endgeräte und Dienste und dies ganz selbstverständlich eingebettet in alltägliche Abläufe, Routinen und Rituale. Medien sind damit auf komplexe Weise mit ihrem sozialen Handeln und ihrer kommunikativen Gestaltung von Identität und Beziehungen verknüpft. Das Konzept der Medienrepertoires ermöglicht es, diese komplexen Medienpraktiken empirisch zu erfassen, da es die Gesamtheit, der von einer individuellen Person tatsächlich genutzten Kommunikationsmedien aus der Nutzerperspektive erfasst (Hasebrink & Hepp, 2017a). Medien werden auch in konkreten Beziehungsrelationen angeeignet und es etablieren sich relationale kommunikative Repertoires (Linke, 2012). In diese sind vielfältige kommunikative Praktiken, die emotionale (z. B. Beziehungsbestätigung) und instrumentelle Interaktionselemente (z. B. Alltagskoordinierung) enthalten, eingebunden. Dazu gehören auch Unterstützungspraktiken, die neben anderen wie Unterhaltungs- und Informationspraktiken zu anderen Themen, in mediatisierter Kommunikation zwischen Beziehungspartner*innen integriert werden. Indem wir diese analytische Perspektive mit einer netzwerkanalytischen Betrachtung kombinieren, sind sowohl die Auswahl aus dem Medienangebot als auch deren wechselseitige Beziehungen im Fokus. Insbesondere im Kontext einer schweren Erkrankung von Beziehungspartner*innen, so unsere These, ist das Potential medialer Unterstützungskommunikation in Beziehungsrelationen gegeben.

Im Gegensatz zu medienspezifischen Erhebungen (z. B. nur von mobilen Medien) bietet die Untersuchung der Mediennutzung und ihrer Funktionen aus der Perspektive der Medienrepertoires mittels einer egozentrierten sozialen Netzwerkanalyse (SNA) drei wesentliche Vorteile. Sie ermöglicht erstens eine an den Nutzer*innen orientierte und zweitens zugleich medienübergreifende Perspektive, die drittens zudem Relationen zwischen den einzelnen Komponenten eines kommunikativen Repertoires mit medialen und nicht-medialen Kanälen und Quellen berücksichtigt (Hasebrink & Hepp, 2017a). Angesichts des medialen Wandels, bei dem die traditionellen Grenzen zwischen (massen-)medialen und interpersonalen Kanälen sowie zwischen realen und virtuellen Akteuren verschwimmen, erscheint diese Vorgehensweise unumgänglich (Rainie & Wellman, 2012).

Medien treten allerdings sowohl im Kontext verschiedener Disziplinen als auch im Alltag potentieller Befragter als mehrdeutiger Begriff auf (Mock, 2006). Zwar lassen sich Medien (d. h. Mittler) in ihrer Funktion als Kommunikationskanäle vor allem als Kanten bzw. Relationen verstehen, gleichzeitig werden sie aber auch als Knoten, Alteri oder Entitäten in Form von Medienorganisationen, -strukturen oder -angeboten verstanden, die jeweils als kommunikative Figurationen wiederum eigene Netzwerke bilden (Hasebrink & Hepp, 2017b).

Eine qualitative SNA (im Gegensatz zur standardisierten Vorgehensweise) bietet somit die Möglichkeit diese Multidimensionalität und Multiplexität der Funktionen des Alltagshandelns mit Medien vor dem Hintergrund der jeweiligen Forschungsfrage abzubilden. Mit dem Medienrepertoireansatz können zudem individuelle Muster der Mediennutzung und -aneignung für spezifische Themenbereiche beschrieben werden, wie z. B. gesundheitsbezogene Informationsrepertoires (Bachl & Mangold, 2017). Daran anknüpfend stellt sich die Frage nach der kommunikativen Gestaltung sozialer Unterstützungsnetzwerke. Unterstützungsrepertoires integrieren somit die verschiedenen Formen der mediatisierten und direkten Unterstützungskommunikation zur Krankheitsbewältigung.

3 Junge Erwachsene mit Krebserkrankungen

Adoleszente und junge Erwachsene mit Krebserkrankungen (d. h. Adolescents and Young Adults AYAs) unterscheiden sich in ihrem Informations- und Unterstützungsbedarf wesentlich von krebserkrankten Kindern oder älteren Erwachsenen (Ankem, 2006; Köhler, 2015). Zur Bewältigung der Behandlung benötigen sie sowohl informationale, emotionale als auch instrumentelle Unterstützung. Das heißt sie haben einen hohen Bedarf an krebsspezifischen Informationen zur Symptomatik, zu Behandlung und den Folgen der Behandlung (z. B. dem Fatiguesymptom). Darüber hinaus bedürfen sie aber auch Informationen zur allgemeinen Lebensbewältigung im Krankheitsfall (wie Umgang mit Sozialversicherung) und altersspezifischen Fragestellungen (wie Kinderwunsch oder Fortführung der Ausbildung) (Boltong, Byrnes, McKiernan, Quin, & Chapman, 2015).
Neben dieser informationalen Unterstützung brauchen sie auch emotionale Unterstützung (z. B. Trost und Zuspruch), um die Herausforderungen im Zusammenhang mit der Krankheit zu bewältigen (Holland & Thompson, 2018). Instrumentelle Unterstützung beinhaltet alle möglichen Hilfsleistun-

gen, die sich materiell oder finanziell ausdrücken können aber auch in Einkäufen, Behördengängen und der Organisation von Transporten u. ä. bestehen. Während die krebsspezifischen Informationen überwiegend durch das medizinische Personal bereitgestellt werden bzw. werden sollten, kommen andere Formen der Unterstützung überwiegend von Familie und Freund*innen (d. h. dem sozialen Umfeld).

Die Sozialstrukturen sind allerdings in dieser Altersgruppe meist noch nicht gefestigt, da die Abgrenzung vom Elternhaus und der Aufbau der Unabhängigkeit noch nicht abgeschlossen sind und überwiegend (noch) keine stabile langfristige Partnerschaft oder eigene Familie besteht (Lohaus, Fridrici, & Domsch, 2017). Zudem ist der Umgang mit einer schwerwiegenden Krankheit eine untypische Entwicklungsaufgabe in dieser Altersgruppe, was zusätzlich die Generierung von Unterstützungsressourcen im persönlichen Umfeld (z. B. aufgrund von Stigmatisierung oder Unverständnis) erschwert. Krebserkrankte AYAs weisen ein veralltäglichtes und von digitalen Formen geprägtes Mediennutzungsverhalten auf. Ihr Medienrepertoire ist besonders vielfältig und ermöglicht neben dem Zugang zu engen persönlichen Kontakten (sog. strong ties) auch Kontakte zu Patient*innen in Onlinegruppen (sog. weak ties) und Zugang zu vielfältigen Informationen aus dem Internet (Love et al., 2012). Darüber hinaus könnten für die AYAs auch medienvermittelte parasoziale Unterstützungsquellen wie Stars (Balfe, Keohane, O'brien & Sharp, 2017; Gabriel, Read, Young, Bachrach & Troisi, 2017) relevant sein, weil diese insbesondere für junge Menschen einen wichtigen Teil ihrer Identität darstellt (Schramm & Hartmann, 2010). Die Einbindung des digitalen Laiensupports, der parasozialen Unterstützer*innen und der Internetnutzung in die Therapie werden vom Gesundheitspersonal allerdings noch vielfach ignoriert oder sogar als Störfaktor gesehen (Bittner, 2015). Zu hinterfragen ist, inwieweit diese Formen aber auch hilfreich zur Bewältigung einer Krebserkrankung sind.

4 Forschungsfragen

Vor diesem Hintergrund stellt sich die Frage, inwieweit die Medienrepertoires junger Krebspatient*innen und hierin insbesondere digitale Medienformen (mobil, online, sozial) zur Kommunikation mit den verschiedenen (potentiellen) Unterstützer*innen (strong and weak ties) beitragen und welche Unterstützungsarten (informationell, emotional oder instrumentell) dadurch generiert werden können. Dabei gilt es auch zu klären, inwieweit digitale Medien dazu beitragen, die unterschiedlichen Unterstützungsgeber zu vernetzen, da dies eine wichtige Voraussetzung für eine positive Wirkung der Unterstützung ist (Bruns, 2013). In den eckigen Klammern finden sich jeweils die Formulierungen für eine netzwerkanalytische Betrachtung.

FF1: Welche (digitalen) Unterstützungsquellen nutzen junge Krebserkrankte? [Welche unterstützenden Alteri gibt es?]

FF2: Welche Rolle spielen digitale Medien? [in den Ego-Alteri-Beziehungen]

FF3: Welche Beziehungen bestehen zwischen den Unterstützungsquellen? [Alteri-Alteribeziehungen]

5 Methode

Für die Untersuchung dieser Forschungsfragen wurden insgesamt sechs qualitative Interviews mit weiblichen und männlichen Krebspatient*innen (sog. Survivors, deren Krebsbehandlung abgeschlossen ist, die sich aber noch innerhalb der empfohlenen Nachsorgephase mit entsprechenden Kontrolluntersuchungen von fünf Jahren befinden) im Alter von 20 bis 40 Jahren in verschiedenen deutschen Städten durchgeführt. Die Interviews dauerten zwischen 45 und 136 Minuten. Dabei wurden insbesondere auch solche AYAs befragt, die selbst als Multiplikatoren in sozialen Netzwerken auftreten und sich als „Expert*innen" in ihren Communities etabliert haben. Ergänzt werden die Leitfadeninterviews durch die Erhebung der egozentrierten Unterstützungsnetzwerke mittels einer Netzwerkkarte, die das Geflecht sozialer Beziehungen strukturiert sichtbar machen (Hepp, 2016; Straus, 2010). Damit wird eine systemische Betrachtung der Unterstützungsquellen ermöglicht, die über einzelne Beziehungen hinausgeht und daher insbesondere für das komplexe und dynamische Unterstützungssystem von jungen Erwachsenen geeignet erscheint. Dieser methodische Zugang ermöglicht eine umfassende Artikulation sowie eine individuelle Visualisierung von häufig nicht bewusst reflektierten - weil so stark in den Alltag integrierten - Kommunikationsstrukturen und Medienpraktiken. Da bei dieser Untersuchung die Exploration der ego-zentrierten Netzwerkanalyse für die Untersuchung von Medienrepertoires zur Krankheitsbewältigung im Mittelpunkt stand, kamen unterschiedliche Vorlagen für die Netzwerkkarten zum Einsatz (Abbildung 1). Die Vorlagen wurden mit dem Programm *Vennmaker* erstellt.

Abbildung 1: Beispiel Netzwerkkarte mit Sektoren

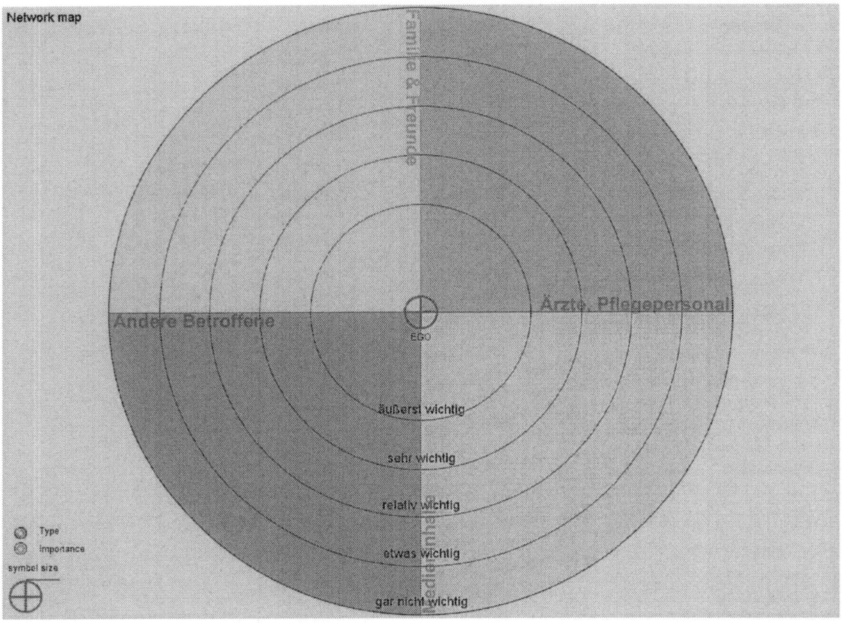

6 Ergebnisse

6.1 FF1: Unterstützungsquellen junger Krebserkrankter (Alteri)

Als Unterstützungsquellen der jungen Erwachsenen lassen sich drei Kategorien von Entitäten unterscheiden. Dies sind Individualpersonen, die mit den Patient*innen eine 1:1 Kommunikationsbeziehung haben. Individualpersonen sind sowohl informelle Unterstützer*innen wie Familienmitglieder, Freund*innen, Partner*in sowie andere Betroffene als auch formelle Unterstützende wie Ärzt*innen und andere Gesundheitsberufe. Häufig finden sich neben den Individualbeziehungen auch 1:N Kommunikationsbeziehungen der Patient*innen mit Gruppen wie Onlineselbsthilfegruppen, Freundeskreis oder Familiengruppen (in WhatsApp) oder der Kollegenkreis. Dabei wurden bevorzugt Familienmitglieder als Unterstützungsquellen genutzt, die gleichzeitig als medizinisches Personal ausgebildet sind.

Zudem zeigte sich, dass unter den unterstützenden Betroffenen auch Patient*innen mit Erfahrungen in anderen schwerwiegenden Erkrankungen auftraten. Insbesondere leisten aber die krebserfahrenen Laien als Blogger*innen, Ratgebende in Foren oder Netzwerken eine wichtige Ergänzung zu medizinischen Fachkräften und der Familie, die oft überfordert mit der eigenen emotionalen Bewältigung sind oder mitunter weniger Verständnis oder Zeit für AYAs-spezifische Bedarfe haben. Die Befragten bringen zudem die Unzufriedenheit mit den Ärzt*innen zum Ausdruck *„Und außer, dass die Ärzte mir dann gesagt haben, was genau es war und was sie alles gemacht haben, ist da eigentlich überhaupt nichts mehr passiert." (w, 40).* Und beschreiben immer wieder die Relevanz der Familie: *„Vater, der war bei der Bestrahlung dabei, der war immer/bis zu einem gewissen Zeitpunkt hat er immer hinter mir gestanden. Ohne ihn hätte ich das nicht überstanden" (w, 25).*

Darüber hinaus finden sich verschiedene Unterstützungsquellen, die keine reale Person beinhalten, sondern unterschiedliche Entitäten oder digital-basierte Praktiken. Dies sind mentale Praktiken wie die Zielsetzung mit Fotos von Reisezielen, die nach Abschluss der Therapie angesteuert werden; künstlerische Praktiken wie das Schreiben und Musikhören; körperliche Praktiken (wie Videospielen und Bewegung) und parasoziale Beziehungen zu Kuscheltieren, Sportler*innen oder anderen Medienfiguren.

Insbesondere parasoziale Medienfiguren und Streamingdienste (Musik, Videos) bieten zudem (vor allem emotionale) Unterstützung in Form von Ermunterung oder Begleitung, die ohne jegliche Gegenansprüche zur Verfügung steht.

6.2 FF2: Welche Rolle spielen digitale Medien in den Ego-Alteri-Beziehungen

Die Ergebnisse zeigen, dass digitale Medien in ganz unterschiedlichen Formen zum Unterstützungsrepertoire von AYA-Krebspatienten beitragen. Ihre Nutzung wird dabei als selbstverständlich und integriert beschrieben. Allerdings sind in den Medienrepertoires auch traditionelle Medien zu finden, zumeist verknüpft mit einzelnen älteren Beziehungspartner*innen, z. B. den Eltern. Soziale und mobil verfügbare Mediendienste wie WhatsApp und Facebook tragen als digitaler Kommunikationskanal insbesondere zum *Kontakt* mit vertrauten (und auch weit entfernt wohnenden oder gerade abwesenden) Personen und auch Personengruppen bei, die sich sowohl aus Eltern als auch Partner*innen und Freund*innen zusammensetzen. Die AYA-Krebspatienten können mittels mobiler und sozialer Medien selbst über die Verbreitung von Informationen über ihren Gesundheitszustand bestimmen und sind dafür nicht auf Intermediäre angewiesen. Dies trägt wesentlich zu einer wahrgenommenen Autonomie und zu einem Gruppenzusammenhalt bei: *„weil wir halt so auf einer Welle fühlten [...], weil wir alle uns schon darüber im Klaren sind, dass wir das offen schreiben und uns halt irgendwie nicht verstellen brauchen." (m, 28).* Soziale Medien dienen somit als *Plattform* für *selbstbestimmte Kommunikation.*

Digitale Medien tragen zudem dazu bei, dass Patient*innen leichter Zugang zu alternativen Unterstützungsquellen (wie Onlineselbsthilfegruppen) haben. Sie dienen damit als *Kompensation für Mangel an Unterstützung* bei Fachpersonal und im vor den Erkrankungen vorhandenen sozialen Netzwerk.

6.3 FF3: Kommunikationsbeziehungen der Alteri untereinander

Zudem dienen die digitalen Medien zur Abstimmung der Unterstützer*innen untereinander, die allerdings bislang überwiegend nur von den informellen Unterstützer*innen genutzt werden, während das medizinische Personal eher isoliert erscheint und kaum mit den Familienmitgliedern der Patient*innen vernetzt ist. Es finden sich in den Netzwerkkarten häufig keine Beziehungen der Medizinberufe zu anderen Unterstützungsquellen. Wenn Alteri-Alteri-Beziehungen vorhanden sind, dann liegt ihre Funktion vor allem darin, den Zugang zu weiteren Unterstützungsquellen zu ermöglichen (Weiterempfehlung, Termin verschaffen), sekundäre Unterstützung zu leisten (d. h. Unterstützung der Angehörigen durch andere informelle und formellen Unterstützer*innen) und die Abstimmung des Unterstützungsnetzwerks (z. B. Besuchszeiten) zu organisieren. So berichten die Befragten auch davon, dass ihre Angehörigen sich gegenseitig unterstützen bzw. ein Angehöriger eher als Unterstützer*innen anderer Angehöriger wahrgenommen wird. Dies wird als sehr positive Erfahrung berichtet, da den Patienten klar ist, dass auch die engsten Angehörigen einen hohen Unterstützungsbedarf aufweisen. Allerdings sind diese Unterstützungsleistungen der/m Patient*in nicht immer einsehbar, da sie auch stattfinden ohne, dass er/sie davon weiß.

Als *methodische Erkenntnisse* für zukünftige Erhebungen dieser Art lassen sich noch einige wichtige Punkte ergänzen. Die Interviews starteten zwar mit unterstützenden Personen (d. h. Knoten), es wurden von den Interviewten aber immer auch Sachen, Dinge oder virtuelle Entitäten als Unterstützungsquellen genannt. Insbesondere bei der Abfrage der Personen und deren Zuordnung gilt es die multiplexen Beziehungsformen und deren Entwicklung zu berücksichtigen. Das heißt, dass häufig gerade eine Mutter, die auch Ärztin ist oder eine Tante, die auch eine schwere Erkrankung hat. Von Bedeutung sind auch gleichaltrige Mitpatient*innen, die zu Freund*innen werden, und damit die wichtigsten Unterstützer*innen sind. *„obwohl wir uns eigentlich nur insgesamt so 6, 7, 8, 9-mal überhaupt persönlich gesehen haben. Aber trotzdem war es irgendwie so ne ganz enge, schwierig zu erklären, keine Ahnung, es war irgendwie auf so ner anderen Ebene irgendwie die Freundschaft." (m, 28).*

Interessanterweise werden enttäuschende Akteur*innen oder Personengruppen außerhalb des Netzwerks positioniert. Dies kann etwa Freund*innen oder Kolleg*innen aus der Lebensphase vor der Erkrankung betreffen, die „weggebrochen" sind oder medizinisches Personal oder die Krankenkassen, die die Erwartungen nicht erfüllt hat. Darüber hinaus wurde auch deutlich, dass ergänzend zu den Netzwerkkarten auch weitere Bilddokumente in die Analyse einbezogen werden sollten, da die Interviewten zahlreiche digitale Belege (in Form von Fotos auf dem Handy) während des Interviews zeigten, was wiederum deren selbstverständlichen Umgang mit den digitalen Medien belegt.

7 Fazit

Methodisch zeigt sich, dass die Befragung mit Hilfe der Netzwerkkarten dazu beiträgt, weitere Quellen und Beziehungen zwischen den Quellen aufzudecken, die vielfach erst aufgrund der Visualisierung durch die Interviewten realisiert werden. Damit erwies sich der methodische Zugang als fruchtbar.

Die qualitative egozentrierte Netzwerkanalyse zeigt sich damit als geeignete Methode zur Exploration von Unterstützungsressourcen in digitalen Medienumgebungen junger Erwachsener im Krankheitsfall. Durch die Visualisierung mittels der Netzwerkkarten werden den Befragten weitere Quellen bewusst und Beziehungen zwischen den Alteri werden sichtbar, die ohne diese Visualisierung durch die Befragten kaum geäußert werden.

Die alltägliche bzw. veralltäglichte Nutzungsweise digitaler Medien macht es notwendig, deren Einbettung in das gesamte Unterstützungsrepertoire zu betrachten. Aus einer Netzwerkperspektive wird zudem deutlich, dass Medien zugleich als Unterstützungsquelle und als Kanal zu anderen Unterstützungsquellen in einem solchen Repertoire auftauchen. Einerseits sind digitale Medien somit Medienangebote wie Videos, Videospiele oder

Musikstreamings, die Möglichkeiten für mediengestützte Praktiken des intrapersonalen Umgangs/Copings liefern. Andererseits unterstützen digitale Medien den interpersonalen Austausch. Deutlich wird dabei, dass die AYAs die digitalen Medien und deren Inhalte selbstverständlich nutzen, dies gilt somit auch für ihre Krankheitsbewältigung. Das Arbeitskonzept kommunikativer Unterstützungsrepertoires sollte dementsprechend ausgearbeitet und mit Hinblick auf seine Nützlichkeit für zukünftige Forschung überprüft werden.

Als Implikation für die Praxis sollte insbesondere diskutiert werden, welche digital vermittelten Unterstützungsquellen relevant für Einbindung in Therapie erscheinen und wie sie dort von den Gesundheitsexpert*innen eingebunden werden können. So unterschätzt die Gesundheitsversorgung die digitalen Medien möglicherweise, wenn sie ihre Funktion vor allem hinsichtlich ihrer Anwendung für die Telemedizin (d. h. die Kommunikation zwischen professionellen Unterstützern und Patienten) und im Bereich eHealth-Intervention (Otto et al., 2018) betrachtet. Digitale Medien können auch den Zugang zu informeller Unterstützung durch virtuelle Entitäten oder unterstützenden Aktivitäten liefern, die auf den ersten Blick vielleicht nicht explizit der Gesundheitsförderung oder Krankheitsbewältigung dienen (z. B. Videospiele oder Medienfiguren). Die digital-basierten Praktiken und parasoziale Entitäten sollten daher als Unterstützungsquellen stärker thematisiert werden und mit den formellen Unterstützungsangeboten verbunden werden.

Literaturverzeichnis

Ankem, K. (2006). Factors influencing information needs among cancer patients. A meta-analysis. *Library & information science research*, *28*(1), 7–23. https://doi.org/10.1016/j.lisr.2005.11.003

Bachl, M. & Mangold, F. (2017). Gesundheitsbezogene Informationsrepertoires: Ein nutzerorientierter Ansatz zur Analyse der Informationsnutzung im Gesundheitskontext. In C. Lampert & M. Grimm (Hrsg.), *Gesundheitskommunikation als transdisziplinäres Forschungsfeld* (S. 81-92). Baden-Baden: Nomos.

Balfe, M., Keohane, K., O'brien, K. & Sharp, L. (2017). Social networks, social support and social negativity. A qualitative study of head and neck cancer caregivers' experiences. *European Journal of Cancer Care*, *26*(6). https://doi.org/10.1111/ecc.12619

Bittner, A. (2015). Erfahrungen, Einstellungen und Umgang von Ärzten mit informierten Patienten. In J. Böcken, B. Braun & R. Meierjürgen (Hrsg.), *Gesundheitsmonitor 2015. Bürgerorientierung im Gesundheitswesen* (S. 141-159). Gütersloh: Bertelsmann Stiftung. Zugriff am 23.09.2016.

Boltong, A., Byrnes, M., McKiernan, S., Quin, N. & Chapman, K. (2015). Exploring the preferences, perceptions and satisfaction of people seeking cancer information and support. Implications for the Cancer Council helpline. *Australian Journal of Cancer Nursing, 16*(1), 20.

Bruns, W. (2013). *Gesundheitsförderung durch soziale Netzwerke. Möglichkeiten und Restriktionen.* Wiesbaden: Springer.

Gabriel, S., Read, J. P., Young, A. F., Bachrach, R. L. & Troisi, J. D. (2017). Social surrogate use in those exposed to trauma. I get by with a little help from my (fictional) friends. *Journal of social and clinical psychology, 36*(1), 41–63. https://doi.org/10.1521/jscp.2017.36.1.41

Hasebrink, U. & Hepp, A. (2017a). How to research cross-media practices? Investigating media repertoires and media ensembles. *Convergence: The International Journal of Research into New Media Technologies, 23*(4), 362–377. https://doi.org/10.1177/1354856517700384

Hasebrink, U. & Hepp, A. (2017b). Kommunikative Figurationen. In L. Mikos & C. Wegener (Hrsg.), *Qualitative Medienforschung. Ein Handbuch* (S. 164-174). Konstanz: UVK.

Hasebrink, U. & Schmidt, J.-H. (2012). *Informationsrepertoires der deutschen Bevölkerung. Konzept für eine regelmäßig durchzuführende bevölkerungsrepräsentative Befragung im Rahmen des Vorhabens „Erfassung und Darstellung der Medien- und Meinungsvielfalt in Deutschland".* Hamburg: Hans-Bredow-Institut.

Hepp, A. (2016). Qualitative Netzwerkanalyse in der Kommunikationswissenschaft. In S. Averbeck-Lietz & M. Meyen (Hrsg.), *Handbuch nicht standardisierte Methoden in der Kommunikationswissenschaft* (S. 347–367). Wiesbaden: Springer. https://doi.org/10.1007/978-3-658-01656-2_22

Holland, L. & Thompson, K. (2018). Psychological support and social care. In J. Chisholm, R. Hough & L. Soanes (Hrsg.), *A practical approach to the care of adolescents and young adults with cancer* (S. 57–81). Cham: Springer International Publishing.

Köhler, M. (2015). Adoleszente und junge Erwachsene mit Krebs. *Der Onkologe, 21*(10), 953–958. https://doi.org/10.1007/s00761-015-2977-2

Linke, C. (2012). Mobility, media and relational communicative repertoires. An analysis of everyday family interactions. *Interactions: Studies in Communication & Culture, 3*(1), 25–38. https://doi.org/10.1386/iscc.3.1.25_1

Lohaus, A., Fridrici, M. & Domsch, H. (2017). *Jugendliche im Stress. Was Eltern wissen sollten.* Berlin: Springer.

Love, B., Crook, B., Thompson, C. M., Zaitchik, S., Knapp, J., LeFebvre, L. et al. (2012). Exploring psychosocial support online. A content analysis of messages in an adolescent and young adult cancer community. *Cyberpsychology, Behavior and Social Networking, 15*(10), 555–559. https://doi.org/10.1089/cyber.2012.0138

Maio, G. (2016). *Geschäftsmodell Gesundheit. Wie der Markt die Heilkunst abschafft* (2. Auflage). Berlin: Suhrkamp Verlag.

Mock, T. (2006). Was ist ein Medium? Eine Unterscheidung kommunikations- und medienwissenschaftlicher Grundverständnisse eines zentralen Begriffs. *Publizistik, 51*(2), 183–200.

Otto, L., Harst, L., Schlieter, H., Wollschlaeger, B., Richter, P. & Timpel, P. (2018). Towards a Unified Understanding of eHealth and Related Terms – Proposal of a Consolidated Terminological Basis. In R. Zwiggelaar, H. Gamboa, A. Fred & S. Bermúdez i Badia (Hrsg.), *BIOSTEC 2018. Proceedings of the 11th International Joint Conference on Biomedical Engineering Systems and Technologies : Funchal, Madeira, Portugal, January 19-21, 2018* (S. 533–539). Setúbal, Portugal: SCITE-PRESS - Science and Technology Publications Lda.

Rainie, L. & Wellman, B. (2012). *Networked. The new social operating system:* MIT Press.

Ruppel, E. K. & Rains, S. A. (2012). Information sources and the health information-seeking process. An application and extension of channel complementarity theory. *Communications Monographs, 79*(3), 385–405. https://doi.org/10.1080/03637751.2012.697627

Schramm, H. & Hartmann, T. (2010). Identität durch Mediennutzung? Die Rolle von parasozialen Interaktionen und Beziehungen mit Medienfiguren. In D. Hoffmann & L. Mikos (Hrsg.), *Mediensozialisationstheorien* (S. 201–219). Springer.

Straus, F. (2010). Netzwerkkarten – Netzwerke sichtbar machen. In C. Stegbauer & R. Häußling (Hrsg.), *Handbuch Netzwerkforschung* (Netzwerkforschung, S. 527–538). Wiesbaden: VS Verl. für Sozialwiss. https://doi.org/10.1007/978-3-531-92575-2_46

Traa, M. J., Vries, J. de, Bodenmann, G. & Den Oudsten, B. L. (2015). Dyadic coping and relationship functioning in couples coping with cancer: a systematic review. *British Journal of Health Psychology, 20*(1), 85–114. https://doi.org/10.1111/bjhp.12094

Treadgold, C. L. & Kuperberg, A. (2010). Been there, done that, wrote the blog. The choices and challenges of supporting adolescents and young adults with cancer. *Journal of Clinical Oncology, 28*(32), 4842–4849. https://doi.org/10.1200/JCO.2009.23.0516

Walsh, M. C., Trentham-Dietz, A., Schroepfer, T. A., Reding, D. J., Campbell, B., Foote, M. L. et al. (2010). Cancer information sources used by patients to inform and influence treatment decisions. *Journal of Health Communication, 15*(4), 445–463. https://doi.org/10.1080/10810731003753109

Lifestyle, Präventionserfolg oder Optimierungszwang? Chancen und Risiken der Gesundheitssozialisation Jugendlicher durch Selftracking-Apps

Doreen Reifegerste & Veronika Karnowski

1 Einleitung

Die Nutzung mobiler Medien ist unter Jugendlichen heute integraler Bestandteil des Alltags: 97 % der 12- bis 19-Jährigen in Deutschland besitzen ein Smartphone (Medienpädagogischer Forschungsverbund Südwest, 2018). Mit dem Besitz von Smartphones (sowie von Tablets und Wearables) geht auch die alltägliche Nutzung der in diese Geräte eingebetteten Apps einher. Speziell im Bereich der HealthApps steht den Nutzer*innen dabei ein riesiges Angebot zur Verfügung: aktuell finden sich sowohl im deutschsprachigen Appstore von Apple als auch im Google Playstore jeweils etwa 100.000 Apps in dieser Kategorie (AppBrain, 2019; o. A., 2018).

Anwendungen zur digitalen Selbstvermessung (Selftracking) stellen eine zentrale Funktion dieser HealthApps dar, welche auch von Jugendlichen intensiv genutzt werden (Ng, Tynjälä & Kokko, 2017). Public-Health-Akteure hoffen, dass die Nutzung von Trackinganwendungen zu mehr körperlicher Aktivität, besserem Ernährungs- oder Schlafverhalten führen kann und entwickeln daher zahlreiche Interventionen, die sich nicht nur an Jugendliche mit Erkrankungen (wie Diabetes, Asthma oder Depression), sondern auch an körperlich und seelisch Gesunde richten (Rossmann & Krömer, 2016).

Während die Wirkungen auf die physische Gesundheit anhand medizinischer Parameter intensiv beforscht werden, finden sich für die Effekte auf die psychische und soziale Gesundheit kaum Untersuchungen. Gleichzeitig werden insbesondere auch nicht-intendierte Wirkungen selten berücksichtigt. Daher wird oftmals vor den mit der technisierten Selbstbeobachtung einhergehenden Risiken gewarnt (Selke, 2017).

Dieser Zwiespalt zwischen großen Chancen, aber auch hohen Risiken der Nutzung von Selftracking-Apps, ist bei jugendlichen Nutzer*innen besonders pointiert. Das eigene Gesundheitsverhalten wird wesentlich in dieser Entwicklungsphase geprägt und verfestigt, da zahlreiche Entwicklungsaufgaben im Zusammenhang mit gesundheitsbezogenen Selbsterkenntnisprozessen und sozialer Identitätsfindung stehen (Pinquart & Silbereisen, 2004).

Um vor diesem Hintergrund in einem ersten Schritt zunächst das Wirkpotential von Selftracking-Apps auf die Gesundheitssozialisation Jugendlicher abschätzen zu können, haben wir daher untersucht, welchen Stellenwert verschiedene Selftracking-Funktionen in Gesundheitsapps haben und welche Sozialisationsinstanzen und Normsetzungen hierfür als Grundlage dienen.

2 Digitale Selbstvermessung

Digitale Selbstvermessung und Lebensprotokollierung (oder sog. Lifelogging) werden auch als Selftracking, Personal Data oder Quantified Self (QS) bezeichnet (Selke, 2014). All diesen Alltagspraktiken gemeinsam ist, dass sie quantitative Daten über Körper- und Leistungsparameter mithilfe technischer Sensoren digitalisiert erfassen. Auch wenn die Selbstvermessung und Lebensprotokollierung mit Waagen oder Blutdruckmessgeräten selbstverständlich historische Vorläufer hat (Wolff, 2018), so zeigen sich bei der automatisierten, oftmals kontinuierlichen und mitunter fast unbemerkten digitalen Erfassung im Rahmen des Selftracking doch relevante Unterschiede in den Verfahren der Speicherung, aber insbesondere auch der Auswertung, Verbreitung und Rückkopplung der Daten.

Umfragen aus der Marktforschung zeigen, dass in Deutschland 28 % der Internetnutzer*innen ihre Gesundheit oder Fitness überwachen (GfK, 2016). Dabei werden vor allem die Körpertemperatur, das Gewicht, die gegangenen Schritte (bzw. die zurückgelegte Strecke) und der Blutdruck erhoben (Bitkom Research, 2016). Aber auch Blutzucker und eingenommene Kalorien können Bestandteil der Selbstvermessung sein (Stehr, Rossmann & Karnowski, 2016). Studien zeigen, dass sich durch die Überwachung dieser Körperparameter mittels mHealth-Tools bspw. die Motivation der Nutzer*innen zur körperlichen Aktivität oder das Selbstmanagement bei Diabeteserkrankungen verbessern (Cafazzo et al. 2012; Hamine et al. 2015). Gesundheits-Apps und die entsprechenden technischen Geräte wie Smartphones, Wearables und Tracker werden somit als wichtige Mittel für die

Gesundheitsförderung, Prävention, Therapie und Versorgung im Gesundheitsbereich betrachtet (Rossmann & Karnowski, 2014).

Diesen Hoffnungen auf positive Effekte der digitalen Selbstvermessung stehen jedoch auch zahlreiche Befürchtungen gegenüber, die vor allem mögliche soziale und gesellschaftliche Folgen problematisieren. Zu diesen Befürchtungen zählen u.a. der Zwang zur Perfektion und die damit einhergehende Diskriminierung von Abweichungen (z. B. von der wahrgenommenen Norm), der Fokus auf messbare und objektiv vergleichbare Gesundheitsparameter und damit die Ignoranz anderer Faktoren sowie die Illusion der individuellen Steuerbarkeit von Körperfunktionen und damit die Vernachlässigung von sozialen und gesellschaftlichen Einflussfaktoren (Selke, 2017). Selke (2014) befürchtet, dass durch die Protokollierung sämtlicher Parameter das Leben zum permanenten Optimierungsprojekt wird, dem sich Menschen nicht nur freiwillig unterziehen. Wenn die technische Rationalisierung und die Kontrolle des Körpers im Vordergrund stehen, nimmt Selke an, dass die Menschen möglicherweise die Toleranz für Fehler und Mängel verlieren. Dieser Fokus auf normorientiertes Handeln ist insbesondere für Jugendliche relevant, da diese Lebensphase zum einen prägend für die Identitätsentwicklung und das Gesundheitsverhalten ist und Jugendliche zum anderen sehr empfänglich für Informationen über soziale Normen (d. h. Vorstellungen über die Erwartungen von anderen und über deren Verhalten) sind (Böhnisch & Lenz, 2015).

Insofern stellt sich die Frage, inwieweit die Selbstvermessungsfunktionen von HealthApps nicht nur spezifisches Gesundheitsverhalten von Jugendlichen (wie körperliche Aktivität), sondern die generelle Gesundheitssozialisation (d. h. Vorstellungen über Gesundheitsverhalten) beeinflussen können. Hierbei können sich einerseits gesundheitsförderliche Wirkungen der Selbstvermessung für Jugendliche ergeben, die bspw. aufgrund der wahrgenommenen Normen zu erhöhter körperlicher Aktivität motiviert werden. Andererseits sind aber auch problematische Wirkungen der wahrgenommenen Normen denkbar. So könnten sich Jugendliche auch unter Druck gesetzt fühlen, einen perfekten Körper haben zu müssen. Betrachtet man also sowohl die Erwartungen an positive Effekte von Selftracking, als auch die Warnungen vor deren Risiken, so bleibt es fraglich, welche Rolle Praktiken der digitalen Selbstvermessung in der Gesundheitssozialisation Jugendlicher spielen können.

3 Gesundheitssozialisation Jugendlicher

Betrachtet man hierfür die Gesundheitssozialisation zunächst ganz grundsätzlich, so lässt sich diese als ein Prozess der sozialen Integration beschreiben, bei dem Individuuen ausgehend von ihrer genetischen Ausstattung in die Lage versetzt werden, innere (körperliche und psychische) und äußere (soziale und materielle) gesundheitliche Herausforderungen zu bewältigen (Hurrelmann, Ottová-Jordan, & Ravens-Sieberer, 2015). Da, aus einer soziologischen Perspektive betrachtet, Gesundheit und Körper im historischen Vergleich zunehmend Arbeit als Bezugssystem biografischer Erfüllung verdrängt haben, ist diese Bewältigung gesundheitlicher Herausforderungen zunehmend zu einer relevanten Kategorie nicht nur für die spezifische Gesundheitssozialisation, sondern auch den Sozialisationsprozess insgesamt geworden (Böhnisch & Lenz, 2015).

Insbesondere die Lebensphase der Jugend, die den Abschnitt zwischen Pubertät und Eintritt ins Erwachsenenalter umfasst, spielt dabei eine wichtige Rolle für die Gesundheitssozialisation. Als Lebensphase der Spannung zwischen Individuation und sozialer Integration ist sie durch schnelle Veränderungen körperlicher und psychischer Eigenschaften, soziale Anpassung und hohe Erwartungen an die Leistungsfähigkeit gekennzeichnet (Hurrelmann & Bauer, 2015). Dadurch stellt die Jugendphase eine wichtige Phase der gesundheitsbezogenen Persönlichkeitsentwicklung dar, in der wichtige Grundlagen für die nachfolgenden Lebensphasen entstehen. Entsprechend dem „Modell der produktiven Realitätsverarbeitung“ werden dabei die innere und die äußere Realität permanent und produktiv von den Jugendlichen für die Identitätsbildung verarbeitet (Hurrelmann & Bauer, 2015, S. 17). Die innere Realität besteht hierbei sowohl aus den körperlichen als auch den psychischen Merkmalen, während die äußere Realität soziale und physische Umwelt beinhaltet.

Traditionell dienen im Prozess dieser Gesundheitssozialisation Familie, Bildungsinstitutionen und die gleichaltrigen Peers als wichtige Sozialisationsinstanzen oder -agenten (Lohaus, Fridrici & Domsch, 2017). Daneben kommt aber auch den Medien, als Bestandteil der alltäglichen Lebenswelt der Jugendlichen, eine wichtige Sozialisationsfunktion zu. Insbesondere im Umgang mit mobilen Medien zeigt sich in den vergangenen Jahren ein verstärkter Einfluss der Selbstsozialisation (Pfaff-Rüdiger & Riesmeyer, 2016). Digitale Selbstvermessung kann zu diesem Prozess der Selbstsozialisation beitragen, indem diese Praktiken den Jugendlichen Informationen über die eigene innere Realität liefern. Parameter aus Gesundheits-Apps, wie Aufzeichnungen über das Bewegungs- oder Ernährungsverhalten, können Jugendlichen Hinweise zu den eigenen körperlichen und auch psychischen Merkmalen liefern. Sie können damit einen wichtigen Teil zur Identitätsentwicklung beitragen und Jugendlichen Orientierung über ihre Persönlichkeit geben, wie beispielweise „Bin ich jemand, der sich viel bewegt?“ oder „..., der sich hauptsächlich vegetarisch ernährt?“.

In modernen Gesellschaften wird Sozialisation überwiegend durch Normen praktiziert, die als gesellschaftliche Regeln der sozialen Realität dazu führen sollen, dass sich die Individuen an die bestehende Ordnung anpassen (Scherr, 2018). Sozialisationsinstanzen können daher auch als Normsetzer betrachtet werden. Normen bezeichnen die subjektive Wahrnehmung der Einstellungen des sozialen Umfelds zu einem bestimmten Verhalten (Rossmann, 2011). Eine Vielzahl etablierter Verhaltensmodelle, wie bspw. die Theory of Planned Behavior (Ajzen & Timko, 1986) oder die Theory of Normative Social Behavior (Rimal, Lapinski, Cook, & Real, 2005) zeigen auf, dass (Gesundheits-)Verhalten auch von eben diesen Normwahrnehmungen beeinflusst wird, welche auf die verschiedenen Sozialisationsinstanzen zurückzuführen sind.

Dabei lassen sich injuktive und deskriptive Normen unterscheiden. Injunktive Normen beschreiben die Wahrnehmung der Einstellung Anderer gegenüber dem fraglichen Verhalten, wohingegen deskriptive Normen die Wahrnehmung des tatsächlichen Verhaltens Anderer bezeichnen (Cialdini, Reno & Kallgren, 1990). Für beide Normdimensionen hat sich auch im Kontext von Gesundheitsverhalten gezeigt, dass sie Verhalten beeinflussen: Menschen neigen sowohl dazu das zu tun, was sozial akzeptiert, als auch das, was verbreitet ist (Geber, Baumann & Klimmt, 2016). Selbstvermessungsfunktionen liefern zum einen Informationen über injunktive Normen, indem sie Rückmeldungen zu den erzielten Werten geben und diese damit bewerten. Zum anderen können sie auch über deskriptive Normen informieren, indem sie Werte von anderen Appnutzenden zur Verfügung stellen.

4 Sozialisation durch Algorithmen

Um nun den Stellenwert von Selftracking-Apps im Prozess der Gesundheitssozialisation Jugendlicher betrachten zu können, bedienen wir uns der Einteilung von Selftracking-Apps von Lomborg, Thylstrup & Schwartz (2018) in vier Funktionstypen: Registration, Allocution, Consultation und Conversation. Registration beschreibt die reine Protokollierung von bestimmten Parametern des (gesundheitsrelevanten) Alltagsverhaltens, Allocution und Consultation hingegen ergänzen diese durch ein algorithmusbasiertes Feedback, wobei der Kommunikationsimpuls einmal vom Gerät und einmal vom Nutzer ausgeht. Conversation schließlich ergänzt all diese Funktionstypen durch die Interaktion und den Datenaustausch von Nutzer*innen untereinander.

Als Algorithmus gelten dabei exakt beschriebene Regeln für die Lösung eines Problems, bei dem eingegebene oder erfasste Daten (hier die des eigenen Körpers) transformiert werden und das Ergebnis ausgegeben wird.

Tabelle 1: Funktionstypen von Selftracking-Apps

Funktionstypen	Funktion	Beispiele	Realitätsbereich
Registration	Protokollierung	Schrittzähler	Innere Realität
Allocution	Algorithmusbasiertes Feedback	Feedback zu Schrittzahl	Innere und äußere Realität
Consultation	Algorithmusbasiertes Feedback nach Nutzeranforderung	Abruf des Tagesprotokolls	Innere und äußere Realität
Conversation	Datenaustausch mit anderen Nutzern	Vergleich der Streckendaten mit Laufgruppe	Äußere Realität

Betrachtet man diese Funktionstypen mit Blick auf ihren möglichen Stellenwert im Prozess der Gesundheitssozialisation, so ist, wie oben bereits beschrieben, durch die reine Registration bereits eine Unterstützung der Selbstsozialisation durch eine Information über die innere Realität denkbar. Für Erwachsene liefern Schüll (2016) und auch Lomborg et al. (2018) entsprechende Befunde, die zeigen, dass das reine Aufzeichnen des Verhaltens im Sinne von „micro-nudges“ zur Reflexion des eigenen Verhaltens anregt. Es lässt sich vermuten, dass sich diese Effekte auch bei Jugendlichen zeigen, da sie (wie beschrieben) besonders empfänglich für Informationen über ihre innere Realität sind.

Die Bereiche der Allocution und Consultation sind mit Blick auf die Gesundheitssozialisation bzw. relevante Sozialisationsinstanzen deutlich schwieriger einzuordnen. Die Normsetzung geht an dieser Stelle ja nicht von menschlichen Akteuren aus, sondern, zumindest aus Sicht der Nutzer*innen, zunächst von abstrakten Algorithmen. Conversation-Funktionen beinhalten schließlich den Einfluss der gleichaltrigen Peers auf die Gesundheitssozialisation Jugendlicher und damit auch deskriptive Normen. Es stellen sich daher folgende Forschungsfragen:

> (FF1) Inwiefern sind die HealthApps spezifisch auf Jugendliche zugeschnitten?

> (FF2) Welchen Stellenwert haben Selftracking-Apps im Angebot der Health-Apps insgesamt und in welchem Umfang finden sich hier die Funktionstypen (1) Registration, (2) Allocution und Consultation und (3) Conversation wieder?

Apps mit ihren Funktionen der Selbstvermessung und Feedbacksystemen befinden sich damit genau im Grenzbereich zwischen den in der Sozialisationstheorie (Hurrelmann & Bauer, 2015) genannten inneren und äußeren Realitäten. Sie liefern einerseits Informationen über die psychischen und körperlichen Merkmale der inneren Realität, reichern diese aber automatisiert mit Bewertungs- und Norminformationen aus der äußeren Realität an (siehe Tabelle 1). Wie Gebel (2017, S. 2) es leicht polemisch ausdrückt:

> *„Wahrnehmungen von Bezugspersonen, die womöglich die Auseinandersetzung über Perspektiven und Beziehungen anstoßen und zur Weiterentwicklung dieser Beziehungen anregen, entfallen. An ihre Stelle treten quantifizierende Datenberge, gesammelt von auf Effizienz ausgelegten, gewieften und vorgeblich objektiven Algorithmen.“.*

Diese abstrakten Algorithmen konstituieren also möglicherweise eine neue Klasse von Sozialisationsinstanzen, welche sowohl sehr explizite injunktive Normen (z.B. 10.000 Schritte am Tag zu gehen) als auch implizite Werte (z.B. Selbstverantwortung für die Gesundheit) vorgeben, die beide verhaltenssteuernd wirken können. Offen bleibt dabei jedoch die Frage, woher sich die in Apps umgesetzten Normen generieren und inwieweit diese Normsetzungsquellen transparent sind oder ob Algorithmen tatsächlich als eigenes handlungsfähiges Subjekt zu betrachten sind (Zeilinger, 2017). Mit Blick auf die Wahrnehmung dieser Normsetzer durch die Nutzer*innen stellt sich daher die dritte Frage:

> (FF3) Werden den Nutzer*innen bei den Funktionstypen Allocution bzw. Consultation andere Normsetzer als abstrakte Algorithmen vorgestellt? Wenn ja, welche?

5 Methode

Um diesen Fragen nachzugehen, haben wir im April 2018 die 100 meistgedownloadeten kostenfreien Apps aus dem Bereich "Gesundheit und Fitness" im Apple Appstore[1] basierend auf ihren Beschreibungstexten kategorisiert. Dabei wurde codiert, ob sich die Apps speziell an Jugendliche richten, welchen Funktionstypen diese Apps zuzuordnen sind, inwiefern bei Apps mit Allocution- bzw. Consultation-Funktionen ein Normsetzer jenseits eines abstrakten Algorithmus erkennbar ist und welcher dies ist.

6 Ergebnisse

Betrachtet man zunächst die Zielgruppen der untersuchten Apps, so zeigt sich, dass keine der Anwendungen sich explizit an Jugendliche wendet. Tatsächlich findet sich für keine der Apps eine explizite Fokussierung auf eine spezielle Altersgruppe, vielmehr werden die Zielgruppen immer durch gesundheitsbezogenes Verhalten und entsprechende Verhaltensziele definiert, wie beispielsweise die sehr häufige Ansprache von Personen die fitter werden wollen.

Die Mehrheit (90 %) der untersuchten Apps bietet dafür die Möglichkeit, das eigene Verhalten aufzuzeichnen, d. h. sie lassen sich mindestens dem Funktionstyp der Registration von Selftracking-Apps zuordnen. Knapp Dreiviertel der Apps (73 %) gehen darüber hinaus und geben auch Feedback (d. h. Funktionstyp Allocution bzw. Consultation). Die Möglichkeit des Peervergleichs (d. h. Conversation) und der damit verbundenen Normsetzung wird dahingegen nur von 51 % der untersuchten Apps unterstützt (vgl. Abbildung 1). Dabei bauen die Funktionen Allocution/Consultation und Conversation nicht zwingend aufeinander auf, d. h. manche Apps ermöglichen Peervergleich ohne auch selbst Feedback zu geben.

Ein Normsetzer jenseits des abstrakten Algorithmus wird jedoch nur in etwa einem Drittel der Apps, die Rückmeldungen zu den Werten des Selftracking geben und damit selbst als Normsetzer agieren, transparent gemacht. Hierbei handelt es sich im weitesten Sinne um wissenschaftliche Quellen oder Expert*innen, zumeist aber ohne diese zu konkretisieren (wie

---

1 Da wir keine strukturellen Unterschiede im Angebot zwischen dem Apple Appstore und dem Google Playtore annehmen, erscheint diese Beschränkung auf den Apple Appstore für eine erste explorative Untersuchung angemessen.

bspw. „in Zusammenarbeit mit Forschern entwickelt“ oder „Wir berufen uns auf neueste wissenschaftliche Erkenntnisse“).

Abbildung 1: Verteilung der Funktionstypen von Selftracking-Apps

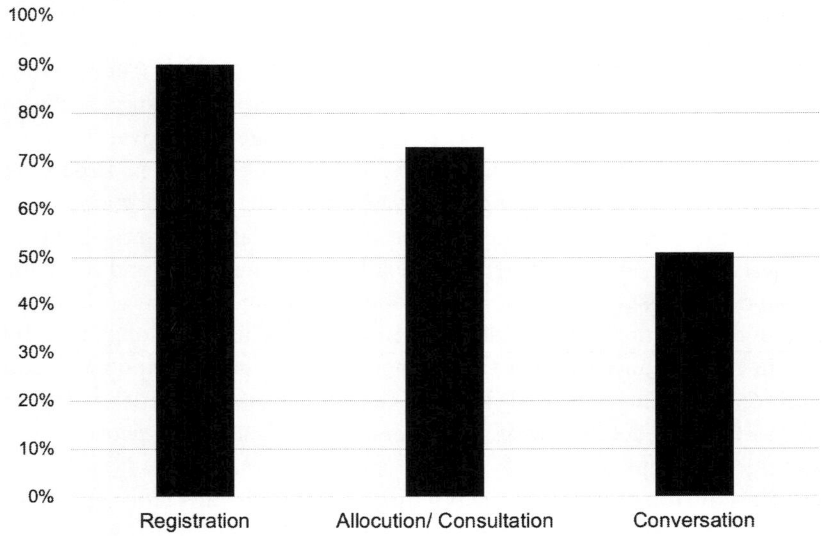

Nur fünf dieser Apps gehen über derartige abstrakte Verweise auf wissenschaftliche Quellen oder Expert*innen hinaus und verweisen konkret auf entsprechende Verbände oder Gruppen (bspw. „in enger Zusammenarbeit von Experten der Schmerzklinik Kiel, des bundesweiten Kopfschmerzbehandlungsnetzes und der Techniker Krankenkasse entwickelt“). Von den einhundert insgesamt betrachteten Apps untermauert nur eine einzige App die Basis ihrer gesundheitsrelevanten injunktiven Normsetzung durch den expliziten Verweis auf wissenschaftliche Publikationen.

7 Fazit

Zusammenfassend betrachtet zeigt sich, dass die im deutschsprachigen Markt meistgenutzten Gesundheits- und Fitnessapps nahezu ausschließlich dem Bereich der Selftracking-Apps zuzurechnen sind. In Bezug auf die Frage der Normsetzung und damit den potentiellen Auswirkungen auf die Gesundheitssozialisation Jugendlicher hat die Selbstsozialisation durch Registration den größten Stellenwert, dicht gefolgt von der algorithmusbasierten Normsetzung durch Allocution bzw. Consultation und dem Peervergleich durch Conversation, der immerhin noch von etwa der Hälfte der Apps unterstützt wird. Auch wenn sich die Apps nicht explizit an Jugendliche wenden, so lässt sich doch aufgrund der in der Einleitung genannten Nutzungszahlen auch ein Effekt der HealthApps auf Jugendliche und ihre Selbstsozialisation vermuten. Da die tatsächlichen Normsetzer hinter den Algorithmen nur in den wenigsten Fällen transparent gemacht werden, muss hier also wirklich von einer neuen Sozialisationsinstanz „Algorithmus" im Rahmen der Gesundheitssozialisation ausgegangen werden.

Neben der Gesundheitssozialisation Jugendlicher sind diese Ergebnisse auch für die Sozialisation (junger) Erwachsener relevant. Traditionell werden vor allem Kinder und Jugendliche in der Sozialisationsforschung fokussiert. Aufgrund der Entgrenzung des Erwachsenenalters und der damit verbundenen Diskontinuitäten in der beruflichen und familiären Entwicklung und Gesundheit als „Bezugssystem biografischer Erfüllung" und Signal für „diffus-universelle Leistungsbereitschaft" in der Moderne (Böhnisch & Lenz, 2015, S. 880) können Gesundheitsapps und deren Selftracking-Funktionen auch für die Gesundheitssozialisation Erwachsener eine wichtige Rolle spielen.

Vor diesem Hintergrund sollte zukünftige Forschung zu Health-Apps nicht nur deren konkrete Auswirkungen auf des Gesundheitsverhalten untersuchen, sondern insbesondere mit Blick auf die Gesundheitssozialisation Jugendlicher und junger Erwachsener auch die inhärente Normsetzung und deren Folgen. Welche (nicht intendierten) Effekte hat eine Gesundheitsselbstsozialisation Jugendlicher durch Selftracking-Apps? Erkennen Jugendliche und junge Erwachsene abstrakte Algorithmen als implizite oder explizite Normsetzer? Und reflektieren sie diese und die Qualität dieser Normen kritisch?

Zu analysieren und diskutieren wäre darüber hinaus auch, welche wirtschaftlichen Interessen ggf. mit der Normsetzung verbunden sind. So wird das Marktvolumen für mobile Medien als stetig wachsend prognostiziert (Halber, 2017). Diese Kommerzialisierung von Gesundheit führt möglicherweise dazu, dass Qualitäts- und Wirksamkeitsaspekte eine geringere Relevanz haben als Nutzer- oder Aktivitätszahlen (Scherenberg, 2015).

Zudem gilt es, die Selbstvermessung in einen breiteren Mediennutzungskontext einzuordnen und damit verbundene Praktiken innerhalb von anderen Routinen des Alltagslebens zu verstehen. Dies macht es u. U. notwendig, das gesamte Medien- bzw. Kommunikationsrepertoire (Hasebrink & Hepp, 2017, siehe dazu auch den Beitrag von Reifegerste & Linke in diesem Band) bzw. auch die entsprechenden Mediennutzungsnischen (Humphreys,

Karnowski & von Pape, 2018) sowie Familien, Gleichaltrige und Pädagog*innen als weitere zentrale Instanzen für die Gesundheitssozialisation der Jugendlichen zu betrachten.

Literaturverzeichnis

Ajzen, I. & Timko, C. (1986). Correspondence Between Health Attitudes and Behavior. *Basic and Applied Social Psychology*, *7*(4), 259–276. doi:10.1207/s15324834basp0704_2

AppBrain (Hrsg.) (2019). *Most popular Google Play categories.* Zugriff am 28.03.2018. Verfügbar unter https://www.appbrain.com/stats/android-market-app-categories

Bitkom Research (2016). *Fitness-Tracker und Datenschutz.* Zugriff am 10.01.2019. Verfügbar unter https://www.bitkom.org/sites/default/files/pdf/Presse/Anhaenge-an-PIs/2016/Bitkom-Charts-PK-Safer-Internet-Day-E-Tracker-und-Datenschutz-09-02-2016-final.pdf

Böhnisch, L. & Lenz, K. (2015). Erwachsenensozialisation. In K. Hurrelmann, U. Bauer, M. Grundmann & S. Walper (Hrsg.), *Handbuch Sozialisationsforschung* (8. Auflage, S. 871–884). Weinheim und Basel: Beltz.

Cafazzo, J. A., Casselman, M., Hamming, N., Katzman, D. K. & Palmert, M. R. (2012). Design of an mHealth app for the self-management of adolescent type 1 diabetes: a pilot study. *Journal of Medical Internet Research, 14*(3), e70. doi: 10.2196/jmir.2058.

Cialdini, R. B., Reno, R. R. & Kallgren, C. A. (1990). A focus theory of normative conduct: recycling the concept of norms to reduce littering in public places. *Journal of Personality and Social Psychology*, *58*(6), 1015.

Gebel, C. (2017). Die Antwort ist 42. *merz. medien + erziehung*, (05), 1–3. Zugriff am 25.03.2019.

Geber, S., Baumann, E. & Klimmt, C. (2016). Tailoring in risk communication by linking risk profiles and communication preferences: The case of speeding of young car drivers. *Accident Analysis and Prevention*, *97*, 315–325. doi:10.1016/j.aap.2015.06.015

GfK. (2016). *Health and fitness tracking.* Zugriff am 21.03.2019. Verfügbar unter https://www.gfk.com/fileadmin/user_upload/website_content/Images/Global_Study/Fitness_tracking/Documents/Global-GfK-survey_Health-Fitness-Monitoring_2016_final.pdf

Halber, M. (2017). Digitalisierung im zweiten Gesundheitsmarkt. In S. R.H. Fernhochschule (Hrsg.), *Digitalisierung in Wirtschaft und Wissenschaft* (Weiterbildung und Forschung der SRH Fernhochschule - The Mobile University, S. 37–48). Wiesbaden: Springer. doi:10.1007/978-3-658-17405-7_4.

Hamine, S., Gerth-Guyette, E., Faulx, D., Green, B. B. & Ginsburg, A. S. (2015). Impact of mHealth chronic disease management on treatment adherence and patient outcomes. A systematic review. *Journal of medical Internet research*, *17*(2), e52. doi: 10.2196/jmir.3951.

Hasebrink, U. & Hepp, A. (2017). Kommunikative Figurationen. In L. Mikos & C. Wegener (Hrsg.), *Qualitative Medienforschung. Ein Handbuch* (S. 164-174). Konstanz: UVK.

Humphreys, L., Karnowski, V. & von Pape, T. (2018). Smartphones as metamedia: A framework for identifying the niches structuring smartphone use. *International Journal of Communication, 12,* 2793–2809.

Hurrelmann, K. & Bauer, U. (2015). *Einführung in die Sozialisationstheorie*. Weinheim und Basel: Beltz.

Hurrelmann, K., Ottová-Jordan, V. & Ravens-Sieberer, U. (2015). Sozialisation und Gesundheit. In K. Hurrelmann, U. Bauer, M. Grundmann & S. Walper (Hrsg.), *Handbuch Sozialisationsforschung* (8. Auflage, S. 690–712). Weinheim und Basel: Beltz.

Lohaus, A., Fridrici, M. & Domsch, H. (2017). *Jugendliche im Stress. Was Eltern wissen sollten*. Berlin, Heidelberg: Springer.

Lomborg, S., Thylstrup, N. B. & Schwartz, J. (2018). The temporal flows of self-tracking. Checking in, moving on, staying hooked. *New Media & Society, 20*(12), 4590–4607. doi:10.1177/1461444818778542.

Medienpädagogischer Forschungsverbund Südwest (Hrsg.) (2018). *JIM-Studie 2018. Jugend, Information, Medien*. Basisuntersuchung zum Medienumgang 12-bis 19-Jähriger. Zugriff am 10.01.2019. Verfügbar unter http://www.mpfs.de/studien/jim-studie/2018/

Ng, K., Tynjälä, J. & Kokko, S. (2017). Ownership and use of commercial physical activity trackers among finnish adolescents. Cross-sectional study. *JMIR MHealth and UHealth, 5*(5), e61. doi:10.2196/mhealth.6940

O. A. (2018, 27. März). Internisten sichten und klassifizieren Gesundheits-Apps. *Ärzteblatt.* Zugriff am 28.03.2019. Verfügbar unter https://www.aerzteblatt.de/nachrichten/92003/Internisten-sichten-und-klassifizieren-Gesundheits-Apps

Pfaff-Rüdiger, S. & Riesmeyer, C. (2016). Moved into action. Media literacy as social process. *Journal of Children and Media, 10*(2), 164–172.

Pinquart, M. & Silbereisen, R. K. (2004). Prävention und Gesundheitsförderung im Jugendalter. In K. Hurrelmann, T. Klotz & J. Haisch (Hrsg.), *Lehrbuch Prävention und Gesundheitsförderung* (S. 63–71). Bern: Verlag Hans Huber.

Rimal, R. N., Lapinski, M. K., Cook, R. J. & Real, K. (2005). Moving toward a theory of normative influences: how perceived benefits and similarity moderate the impact of descriptive norms on behaviors. *Journal of Health Communication, 10*(5), 433–450. doi:10.1080/10810730591009880

Rossmann, C. (2011). *Theory of reasoned action, theory of planned behavior* (Konzepte, Bd. 4). Baden-Baden: Nomos.

Rossmann, C. & Karnowski, V. (2014). eHealth and mHealth: Gesundheitskommunikation online und mobil. In K. Hurrelmann & E. Baumann (Hrsg.), *Handbuch Gesundheitskommunikation* (S. 271–285). Bern: Verlag Hans Huber.

Rossmann, C. & Krömer, N. (2016). mHealth in der medizinischen Versorgung, Prävention und Gesundheitsförderung. In F. Fischer & A. Krämer (Hrsg.), *eHealth in Deutschland. Anforderungen und Potenziale innovativer Versorgungsstrukturen* (S. 441–456). Wiesbaden: Springer.

Scherenberg, V. (2015). Qualitätsaspekte von Gesundheits-Apps. Wie lässt sich Qualität erkennen? *Public Health Forum*, *23*(3). doi:10.1515/pubhef-2015-0053

Scherr, A. (2018). Sozialisation. In S. A. Kopp J. (Hrsg.), *Grundbegriffe der Soziologie* (S. 409–413). Wiesbaden: Springer.

Schüll, N. D. (2016). Data for life: Wearable technology and the design of self-care. *BioSocieties*, *11*(3), 317–333.

Selke, S. (2014). Lifelogging zwischen disruptiver Technologie und kulturellem Wandel. In S. Selke (Hrsg.), *Lifelogging. Wie die digitale Selbstvermessung unsere Gesellschaft verändert* (S. 1–21). Berlin: Econ.

Selke, S. (2017). Digitale Alchemie. Von der Sehnsucht nach Effizienz mittels digitaler Selbstvermessung. *merz. medien + erziehung*, *5*, 12–20.

Stehr, P., Rossmann, C. & Karnowski, V. (2016). Aneignung von Ernährungs-Apps. Forschungsstand und Adaption des Mobile Phone Appropriation-Modells. In A.-L. P. Camerini, R. M. Ludolph & F. M. Rothenfluh (Hrsg.), *Gesundheitskommunikation im Spannungsfeld zwischen Theorie und Praxis* (S. 273–285). Baden-Baden: Nomos Verlagsgesellschaft. doi:10.5771/9783845274256-274.

Wolff, E. (2018). Das „Quantified Self" als historischer Prozess. Die Blutdruck-Selbstmessung seit dem frühen 20. Jahrhundert zwischen Fremdführung und Selbstverortung. *Medizin, Gesellschaft und Geschichte*, *36,* 43–84.

Zeilinger, T. (2017). Brauchen Algorithmen eine eigene Ethik? In M. Schröder, A. Schwanebeck & J. Haberer (Hrsg.), *Big Data - in den Fängen der Datenkraken. Die (un-)heimliche Macht der Algorithmen* (S. 137–154). Baden-Baden: Nomos Verlagsgesellschaft.

Sorge um Privatsphäre als „mHealth-Einstiegsbarriere“? Theoretische Fundierung und empirische Analyse der Technologieakzeptanz bei Nutzer*innen und Nicht-Nutzer*innen von Fitness-Apps

Magdalena Rosset, Mareike Schwepe, Katharina Emde-Lachmund & Eva Baumann

1 Einleitung

Obwohl die Menschen durchaus Unbehagen hinsichtlich ihrer Privatsphäre auch im Kontext der Nutzung von eHealth- und mHealth-Technologien verspüren (Angst & Agarwal, 2009; Chhanabhai & Holt, 2007; Dockweiler, Boketta, Schnecke & Hornberg, 2015), hat fast die Hälfte aller deutschen Smartphone-Nutzer*innen mindestens eine gesundheits- oder fitnessbezogene App installiert (Bitkom, 2017). Über diese Apps werden beispielweise die tägliche körperliche Aktivität, Körpermesswerte, Vitalparameter oder Informationen zum Ernährungsverhalten automatisch gespeichert oder von den Nutzer*innen selbst erfasst. Bei solchen Daten handelt es sich letztlich um gesundheitsrelevante Daten und damit um sensible personenbezogene Informationen. Welche Rolle Privatsphärebedenken bei der Nutzung von Gesundheits- und Fitness-Apps spielen, wurde bislang jedoch noch nicht systematisch in die theoretische Modellierung der Verhaltensdeterminanten einbezogen. In der vorliegenden Studie wird daher die Technologieakzeptanzforschung mit der Analyse von Privatsphärebedenken der Mediennutzer*innen verknüpft.

Das entwickelte Modell erweitert die *(Extended) Unified Theory of Acceptance and Use of Technology* (UTAUT, Venkatesh, Morris, Davis & Davis, 2003; bzw. UTAUT2, Venkatesh, Thong & Xu, 2012) um die Sorge um Privatsphäre und überträgt es auf die Intention zur Nutzung von Fitness-Apps. Da wir Unterschiede in der Rolle von Privatsphärebedenken zwischen jenen, die bislang noch keine Fitness-Apps nutzen, und jenen, die dies bereits tun, für wahrscheinlich halten, differenziert die quantitative Online-Befragung systematisch zwischen Nutzer*innen und Nicht-Nutzer*innen.

2 Theoretischer Hintergrund

2.1 Fitness-Apps und die Sorge um Privatsphäre

Durch die Nutzung von Gesundheits- und Fitness-Apps sind mehr gesundheitsbezogene Informationen im Umlauf als je zuvor (Kotz, 2011). Von solchen Apps werden ganz unterschiedliche Arten von Daten erfasst und gespeichert, die von Gesundheits- und Fitnessdaten (z. B. Aktivitäten, Körpermesswerte, Kalorien) über Vitalparameter (z. B. Blutdruck) bis hin zu Angaben zu Ernährung und Schlaf reichen (Gigerenzer, Schlegel-Matthies & Wagner, 2016; Kotz, 2011). Dabei sind mit der Sammlung häufig auch verschiedene Möglichkeiten der Weiterverwertung der Daten verbunden (Bundesministerium der Justiz und für Verbraucherschutz [BMJV], 2016). Dadurch wird unmittelbar das individuelle Recht auf Kontrolle über den Erwerb, die Nutzung und Veröffentlichung von identifizierbaren Gesundheitsdaten (National Committee on Vital and Health Statistics [NCVHS], 2009) adressiert. Denn Informationen, die aus Fitness-Apps extrahiert werden können, sind hoch sensibel, da sie die „verfassungsrechtlich geschützte Privat- und Intimsphäre“ (BMJV, 2016, S. 7) berühren und ihr Missbrauch erhebliches Schadenspotenzial bergen kann.

Es geht somit um das Recht auf informationelle Privatsphäre, d. h. das Recht eines Individuums auf Kontrolle über die Sammlung, Nutzung und Verbreitung von persönlichen Informationen (in diesem Fall Gesundheitsinformationen) und damit um das Recht zu bestimmen, wann, wie und in welchem Umfang auf persönliche Informationen zugegriffen wird (Kenny & Connolly, 2015, 2016; NCVHS, 2009; Pentina, Zhang, Bata & Chen, 2016). Bei der Sorge um informationelle Privatsphäre handelt es sich um ein mehrdimensionales Konstrukt (Kenny & Connolly, 2015; Son & Kim, 2008). Es beschreibt den wahrgenommenen Grad, zu dem ein Individuum etwa durch die Sammlung personenbezogener Informationen, durch mögliche unerlaubte Sekundärnutzung oder Fehler in der Verarbeitung von persönlichen Daten durch andere beunruhigt ist oder sich dadurch gestört fühlt (Dinev, Albano, Xu, D‘Atri & Hart, 2016; Smith, Milberg & Burke, 1996).

Gerade aufgrund der hohen Sensibilität der mittels Gesundheits- und Fitness-Apps gespeicherten Daten (Dinev & Hart, 2006) ist die Sorge um Privatsphäre als relevanter Faktor zu erachten, der zudem zur Erklärung der Nutzungsintention von Fitness-Apps beitragen könnte. Bol, Helberger und van Weert (2018) untersuchten die Sorge um Privatsphäre bei verschiedenen Arten von Gesundheits-Apps und stellten fest, dass manche mehr Sorge um Privatsphäre hervorrufen als andere. Jedoch liefert die Forschung zu Privatsphärebedenken am Beispiel von Fitness-Trackern (*Wearables*) auch widersprüchliche Befunde hinsichtlich des Ausmaßes der Sorge um Privatsphäre von Nutzer*innen (Li, Wu, Gao, & Shi, 2016; Motti & Caine, 2015; Patterson, 2013; Vitak, Liao, Kumar, Zimmer & Kritikos, 2018; Zimmer, Kumar, Vitak, Liao & Kritikos, 2018). Während eine Studie eine generelle Sorge um Privatsphäre seitens der Nutzer*innen zeigt (Patterson, 2013), deuten andere Studien darauf hin, dass Privatsphärebedenken bei Nutzer*innen von Fitness-Trackern eher gering ausgeprägt sind (Motti & Caine, 2015; Zimmer, Kumar, Vitak, Liao & Kritikos, 2018). Ein Erklärungsansatz könnte darin liegen, dass Wearables dann genutzt werden, wenn der wahrgenommene Nutzen des Geräts höher ist als die wahrgenommenen Privatsphärerisiken (Li, Wu, Gao, & Shi, 2016). Eine weitere Ursache für die unklare Befundlage könnte sein, dass die Sorge um Privatsphäre bislang nicht systematisch in die theoretische Modellierung der Nutzungsdeterminanten von eHealth- und mHealth-Technologien integriert wird.

2.2 Modellierung der Nutzungsdeterminanten

Es liegen zahlreiche Modelle zur Erklärung der Akzeptanz von Technologien vor, aus denen sich mögliche Determinanten der Nutzung von Fitness-Apps ableiten lassen. Ein Großteil dieser Modelle basiert auf Theorien zur Erklärung des Gesundheitsverhaltens wie der *Theory of Reasoned Action* (TRA) (Fishbein & Ajzen, 1975) bzw. der *Theory of Planned Behavior* (TPB) (Ajzen, 1985) und überträgt die Verhaltensdeterminanten auf die Technologienutzung (Venkatesh et al., 2003). Das gilt auch für die *Unified Theory of Acceptance and Use of Technology* (UTAUT, Venkatesh et al., 2003) bzw. deren konsumentenorientierte Weiterentwicklung, die *Extended Unified Theory of Acceptance and Use of Technology* (UTAUT2, Venkatesh et al., 2012). Die UTAUT zielt darauf ab, die Intention zur Nutzung technologischer Geräte sowie das daraus folgende tatsächliche Nutzungsverhalten zu erklären. Hierfür werden Modellkomponenten aus acht Modellen der Technologieakzeptanz in einem Modell zusammengeführt (Venkatesh et al., 2003).

Die UTAUT wird auch eingesetzt, um die Technologieakzeptanz im Gesundheitsbereich zu untersuchen. Dies geschieht allerdings oftmals bezogen auf die Gesundheitsversorgung, wenn es etwa um die Akzeptanz der elektronischen Gesundheitsakte (*electronic health records*, EHR) durch medizinisches Fachpersonal geht (z. B. Heselmans, Aertgeerts, Donceel, Geens, van de Velde, & Ramaekers, 2012; Dünnebeil, Sunyaev, Blohm, Leimeister & Krcmar, 2012; Hennington & Janz, 2007; Maillet, Mathieu & Sicotte, 2015). Nur vereinzelt wurde die UTAUT bzw. UTAUT2 dazu genutzt, die Akzeptanz von mHealth-Technologien von Patient*innen bzw. Verbraucher*innen – beispielsweise die Nutzungsdeterminanten von Gesundheits- und Fitness-Apps – zu untersuchen (Dockweiler et al., 2015; Woldeyohannes & Ngwenyama, 2017; Yoganathan & Kajanan, 2014; Yuan, Ma, Kanthawala & Peng, 2015). Zwar setzen sich diese Studien theoriebasiert mit der Technologieakzeptanz auseinander, binden jedoch Fragen der Privatsphäre nicht systematisch ein (Angst & Agarwal, 2009; Yoganathan & Kajanan, 2014; Yuan et al., 2015). Allerdings wird angenommen, dass Privatsphärebedenken die Akzeptanz von Technologien im Gesundheitsbereich hemmen (Angst & Agarwal, 2009; Kenny & Connolly, 2015). Dockweiler et al. (2015) integrieren zumindest im Rahmen einer rein deskriptiven Analyse Fragen des Datenschutzes in ihre Untersuchung der Akzeptanz von mHealth-Apps auf Basis der UTAUT. Hierbei wird eine hohe Sensibilisierung der Befragten deutlich, die auf eine Sorge um Privatsphäre verweisen könnte.

Folglich besteht ein Bedarf nach einer modellbasierten Auseinandersetzung mit der Akzeptanz von Fitness-Apps in Zusammenhang mit dem multidimensionalen Konstrukt der Sorge um Privatsphäre. Vor diesem Hintergrund wurde ein Modell entwickelt, das die *(Extended) Unified Theory of Acceptance and Use of Technology* (UTAUT, Venkatesh et al., 2003; bzw. UTAUT2, Venkatesh et al., 2012) um die Sorge um Privatsphäre (Kenny & Connolly, 2015, 2016; Malhotra, Kim & Agarwal, 2004; Smith et al., 1996) erweitert und somit eine emotionale Komponente in die Untersuchung der Technologieakzeptanz von Fitness-Apps einbezieht, die über die von der UTAUT erfassten Faktoren hinausreicht.

2.3 Differenzierung der App-Nutzung

Bei der Nutzung von Aktivitätstrackern oder Fitness-Apps zeigt sich, dass diese in vielen Fällen nicht langfristig ist und sich ein Rückgang der Häufigkeit und Intensität der Nutzung schon in den ersten zwei Monaten zeigt (z. B. Baumann, Emde-Lachmund, Swirski, Sass & Mata, 2017). Eine Erklärung könnte darin liegen, dass sich die Nutzer*innen und Nicht-Nutzer*innen von Gesundheits-Apps (darunter auch Fitness-Apps) in ihren personenbezogenen Merkmalen wie Alter, Bildungsstand und e-health literacy unterscheiden (Bol et al., 2018). Auch ist denkbar, dass die Nutzungserfahrung die Motivation zur Nutzung verändert, indem z. B. Anfangsbedenken verschwinden oder positives Feedback wie das Erreichen eines nächsten Levels eine intensivere Nutzung und damit auch Gesundheitsverhalten begünstigt oder es umgekehrt zu negativen Erfahrungen mit der App-Nutzung kommt, wenn etwa die anfängliche Motivation schwindet oder die von der App gesetzten Ziele als unerreichbar empfunden werden. Unabhängig davon, ob es sich um situative oder personenbezogene Faktoren handelt, erscheint eine Differenzierung der Verhaltensdeterminanten der Nicht-Nutzer*innen und Nutzer*innen von Gesundheits- und Fitness-Apps geboten.

Es geht somit nicht nur um die Klärung der Frage, warum sich Menschen überhaupt für die Nutzung solcher Apps entscheiden, sondern auch darum, warum aktuelle Nutzer*innen die Nutzung aufrechterhalten (Patel, Asch, & Volpp, 2015).

Vor diesen Hintergründen geht der vorliegende Beitrag am Beispiel von Fitness-Apps der Frage nach, aus welchen Gründen die Entscheidung für oder gegen die Nutzung einer solchen App getroffen wird und welche Rolle dabei die Sorge um Privatsphäre spielt. Dabei wird zwischen jenen differenziert, die Fitness-Apps (noch) nicht nutzen, und jenen, die derartige Apps bereits nutzen und über ihre künftige Weiternutzung entscheiden. Entsprechend lauten die forschungsleitenden Fragen: Was erklärt die Intention zur Aufnahme der Nutzung bei Nicht-Nutzer*innen und was erklärt die Intention zur Aufrechterhaltung der Nutzung bei Nutzer*innen von Fitness-Apps?

3 Methode

Zur Beantwortung der Forschungsfragen wurde eine quantitative Online-Befragung von insgesamt 159 Nicht-Nutzer*innen und 113 Nutzer*innen von Fitness-Apps durchgeführt, wobei es sich bei den Nutzer*innen um Nutzer*innen verschiedener Fitness-Apps und nicht einer spezifischen App handelte. Bei den von den Studienteilnehmer*innen am häufigsten genutzten Apps handelte es sich um *Runtastic*, *MyFitnessPal*, *Freeletics* und *Runkeeper*. Für beide Gruppen wurden vergleichend dieselben Verhaltensdeterminanten modelliert. Als Nutzungsdeterminanten wurden die – auf den spezifischen Anwendungskontext angepassten – Dimensionen der UTAUT und UTAUT2 (*Leistungserwartung, Aufwandserwartung, sozialer Einfluss, unterstützende Bedingungen, hedonistische Motivation, Preisabwägung*; Venkatesh et al., 2003, 2012) erfasst. Da Anwendungen der UTAUT auf andere Kontexte – insbesondere auf den Gesundheitsbereich – zeigen, dass die Selbstwirksamkeit einen weiteren relevanten Faktor darstellen kann (Maillet et al., 2014; McKenna, Tuunanen, & Gardner, 2013), wurde die Dimension *Selbstwirksamkeit* ebenfalls integriert.[1]

Nicht berücksichtigt wurde dagegen die UTAUT2-Dimension *Gewohnheit*, da diese nur für Nutzer*innen, nicht aber für Nicht-Nutzer*innen sinnvoll wäre; denn Gewohnheit setzt voraus, dass ein Individuum eine Technologie über einen längeren Zeitraum bereits nutzt und sich entsprechend ein automatisiertes Nutzungsverhalten einstellen kann (Venkatesh et al., 2012), was für Nicht-Nutzer*innen nicht gelten kann.

Außerdem wurde bei der Konzeption des Fragebogens der Kritik begegnet, dass das Konstrukt der Sorge um Privatsphäre entgegen seiner Multidimensionalität oft nur eindimensional erfasst wird (Kenny & Connolly, 2015). Entsprechend wurden hier der *Scale of Concern for Information Privacy* (CFIP; Smith et al., 1996) und der *Internet Users Information Privacy Concerns Scale* (IUIPC; Malhotra et al., 2004) fünf Dimensionen entnommen und in das Forschungsmodell integriert (*Besorgnis über die Sammlung von Daten, Besorgnis über die unerlaubte Sekundärnutzung, Sorge vor unberechtigtem Zugang, Kontrolle über die Datennutzung, Bewusstsein*).

Alle Dimensionen wurden mithilfe von je drei bis vier Items auf 5-stufigen Skalen gemessen und zu Mittelwertindizes verdichtet. Die zugehörigen Items zu den Dimensionen *unterstützende Bedingungen, hedonistische Motivation, Kontrolle über die Datennutzung* und *Bewusstsein* wurden aufgrund der geringen Cronbachs Alpha-Werte bei Nutzer*innen und/oder Nicht-Nutzer*innen einzeln in die Analysen einbezogen. Die Mittelwertindizes der anderen Dimensionen erreichten zufriedenstellende Cronbachs Alpha-Werte (> ,70) und gingen als Indizes in die Berechnungen ein. Darüber hinaus wurden *Gesundheitszustand, Fitnesszustand, Alter, Geschlecht, Nutzungsdauer (in Monaten)* und *Nutzungshäufigkeit* jeweils als einzelne Items erhoben. Die abhängige Variable Nutzungsintention wurde ebenfalls mit einem Item („*Wie wahrscheinlich ist es, dass Sie in den nächsten 12 Monaten [auch weiterhin] eine oder mehrere Fitness-App nutzen werden?*“) erfasst.

---

1 Venkatesh et al. (2003) hatten diese Dimension zunächst als potenziellen Einflussfaktor modelliert, jedoch nicht in die finale Version der UTAUT aufgenommen.

Für Nutzer*innen und Nicht-Nutzer*innen wurden getrennte hierarchische multiple Regressionen auf die Intention zur Aufnahme der Nutzung von Fitness-Apps bei Nicht-Nutzer*innen und auf die Intention zur Aufrechterhaltung der Nutzung bei Nutzer*innen gerechnet. Als ersten Block gingen als Hintergrundvariablen Alter, Geschlecht, der Gesundheits- und Fitnesszustand sowie bei Nutzer*innen außerdem die Nutzungserfahrung (operationalisiert über die Nutzungsdauer und Nutzungshäufigkeit) ein. Der zweite Block umfasste die Nutzungsdeterminanten der UTAUT bzw. UTAUT2 und ein dritter Block die Dimensionen der Sorge um Privatsphäre. Die Forschungsanlage kann in Abbildung 1 nachvollzogen werden.

Beide Stichproben sind überwiegend weiblich (Nutzer*innen: 79 %, $n = 89$; Nicht-Nutzer*innen: 64 %, $n = 102$) und eher jung (Nutzer*innen: $M_{Alter} = 26{,}79$, $SD = 5{,}46$, $Min = 19$, $Max = 48$, $n = 109$; Nicht-Nutzer*innen: $M_{Alter} = 28{,}27$, $SD = 8{,}20$, $Min = 18$, $Max = 59$, $n = 150$)[2]. Die Nutzer*innen nutzen Fitness-Apps im Durchschnitt seit 20,57 Monaten ($SD = 15{,}27$, $n = 113$).

2 Inwieweit die Stichprobe mit der Grundgesamtheit der Fitness-App-Nutzer*innen vergleichbar ist, kann nicht eindeutig bestimmt werden, da bislang keine repräsentativen Daten spezifisch zur Fitness-App-Nutzung in Deutschland vorliegen. Eine repräsentative Befragung der deutschen Online-Bevölkerung zur Nutzung von Apps und Trackern zur Überwachung von Gesundheits- und Fitnessdaten legt allerdings einen geringeren Frauenanteil unter den Nutzer*innen nahe: Demnach tun dies 25 % der Frauen und 30 % der Männer (GfK, 2016). Zudem nutzt die hier dominierende Altersgruppe der 20- bis 29-Jährigen in der deutschen Online-Bevölkerung nur zu 29 % Fitness-Apps und -Tracker zur Überwachung ihrer Gesundheit und Fitness (GfK, 2016).

Abbildung 1: Forschungsanlage

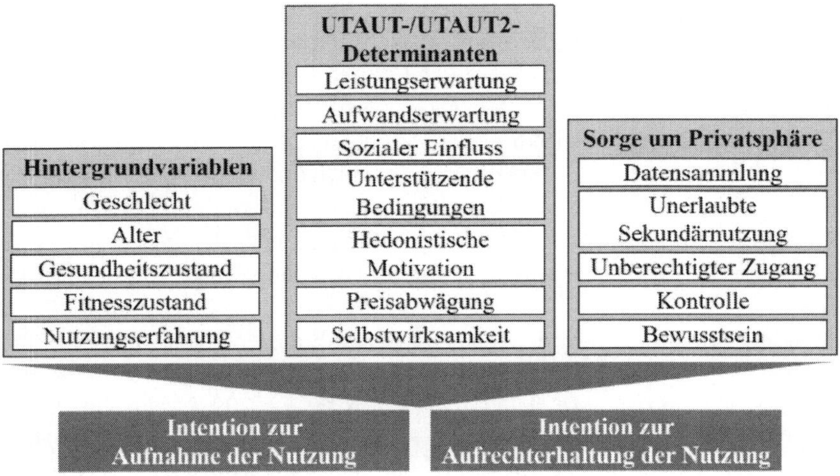

4 Ergebnisse

Die Ergebnisse der hierarchischen multiplen Regressionen zeigen, dass die Hintergrundvariablen und alle Einflussfaktoren zusammen 39 % (bei Nicht-Nutzer*innen; Tabelle 1) bzw. 17 % (bei Nutzer*innen; Tabelle 2) der Varianz in der Nutzungsintention von Fitness-Apps erklären. Das theoretische Modell erweist sich somit zur Erklärung der künftigen Nutzung bei Nicht-Nutzer*innen als besser geeignet als zur Erklärung der Intention zur Aufrechterhaltung der Nutzung bei aktuellen Nutzer*innen.

Während die einbezogenen Hintergrundvariablen keinen signifikanten Erklärungsbeitrag leisten, kommt es durch die Aufnahme der UTAUT-/UTAUT2-Indizes bei Nicht-Nutzer*innen mit einem ΔR^2 von 37 % (p < ,001) zu einem deutlichen Anstieg der Varianzaufklärung. Im Vergleich ist die Steigerung des Erklärungsbeitrags bei Nutzer*innen mit 26 % (p < ,01) deutlich geringer. Die ergänzende Aufnahme der Dimensionen der Sorge um Privatsphäre trägt in beiden Stichproben für das Gesamtmodell indes nicht zu einer weiteren signifikanten Veränderung der Erklärungsleistung der künftigen (Weiter-)Nutzung von Fitness-Apps bei.

*Tabelle 1: Übersicht der untersuchten Einflussfaktoren auf die Intention zur Aufnahme der Nutzung von Fitness-Apps bei Nicht-Nutzer*innen*

Prädiktoren	**Nutzungsintention**					
	Modell 1		**Modell 2**		**Modell 3**	
	b	**ß**	***b***	**ß**	***b***	**ß**
Alter	-0,01	-,04	-0,01	-,05	-0,01	-,03
Geschlecht	**-0,49***	**-,19***	-0,35	-,14	-0,29	-,11
Gesundheitszustand	-0,33	-,16	-0,16	-,08	-0,20	-,10
Fitnesszustand	0,08	,05	-0,02	-,02	0,02	,01
Leistungserwartung			**0,47****	**,36****	**0,41****	**,31****
Aufwandserwartung			-0,15	-,09	-0,11	-,07
Sozialer Einfluss			0,22	,13	0,22	,13
Unterstütz. Bedingungen						
Ressourcen			**0,21***	**,18***	0,18	,15
Wissen			0,17	,11	0,13	,08
Kompatibilität mit anderen Geräten			-0,08	-,07	-0,09	-,09
Verfügbarkeit von Hilfe			-0,12	-,10	-0,06	-,05
Selbstwirksamkeit			-0,02	-,01	-0,01	-,01
Preisabwägung			-0,13	-,08	-0,18	-,10
Hedonistische Motivation						
Nutzung macht Spaß			0,14	,12	0,12	,10
Nutzung ist angenehm			0,27	,22	**0,29***	**,24***
Nutzung ist unterhaltsam			-0,10	-,08	-0,09	-,07
Besorgnis über Sammlung					**-0,41***	**-,29***
Besorgnis über Sekundärnutzung					0,29	,18
Besorgnis über unberechtigten Zugang					-0,18	-,11
Besorgnis über Kontrolle						
Recht auf Entscheidung bei Sammlung und Nutzung					0,11	,06
Kontrolle über Daten					0,08	,05
Kontrollverlust					-0,04	-,03
Bewusstsein über Datennutzung						
Wissen über Datennutzung					-0,04	-,02
Offenlegung von Datenschutzrichtlinien					-0,02	-,01
Offenlegung der Sammlung und Nutzung					-0,07	-,03
R^2 Korr.		,03		**,36*****		**,39*****
ΔR^2				**,37*****		,06

Anmerkungen: $N = 159$; Methode: Multiple dreistufige Regression (Einschluss-Verfahren); *p < ,05; **p < ,01; ***p < ,001; Geschlecht: 0 = weiblich, 1 = männlich; Alter metrisch; Gesundheits- und Fitnesszustand: 1 = sehr schlecht bis 5 = sehr gut; Mittelwertindizes Leistungserwartung, Aufwandserwartung, sozialer Einfluss, Selbstwirksamkeit, Preisabwägung, Besorgnis über Sammlung, Besorgnis über Sekundärnutzung, Besorgnis über unberechtigten Zugang, einzelne Items zu den Dimensionen unterstützende Bedingungen, hedonistische Motivation, Kontrolle, Bewusstsein jeweils: 1 = stimme gar nicht zu, 5 = stimme voll und ganz zu; Modell 1: $F(4; 148) = 2{,}25$, *n.s.*, $p = {,}07$; Modell 2: $F(16; 148) = 6{,}30$, $p < .001$; Modell 3: $F(25, 148) = 4{,}82$, $p < {,}001$.

Unter den UTAUT-/UTUAT2-Determinanten stellt sich sowohl bei Nutzer*innen (β = ,29; p < ,05) als auch bei Nicht-Nutzer*innen (β = ,31; p < ,01) die Leistungserwartung als stärkster Prädiktor der zukünftigen Nutzungsintention heraus. Wird also wahrgenommen, dass Fitness-Apps nützlich für die Verbesserung sportlicher Aktivitäten und der Fitness sind und dabei helfen, Fitnessziele schneller zu erreichen, dann erhöht sich die Intention zur App-Nutzung in beiden Gruppen. Dies wird auch durch eine mögliche Sorge um Privatsphäre nicht gemindert. Bei Nicht-Nutzer*innen zeigt sich zusätzlich ein signifikanter Einfluss eines Aspekts der hedonistischen Motivation: Wenn die Nutzung als angenehm erwartet wird, ist die Intention zur künftigen Nutzung höher (β = ,24; p < ,05). Allerdings wird dieser Einfluss erst signifikant, wenn im dritten Block die Sorge um Privatsphäre ins Modell aufgenommen wird. Das heißt, wenn der Einfluss der Sorge um Privatsphäre herausgerechnet wird, dann begünstigt die Erwartung, dass die Nutzung angenehm ist, die Nutzungsintention bei Nicht-Nutzer*innen.

Der Einbezug der einzelnen Aspekte der Sorge um Privatsphäre leistet nur einen Erklärungsbeitrag bei Nicht-Nutzer*innen: Für sie stellt die Besorgnis im Hinblick auf die Sammlung von Daten eine signifikante Barriere für die generelle Entscheidung zur Nutzung einer Fitness-App dar (β = -,29; p < ,05). Wenn diese Entscheidung einmal getroffen ist, sind Privatsphärebedenken mit Blick auf die weitere Nutzung hingegen offenbar nicht oder nicht mehr entscheidend.

*Tabelle 2: Übersicht der untersuchten Einflussfaktoren auf die Intention zur Weiternutzung von Fitness-Apps bei Nutzer*innen*

Prädiktoren	**Nutzungsintention**					
	Modell 1		**Modell 2**		**Modell 3**	
	b	**ß**	***b***	**ß**	***b***	**ß**
Alter	0,01	,11	0,02	,18	0,02	,15
Geschlecht	0,15	,09	0,07	,04	0,06	,03
Gesundheitszustand	-0,01	-,01	-0,15	-,13	-0,14	-,12
Fitnesszustand	0,12	,11	0,14	,14	0,09	,09
Nutzungshäufigkeit	0,11	,18	0,03	,05	0,00	,01
Nutzungsdauer (in Monaten)	-0,01	-,01	-0,00	-,07	-0,00	-,09
Leistungserwartung			**0,26***	**,24***	**0,31***	**,29***
Aufwandserwartung			0,19	,16	0,12	,10
Sozialer Einfluss			0,05	,06	0,04	,05
Unterstützende Bedingungen						
Ressourcen			-0,07	-,09	-0,06	-,08
Wissen			0,18	,15	0,18	,16
Kompatibilität mit anderen Geräten			0,06	,09	0,05	,08
Verfügbarkeit von Hilfe			-0,09	-,12	-0,08	-,11
Selbstwirksamkeit			0,08	,07	0,03	,03
Preisabwägung			-0,12	-,13	-0,11	-,11
Hedonistische Motivation						
Nutzung macht Spaß			0,20	,23	0,21	,24
Nutzung ist angenehm			0,07	,07	0,03	,03
Nutzung ist unterhaltsam			-0,01	-,01	0,02	,03
Besorgnis über Sammlung					-0,01	-,01
Besorgnis über Sekundärnutzung					0,03	,03
Besorgnis über unberechtigten Zugang					-0,11	-,11
Besorgnis über Kontrolle						
Recht auf Entscheidung bei Sammlung und Nutzung					-0,04	-,03
Kontrolle über Daten					0,12	,14
Kontrollverlust					0,05	,06
Bewusstsein über Datennutzung						
Wissen über Datennutzung					-0,12	-,15
Offenlegung von Datenschutzrichtlinien					0,12	,11
Offenlegung der Sammlung und Nutzung					0,12	,12
R^2 Korr.		,02		**,20****		**,17***
ΔR^2				**,26****		,05

Anmerkungen: N = 113; Methode: Multiple dreistufige Regression (Einschluss-Verfahren); **p* < ,05; ***p* < ,01; ***p < ,001; Geschlecht: 0 = weiblich, 1 = männlich; Alter metrisch; Gesundheits- und Fitnesszustand: 1 = sehr schlecht bis 5 = sehr gut; Mittelwertindizes Leistungserwartung, Aufwandserwartung, sozialer Einfluss, Selbstwirksamkeit, Preisabwägung, Besorgnis über Sammlung, Besorgnis über Sekundärnutzung, Besorgnis über unberechtigten Zugang, einzelne Items zu den Dimensionen unterstützende Bedingungen, hedonistische Motivation, Kontrolle, Bewusstsein jeweils: 1 = stimme gar nicht zu, 5 = stimme voll und ganz zu Modell 1: $F(6; 107) = 1{,}36$, *n.s.*, $p = {,}24$; Modell 2: $F(18; 107) = 2{,}46$, $p < {,}01$; Modell 3: $F(27, 107) = 1{,}81$, $p < {,}05$.

5 Diskussion

In der vorliegenden Studie wurden zwei bisher weitgehend unabhängig voneinander betrachtete Forschungsbereiche kombiniert und auf die Nutzung von Fitness-Apps übertragen. Dabei ging es nicht darum, Unterschiede zwischen Nutzer*innen und Nicht-Nutzer*innen von Fitness-Apps aufzuzeigen, sondern vielmehr darum, Aussagen über die spezifischen Nutzungsdeterminanten dieser beiden Gruppen treffen zu können.

Die Studie bestätigt vorhandene empirische Befunde zur Akzeptanz von Gesundheits- und Fitness-Apps, die die Leistungserwartung als zentrales Nutzungsmotiv bei Fitness-Apps identifiziert haben (Dockweiler et al., 2015; Yoganathan & Kajanan, 2014; Yuan et al., 2015). Dies gilt sowohl für Nutzer*innen als auch für Nicht-Nutzer*innen. Bei Letzteren scheint zudem die Erwartung einer angenehmen Nutzung als weiteres Nutzungsmotiv zu wirken – jedoch nur unter der Bedingung, dass keine große Besorgnis hinsichtlich der Sammlung personenbezogener Daten besteht.

Denn bei den Nicht-Nutzer*innen zeigt sich, dass die Sorge um die Datensammlung eine Barriere für die Intention zur Aufnahme der Nutzung darstellen kann. Nutzer*innen dagegen scheinen sich mit Blick auf die weitere Nutzung keine Sorgen (mehr) um die Datensammlung zu machen. Andere Dimensionen der Sorge um die Privatsphäre haben sich nicht als relevante Einflussgrößen der Nutzungsintention erwiesen. Freilich muss bedacht werden, dass auch momentane Nicht-Nutzer*innen in der Vergangenheit bereits Erfahrungen mit der Nutzung von Fitness-Apps gemacht haben und sich gegen eine Weiternutzung entschieden haben könnten. Ob und inwiefern dabei Privatsphärebedenken eine Rolle gespielt haben könnten, kann mit der vorliegenden Untersuchung nicht beantwortet werden, stellt aber eine lohnende Erweiterung für künftige Forschung dar.

Die Ergebnisse dieser Arbeit sind unter dem Vorbehalt einer kleinen und selbstselektiven Stichprobe zu interpretieren und bedürfen weiterer empirischer Prüfung. Zudem wurde in der vorliegenden Studie nur ein Zeitpunkt betrachtet, weshalb weder Aussagen über die aus der Nutzungsintention resultierende tatsächliche Nutzung noch über die Veränderung von Nutzungsdeterminanten nach einer Entscheidung für die Nutzung gemacht werden können.

Die Ergebnisse deuten aber darauf hin, dass Modelle zur Erklärung der Nutzungsintention von Gesundheits-Apps zum einen zwischen jenen differenzieren sollten, die Fitness-Apps aktuell (noch) nicht nutzen, und solchen, die dies bereits tun. Zum anderen wird deutlich, dass ein Einbezug der Sorge um Privatsphäre weiteren Aufschluss über die Technologieakzeptanz geben kann. Zukünftig wäre es angebracht, mögliche Interaktionseffekte hierbei zu testen.

Außerdem wäre die Untersuchung thematisch und funktional verschiedener App-Angebote lohnend. Gerade da bestimmte Gesundheits-Apps mehr Privatsphärebedenken zu wecken scheinen als andere (Bol et al., 2018). Des Weiteren wäre die Untersuchung des Nutzungsprozesses im Hinblick auf die hier untersuchten Einflussfaktoren gewinnbringend, um der Frage nachzugehen, wie sich die Determinanten zwischen der Intention zur Aufnahme der Nutzung und der Aufrechterhaltung der Nutzung verändern und welche Rolle die Sorge um Privatsphäre in Abhängigkeit der Nutzungserfahrung spielt.

Schließlich wirkt weitere Forschung gerade vor dem Hintergrund der neuen EU-Datenschutz-Grundverordnung (DSGVO) und einem womöglich daraus resultierenden gesteigerten Bewusstsein für die Privatsphäre sensibler Daten lohnend.

Literaturverzeichnis

Ajzen, I. (1985). From intentions to actions: A theory of planned behavior. In J. Kuhl & J. Beckman (Hrsg.), *Action Control: From Cognition to Behavior* (S. 11-39). Heidelberg: Springer.

Angst, C. M., & Agarwal, R. (2009). Adoption of electronic health records in the presence of privacy concerns: The elaboration likelihood model and individual persuasion. *MIS Quarterly, 33*(2), 339-370.

Baumann, E., Emde-Lachmund, K., Swirski, K., Sass, R., & Mata, J. (2017, Mai). *No effects without use: What motivates people to use health apps and why do they quit using them soon after?* Vortrag im Rahmen der 67. Jahrestagung der International Communication Association, 25.-29. Mai 2017, San Diego, USA.

Bitkom (2017). *Fast jeder Zweite nutzt Gesundheits-Apps*. Abgerufen von https://www.bitkom.org/Presse/Presseinformation/Fast-jeder-Zweite-nutzt-Gesundheits-Apps.html.

Bol, N., Helberger, N., & van Weert, J. C. M. (2018). Differences in mobile health app use: A source of new digital inequalities?. *The Information Society, 34*(3), 183-193. doi: 10.1080/01972243.2018.1438550

Bundesministerium der Justiz und für Verbraucherschutz (BMJV) (2016). *Safer Internet Day 2016. Am Puls der Zeit? Wearables und Gesundheits-Apps aus verbraucherpolitischer Sicht.* Abgerufen von https://www.bmjv.de/DE/Ministerium/Ver-anstaltungen/SaferInternetDay/Positionspapier.pdf?_blob=publicationFile&v=2.

Chhanabhai, P., & Holt, A. (2007). Consumers are ready to accept the transition to online and electronic records if they can be assured of the security measures. *Medscape General Medicine, 9*(1), 8.

Dinev, T., & Hart, P. (2006). Privacy concerns and levels of information exchange: An empirical investigation of intended e-services use. *E-service Journal, 4*(3), 25-59. doi: 10.2979/esj.2006.4.3.25

Dinev, T., Albano, V., Xu, H., D'Atri, A., & Hart, P. (2016). Individuals' attitudes towards electronic health records: A privacy calculus perspective. In A. Gupta, V. L. Patel, & R. A. Greenes (Hrsg.), *Advances in healthcare informatics and analytics* (S. 19-50). Cham: Springer International Publishing. doi: 10.1007/978-3-319-23294-2_2

Dockweiler, C., Boketta, R., Schnecke, J. H., & Hornberg, C. (2015). *Nutzungsverhalten und Akzeptanz von mHealth-Applikationen bei jungen Erwachsenen in Deutschland.* Unveröffentlichtes Konferenzpapier zum Vortrag auf der TELEMED 2015, Berlin.

Dünnebeil, S., Sunyaev, A., Blohm, I., Leimeister, J. M., & Krcmar, H. (2012). Determinants of physicians' technology acceptance for e-health in ambulatory care. *International Journal of Medical Informatics, 81*(11), 746-760. doi: 10.1016/j.ijmedinf.2012.02.002

Fishbein, M., & Ajzen, I. (1975). *Belief, attitude, intention, and behavior*. Reading, MA: Addison-Wesley.

GfK (2016). *Health and fitness tracking. Global GfK survey*. Nürnberg: GfK.

Hennington, A. H., & Janz, B. D. (2007). Information systems and healthcare XVI: Physician adoption of electronic medical records: Applying the UTAUT model in a healthcare context. *Communications of the Association for Information Systems, 19*, 60-80. doi: 10.17705/1CAIS.01905

Heselmans, A., Aertgeerts, B., Donceel, P., Geens, S., Van de Velde, S., & Ramaekers, D. (2012). Family physicians' perceptions and use of electronic clinical decision support during the first year of implementation. *Journal of Medical Systems, 36*(6), 3677-3684. doi: 10.1007/s10916-012-9841-3

Kenny, G., & Connolly, R. (2015). *Citizens' health information privacy concerns: A multifaceted approach.* Research-in-progress-paper, 23rd European Conference on Information Systems (ECIS 2015), Münster.

Kenny, G., & Connolly, R. (2016). Citizens' health information privacy concerns: Developing a framework. In F. D'Ascenzo, M. Magni, A. Lazazzara, & S. Za (Hrsg.), *Blurring the boundaries through digital innovation. Individual, organizational, and social challenges* (S. 131-143). New York, NY: Springer. doi: 10.1007/978-3-319-38974-5_11

Kotz, D. (2011). A threat taxonomy for mHealth privacy, *COMSNETS*, 1-6. doi: 10.1109/COMSNETS.2011.5716518

Gigerenzer, G., Schlegel-Matthies, K., & Wagner, G. G. (2016). *Digitale Welt und Gesundheit. eHealth und mHealth – Chancen und Risiken der Digitalisierung im Gesundheitsbereich*. Berlin: Sachverständigenrat für Verbraucherfragen beim BMJV.

Li, H., Wu, J., Gao, Y., & Shi, Y. (2016). Examining individuals' adoption of healthcare wearable devices: An empirical study from privacy calculus perspective. *International Journal of Medical Informatics*, *88*, 8-17. doi: 10.1016/j.ijmedinf.2015.12.010

Maillet, É., Mathieu, L., & Sicotte, C. (2015). Modeling factors explaining the acceptance, actual use and satisfaction of nurses using an Electronic Patient Record in acute care settings: An extension of the UTAUT. *International Journal of Medical Informatics*, *84*(1), 36-47. doi: 10.1016/j.ijmedinf.2014.09.004

Malhotra, N. K., Kim, S. S., & Agarwal, J. (2004). Internet user's information privacy concerns (IUICP): The construct, the scale, and a causal model. *Information Systems Research, 15*(4), 336-355. doi: 10.1287/isre.1040.0032

McKenna, B., Tuunanen, T., & Gardner, L. (2013). Consumers' adoption of information services. *Information & Management, 50*(5), 248-257. doi: 10.1016/j.im.2013.04.004

Motti, V. G., & Caine, K. (2015). Users' privacy concerns about wearables: Impact of form factor, sensors and type of data collected. In M. Brenner, N. Christin, B. Johnson, & K. Rohloff (Hrsg.), *Financial cryptography and data security* (S. 231-244). Heidelberg: Springer. doi: 10.1007/978-3-662-48051-9_17

National Committee on Vital and Health Statistics (NCVHS) (2009). *Recommendations on privacy and confidentiality, 2006-2008*. Hyattsville, MD: U.S. Department of Health and Human Services.

Patel, M. S., Asch, D. A., & Volpp, K. G. (2015). Wearable devices as facilitators, not drivers, of health behavior change. *JAMA, 313*, 459-460. doi: 10.1001/jama.2014.14781

Patterson, H. (2013). *Contextual expectations of privacy in self-generated health information flows*. Conference paper, TPRC 41, the 41st Research Conference on Communication, Information and Internet Policy. doi: 10.2139/ssrn.2242144

Pentina, I., Zhang, L., Bata, H., & Chen, Y. (2016). Exploring privacy paradox in information-sensitive mobile app adoption: A cross-cultural comparison. *Computers in Human Behavior, 65*, 409-419. doi: 10.1016/j.chb.2016.09.005

Smith, H. J., Milberg, S. J., & Burke, S. J. (1996). Information privacy: Measuring individuals' concerns about organizational practices. *MIS Quarterly, 20*(2), 167-196. doi: 10.2307/249477

Son, J.-Y., & Kim, S. S. (2008). Internet users' information privacy-protective responses: A taxonomy and a nomological model. *MIS Quarterly, 32*(3), 503-529. doi: 10.2307/25148854

Venkatesh, V., Morris, M. G., Davis, G. B., & Davis, F. D. (2003). User acceptance of information technology: Toward a unified view. *MIS Quarterly, 27*(3), 425-479. doi: 10.2307/30036540

Venkatesh, V., Thong, J. Y., & Xu, X. (2012). Consumer acceptance and use of information technology: Extending the Unified Theory of Acceptance and Use of Technology. *MIS Quarterly, 36*(1), 157–178.

Vitak, J., Liao, Y., Kumar, P., Zimmer, M., & Kritikos, K. (2018). Privacy attitudes and data valuation among fitness tracker users. In G. Chowdhury, J. Mcleod, V. Gillet, & P. Willet (Hrsg.), *Transforming digital worlds. iConference 2018 proceedings* (S. 229-239). Cham: Springer. doi: 10.1007/978-3-319-78105-1_27

Woldeyohannes, A. O., & Ngwenyama, O. K. (2017). Factors influencing acceptance and continued use of mHealth apps. In F. F.-H. Nah, & C.-H. Tan (Hrsg.), *HCI in business, government and organizations. Interacting with information systems. HCIBGO 2017 proceedings, part I* (S. 239-256). Cham: Springer. doi: 10.1007/978-3-319-58481-2_19

Yoganathan, D., & Kajanan, S. (2014). What drives fitness apps usage? An empirical evaluation. In B. Bergvall-Kåreborn, & P. A. Nielsen (Hrsg.), *Creating value for all through IT* (S. 179-196). Berlin: Springer. doi: 10.1007/978-3-662-43459-8_12

Yuan, S., Ma, W., Kanthawala, S., & Peng, W. (2015). Keep using my health apps: Discover users' perception of health and fitness apps with the UTAUT2 model. *Telemedicine Journal and e-Health, 21*(9), 735-741. doi: 10.1089/tmj.2014.0148

Zimmer, M., Kumar, P., Vitak, J., Liao, Y., & Kritikos, K. C. (2018). 'There's nothing really they can do with this information': Unpacking how users manage privacy boundaries for personal fitness information. *Information, Communication & Society*. doi: 10.1080/1369118X.2018.1543442

#bodypositivity zwischen eigener Betroffenheit, sozialer Unterstützung und Gesellschaftskritik – Ergebnisse einer qualitativen Befragung von Instagramer*innen

Paula Stehr

1 Einleitung

Die Plattform Instagram hat in Deutschland in den letzten Jahren an Reichweite gewonnen und ist unter den Jugendlichen und jungen Erwachsenen die meistgenutzte soziale Netzwerkseite (Frees & Koch, 2018). Menschen berichten dort bebildert darüber, wie sie ihr Leben und ihren Alltag gestalten. Manche von ihnen generieren dabei sehr große Aufmerksamkeit. Ihnen folgen mehrere (Hundert-)Tausend Nutzer*innen, die wiederum über Aktualisierungen und neue Beiträge dieser sogenannten „Influencer*innen" informiert werden. Eine dieser bekannten Influencer*innen ist Louisa Dellert[1]. Sie begann ihre Instagram-Karriere als sportbegeisterte junge Frau, die andere an ihrem sportlichen Alltag teilhaben lassen wollte. Die Themen Sport und Fitness spielen in den sozialen Medien eine große Rolle und werden beispielsweise unter dem Stichwort „fitspiration" verhandelt. Dieser Begriff drückt die positive Sichtweise aus, dass andere Menschen durch Vorbilder auf Instagram zu einer aktiveren Lebensweise inspiriert werden (Boepple, Ata, Rum & Thompson, 2016). Gleichzeitig handelt es sich bei Instagram um eine hoch kommerzialisierte Plattform. Die große Aufmerksamkeit, die die Influencer*innen erzielen, wird von Firmen gerne dazu genutzt, um ihre Produkte besonders effektiv zu vermarkten. Dabei spielt insbesondere die Inszenierung von Körperlichkeit eine große Rolle (Klassen, Boreis, Brennan, Reid, McCaffrey, & Lim, 2018).

Dieses Phänomen hat auch seine Schattenseiten. Louisa Dellert beschrieb in einem Interview, dass ihr aktiver Lebensstil, den ihre Follower*innen hautnah mitverfolgt haben, nach und nach ungesunde Züge annahm (Weiss,

1 Louisa Dellert wurde im Rahmen dieses Projekts nicht befragt und wird deshalb als einzige der Instagramer*innen in diesem Beitrag namentlich genannt.

2017). Irgendwann drehte sich ihr Leben nur noch um das eine Thema und sie bemerkte, dass sie ihrem Körper mit dem hohen Maß an Fitness eher schadete. Mittlerweile hat Louisa Dellert den Umgang mit ihrem Körper und ihrer Gesundheit gewandelt und ist in Deutschland eine der Vorreiterinnen der sogenannten „Bodypositivity"-Bewegung. Unter dem Hashtag „bodypositivity" posten Nutzer*innen sozialer Medien, um für einen positiven Umgang mit dem eigenen Körper zu plädieren (Sastre, 2014).

Der vorliegende Beitrag betrachtet dieses insbesondere in sozialen Medien verbreitete Phänomen auf der Plattform Instagram und beschäftigt sich mit der Frage, was das Thema „Bodypositivity" für diejenigen bedeutet, die öffentlich auf Instagram Beiträge verfassen, aus welchen Motiven heraus sie das tun und welche Rolle die spezifischen Eigenschaften von Instagram dabei spielen. Um sich in Bezug auf diese Fragen dem Thema anzunähern, wurden qualitative Leitfaden-Interviews mit den Betreiber*innen von elf Instagram-Accounts geführt.

2 Einfluss medialer Darstellungen auf Körperbilder

Mediale Darstellungen haben einen großen Einfluss auf das Körperbild der Rezipient*innen. Menschen vergleichen sich mit den in den Massenmedien dargestellten, häufig bearbeiteten, idealisierten, scheinbar perfekten und sozial wünschenswerten Abbildungen menschlicher Körper. Diese Vergleiche können dazu führen, dass die Rezipient*innen eine große Abweichung wahrnehmen zwischen den sozial erwünschten Körperformen und ihrem eigenen Körper, was zu Unzufriedenheit beitragen kann (Sohn, 2009).

Dieses Phänomen lässt sich jedoch nicht nur für massenmedial vermittelte Bilder, sondern auch für die Rezeption und Wirkung nutzergenerierter Inhalte in sozialen Medien beobachten. Auch hier werden Fotos häufig bearbeitet, bevor sie auf Plattformen wie Instagram hochgeladen werden. Diese idealisierten Bilder werden positiver wahrgenommen als Original-Bilder und können einen negativen Effekt auf die Körperzufriedenheit von jugendlichen Betrachter*innen haben (Kleemans, Daalmans, Carbaat & Anschütz, 2017). Dies trifft auch für Bilder unter dem Label „fitspiration" zu. Eine experimentelle Untersuchung von Tiggemann und Zaccardo (2015) kam zu dem Ergebnis, dass junge Frauen, die Instagram „fitspiration" Bilder betrachteten, weniger zufrieden mit ihrem Körper waren und eine negativere Stimmung verspürten, als eine Kontrollgruppe, die Reisebilder rezipierte. Prichard, McLachlan, Lavis und Tiggemann (2018) konnten den negativen Effekt von „fitspiration"-Bildern auf Körperzufriedenheit und Stimmung bestätigen und kamen außerdem zu dem Schluss, dass dieser negative Effekt insbesondere bei jungen Frauen auftrat, die ihr Selbstkonzept überwiegend auf äußere Merkmale stützen.

Eine Gegenbewegung zu der Fokussierung auf Körperideale und die negativen Auswirkungen auf die Nutzer*innen findet auf Instagram unter dem Label „Bodypositivity" statt. In einer Inhaltsanalyse von 640 Instagram Posts von 32 der populärsten Instagram Accounts im Bereich Bodypositivity stellten Cohen, Irwin, Newton-John und Slater (2019) fest, dass in den Beiträgen eine große Varianz hinsichtlich der Körperfülle der dargestellten Personen bestand. Außerdem wurden auch Körpermerkmale abgebildet, die dem gängigen Schönheitsideal widersprechen, wie Cellulite, Fettpolster, Dehnungsstreifen und Hautunreinheiten. Inhaltlich wurden außerdem Themen angesprochen, die der konzeptionellen Definition eines positiven Körperbildes (Tylka & Wood-Barcalow, 2015) entsprechen, wie ein breites Verständnis von Schönheit, die Akzeptanz und Liebe des eigenen Körpers und das Hervorheben innerer Werte bzw. einer positiven Einstellung. Weitere Themen, die in einem Großteil der Posts angesprochen wurden, waren zwei gegensätzliche Aufrufe: einerseits das Bewerben von Produkten und damit implizit oder explizit eine Kaufaufforderung und andererseits die Bitte, über das Thema Bodypositivity hinausgehende wichtige gesellschaftliche Themen wie Feminismus, Antirassismus und LGBTQIA[2]-Rechte zu unterstützen. Erste Untersuchungen zur Wirkung von Bodypositivity-Posts auf Instagram zeigen, dass diese, im Vergleich zu neutralen oder schlankheitsidealisierenden Bildern, das Potenzial besitzen, die Körperzufriedenheit und die Stimmung der rezipierenden jungen Frauen zu steigern (Cohen, Fardouly, Newton-John & Slater, 2019).

Neben den vorhandenen Analysen zu den Inhalten von Beiträgen zu Bodypositivity und der potenziellen Wirkung auf die Rezipient*innen stellt sich jedoch die Frage nach der Perspektive der Instagramer*innen, die Beiträge zu dem Thema verfassen. Diese nehmen eine zentrale Rolle in der Bewegung ein, da sie mitunter viele Follower*innen haben und als Vorbilder wahrgenommen werden (Cohen, Irwin et al., 2019). Die erste Forschungsfrage lautet daher:

*FF1: Welche Bedeutung hat das Thema Bodypositivity für die Instagramer*innen?*

---

2 Das Akronym LGTBQIA steht für „lesbian, gay, bisexual, transgender, queer, intersex, asexual" und bezieht sich somit auf Menschen, deren sexuelle Orientierung und/oder Geschlechtsidentität nicht der Heternormativität entsprechen.

Bezüglich der Frage, warum Menschen zum Thema Bodypositivity auf Instagram posten, gibt es unterschiedliche mögliche Motive. Wie durch die Inhaltsanalyse von Cohen und Irwin et al. (2019) bereits angedeutet, werden mit dem Thema auch Werbe-Posts verbunden, sodass finanzielle Motive denkbar wären. Da viele Akteurinnen der Bodypositivity-Bewegung selbst von Problemen eines negativen Körperbildes wie Essstörungen betroffen sind (Cwynar-Horta, 2016), sind auch weitere eigennützige Motive möglich. Einerseits dahingehend, dass sie selbst von einem anderen gesellschaftlichen Umgang mit dem Thema profitieren können und andererseits dadurch, dass der Austausch mit anderen zu ihrem eigenen Wohlbefinden beitragen kann. Grundsätzlich handelt es sich bei der Bodypositivity-Bewegung um ein Thema, das geeignet ist, sowohl auf gesellschaftlicher als auch auf individueller Ebene zu positiven Veränderungen hin zu mehr Akzeptanz unterschiedlicher Körperbilder beizutragen. Dementsprechend sind auch prosoziale Motive angelegt, die also auf den Nutzen für die Gesellschaft oder andere betroffene Personen abzielen (Friedlmeier, 2006). Die zweite Forschungsfrage lautet daher:

> *FF2: Aus welchen Motiven heraus posten die Instagramer*innen zum Thema Bodypositivity?*

3 Gesundheitsförderung und soziale Medien

Studien zeigen, dass ein positives Körperbild mit gesundheitsförderlichen Handlungen in Verbindung steht, sowohl in Bezug auf intuitives Essverhalten und körperliche Aktivität (Andrew, Tiggemann, & Clark, 2016b) als auch andere Verhaltensweisen wie Sonnenschutz, Hautkrebsscreening und die Inanspruchnahme medizinischer Versorgung sowie die Reduktion des Alkohol- und Zigarettenkonsums (Andrew, Tiggemann, & Clark, 2016a). Vor diesem Hintergrund stellt sich im Kontext der Bodypositivity-Bewegung die Frage, inwiefern die viel genutzten sozialen Medien auch ein geeigneter Kanal zur strategischen Gesundheitsförderung sein können (Heldman, Schindelar, & Weaver, 2013).

Im Marketing gibt es schon lange Bestrebungen, einflussreiche Social Media-Nutzer*innen als Multiplikator*innen von Werbebotschaften einzusetzen (Veirman, Cauberghe & Hudders, 2017). Vereinzelt gibt es Versuche, die sogenannten Influencer*innen auch im Bereich der Kommunikation über Gesundheit zu identifizieren und über sie Gesundheitsförderung zu betreiben (Albalawi & Sixsmith, 2017). Im Zusammenhang mit Gesundheit bieten Online-Medien sowohl die Möglichkeit des strategischen Einsatzes zur Gesundheitsförderung als auch der interpersonalen sozialen Unterstützung in Bezug auf Gesundheit und Krankheit (Stehr, 2017).

EHealth- und mHealth-Anwendungen bieten spezifische Vorteile für die strategische Gesundheitskommunikation (Rossmann & Krömer, 2015). So können vor allem jüngere Zielgruppen darüber besser angesprochen werden als über traditionelle Massenmedien wie Rundfunk- und Printmedien. Public Health-Akteur*innen wie Gesundheitsbehörden oder Krankenkassen nutzen deshalb soziale Netzwerke, um mit Jugendlichen und jungen Erwachsenen in Kontakt zu treten (Lindacher & Loss, 2017). Allerdings beschränkt sich diese Kommunikation häufig auf die Bereitstellung von Informationen zu Themen wie Prävention, Gesundheitsleistungen und Veranstaltungshinweisen; eine Interaktion mit den Rezipient*innen findet nur selten statt (Thackeray, Neiger, Hanson, & McKenzie, 2008). Darüber hinaus gibt es bereits Versuche, soziale Netzwerkseiten und spezielle Formate wie kurze Web-Serien für konkrete Interventionen, beispielsweise zum Thema HIV-Prävention, zu nutzen (Lindacher & Loss, 2017).

Neben diesem strategischen Einsatz von Online-Medien durch Public Health-Akteur*innen, kann online auch soziale Unterstützung ausgetauscht werden. Soziale Unterstützung ist eine wichtige Ressource für die Gesundheit von Menschen. So kann durch soziale Unterstützung Krankheiten vorgebeugt werden, Stressoren können neutralisiert und die Auswirkungen von Krankheiten abgepuffert werden (Badura, 1981). Online-Medien eignen sich mitunter besonders gut für den (anonymen) Austausch sozialer Unterstützung, da sie Menschen auch zu seltenen und möglicherweise stigmatisierenden Krankheiten vernetzen können (Wright & Bell, 2003). Insbesondere für „extreme" Verhaltensweisen wie Selbstverletzungen oder Essstörungen werden deshalb Online-Kontakte häufig als unterstützender wahrgenommen als das nahe soziale Umfeld (Murray, van Schaick & Fox, 2011). Je nachdem, ob Menschen dabei eher nach emotionaler und informationeller Unterstützung suchen, nutzen sie unterschiedliche Funktionen sozialer Netzwerkseiten und tauschen sich beispielsweise aktiv mit Nutzer*innen aus oder lesen Erfahrungsberichte von anderen Betroffenen (Chung, 2014). Online-Medien bieten dabei jedoch nicht nur spezifische Voraussetzungen für das Empfangen, sondern auch für das Leisten sozialer Unterstützung (Stehr, 2020).

In diesem Kontext nehmen öffentliche Instagram-Accounts eine Sonderstellung im Spannungsfeld zwischen massenmedialer und interpersonaler, zwischen strategischer und persönlicher Kommunikation ein. In diesem Zusammenhang stellt sich die Frage, welche Rolle die Influencer*innen sich selbst zuschreiben und ob sie sich beispielsweise auch als Akteur*innen der Gesundheitsförderung sehen. Die dritte Forschungsfrage lautet daher wie folgt:

> *FF3: In welchen Rollen agieren die Instagramer*innen?*

Online-Medien bieten den Vorteil, dass sie die Reichweite klassischer Massenmedien mit Merkmalen der interpersonalen Kommunikation verbinden, die potenziell besonders überzeugend sind (Rossmann & Stehr, 2019). Dies trifft auch auf die sogenannten Influencer*innen auf Instagram zu. Durch für die mitunter sehr vielen Follower*innen haben die veröffentlichten Beiträge massenmedialen Charakter; gleichzeitig treten die Instagramer*innen jedoch mit anderen Nutzer*innen in Interaktion. Soziale Medien verbinden also im Sinne der „masspersonal communication" (O'Sullivan & Carr, 2017) Elemente der massenmedialen und der interpersonalen Kommunikation. Spezifische Eigenschaften von Online-Medien, die die Interaktionsmöglichkeiten maßgeblich bestimmen, sind (A-)Synchronität, die Anzahl der übertragenen Kommunikationskanäle, der Anonymitäts- und der Öffentlichkeitsgrad (Joinson, 2003). Kommunikationsmodi lassen sich demnach anhand der Ausprägungen dieser Eigenschaften charakterisieren, welche die Kommunikationssituation aus Nutzer*innensicht entscheidend prägen (Hölig, 2014). Die vierte Forschungsfrage lautet daher:

> *FF4: Wie schätzen die Instagramer*innen die Besonderheiten von Instagram für die Auseinandersetzung mit dem Thema Bodypositivity ein?*

4 Methodische Umsetzung

Um die individuelle Perspektive der Instagramer*innen auf das Phänomen zu erfassen, wurde ein qualitativer Zugang gewählt. Um gleichzeitig sicherzustellen, dass die auf Basis des Forschungsstandes abgeleiteten Forschungsfragen durch die Interviews beantwortet werden können, wurden diese leitfadengestützt geführt. Ausgewählt wurden die öffentlichen Instagram-Profile anhand der Kriterien Aktivität (mindestens drei Beiträge pro Woche), thematischer Bezug (mindestens drei Beiträge im Monat mit #bodypositivity oder #selbstliebe) und Sprache (Deutsch und/oder Englisch).

Die Reichweite war kein Auswahlkriterium, sodass die Befragten zwischen 875 und 157.000 Follower*innen hatten. Rekrutiert wurden die elf Teilnehmenden über private Nachrichten bei Instagram[3]. Ein Interview wurde mit einem heterosexuellen Paar geführt, das einen gemeinsamen Instagram-Account betreibt. Bei den anderen Interviews handelte es sich um Einzelinterviews mit weiblichen Personen. Eines der Interviews wurde auf Englisch geführt, die anderen in deutscher Sprache.

Drei Personen, darunter eine sehr bekannte Instagramerin mit über 150.000 Follower*innen, waren zu einem Telefoninterview nicht bereit und wurden deshalb über einen schriftlichen Chat befragt, der jedoch ohne größere Zeitverzögerungen erfolgte und mit der Gesprächssituation der anderen Interviews vergleichbar ist. Insbesondere erscheint hier die Befragung über ein schriftliches Online-Medium zulässig, da die befragten Instagramerinnen mit dem Modus sehr vertraut sind (Pfaff-Rüdiger, 2016). Die telefonischen Interviews dauerten zwischen 21 und 75 Minuten; die schriftlichen Interviews aufgrund des Zeitaufwands für das Tippen der Antworten zwischen eineinhalb und drei Stunden. Die Auswertung der Interviews erfolgte mittels einer strukturierenden Inhaltsanalyse (Schreier, 2014, Abs. 9). Anhand der Forschungsfragen wurden die übergeordneten Kategorien deduktiv gebildet. In einem ersten Materialdurchgang wurden relevante Textstellen markiert und den übergeordneten Kategorien zugeordnet. Anschließend wurden daraus induktiv zugehörige Unterkategorien gebildet und das Kategoriensystem ausdifferenziert.

5 Ergebnisse

5.1 Bedeutung des Themas Bodypositivity

Ein zentraler Aspekt des Themas Bodypositivity ist für die befragten Instagramer*innen *Selbstliebe*, was auch als eines der deutschen Hashtags im Kontext der Bewegung fungiert. Neben diesem Bezug zum eigenen Körper weist Bodypositivity für die Befragten aber auch eine *gesellschaftliche Dimension* auf. So möchten sie die Botschaft verbreiten, dass vielfältige Unterschiede akzeptiert werden sollten:

---

3 Herzlichen Dank an Sophia Hofer, Alisa Kipp, Nele Klaus, Isabel Müller und Vanessa Rother für ihre Arbeit im Rahmen der Datenerhebung.

> „Dass es auch darum geht, dass man andere akzeptiert wie sie sind und, dass man vor allem auch denen die Stimme überlässt, die ständig diskriminiert werden, also dicke Menschen, schwarze Menschen, Menschen mit Behinderungen (…) Der Begriff hat sich für mich selber extrem gewandelt, einfach weil ich vorher dachte, es geht nur um die eigene Person (…). Aber es geht um eine ganze Gesellschaft" (B08).

In diesem Zusammenhang bietet Instagram ihnen die Möglichkeit, einen Gegenentwurf zum medial verbreiteten Schönheitsideal zu vermitteln.

Darüber hinaus stellen die befragten Instagramer*innen auch *gesundheitliche Bezüge* zum Thema Bodypositivity her. Ein wichtiger Aspekt ist dabei das psychische Wohlbefinden der Instagramer*innen und ihrer Follower*innen. Beim Thema Körper und Körperbilder drängen sich aber auch physische Gesundheitsthemen wie Bewegung und Ernährung auf. Von Seiten anderer Nutzer*innen sehen sich die Instagramer*innen in diesem Kontext teilweise mit dem Vorwurf konfrontiert, sie würden eine ungesunde Lebensweise propagieren. Aufgrund ihrer eigenen Erfahrungen mit diesbezüglich extremen Verhaltensweisen, beschreiben die Befragten hingegen, dass sie aktiv versuchen, ein gesundes Maß an Bewegung und gesunder Ernährung in den Vordergrund zu stellen:

> „Es ist doch total egal, ob man paar Dellen mehr am Hintern hat oder etwas mehr auf der Hüfte, irgendwie Hauptsache man ist halt gesund. Also klar, man sollte sich schon bewegen und gesund ernähren (…), aber man muss es nicht übertreiben. So, man sollte eben einfach immer noch machen, was einem gut tut" (B11).

Außerdem ist es den Befragten wichtig, zu betonen, dass das Körpergewicht einer Person nicht mit ihrem Gesundheits- und Fitnesszustand gleichzusetzen ist.

*5.2 Motive der Instagramer*innen*

Die Teilnehmer*innen der Studie beschreiben *sowohl eigennützige als auch prosoziale Motive* für ihre Beteiligung an der Bodypositivity-Bewegung. So sind ihre Beiträge zum Thema einerseits förderlich für ihr eigenes Wohlbefinden, beispielweise, um sich mit sich selbst auseinanderzusetzen. Andererseits versuchen sie auch, anderen zu helfen. Zum einen indirekt durch ihre Beiträge, zum anderen auch direkt im Austausch mit einzelnen Nutzer*innen:

> „Ich bekomme aber natürlich auch viele Privatnachrichten so nach dem Motto ‚hey das und das ist meine Situation, kannst du mir helfen', wo ich dann Romane geschickt kriege und versuche, da irgendwie Tipps zu geben" (B01).

Teilweise gehen diese beiden Dinge auch Hand in Hand; so beschreibt eine Instagramerin, dass das Verantwortungsgefühl ihren Follower*innen gegenüber dazu beigetragen hat, dass sie besser mit ihren eigenen Problemen umgehen konnte:

> „Also ich denke auch ich wäre nicht so schnell aus dem Ganzen, eben der Essstörung, dem negativen Selbstbild und so rausgekommen, wenn ich nicht Instagram gehabt hätte. (…) Das ist halt so gewesen, wegen meiner Vorbildfunktion, die ich dann eingenommen hatte und das Verantwortungsgefühl" (B08).

Neben dieser Ebene der interpersonalen, sozialen Unterstützung, werden einige der Befragten auch aktiv tätig, um gesundheitsgefährdenden, gesellschaftlichen Schönheitsidealen entgegenzuwirken. So beschreibt eine Instagramerin, wie sie auf den Trend reagierte, bei dem Menschen ein DIN A4-Blatt hochkant vor ihren Körper hielten und sich damit fotografierten, um das Ideal einer möglichst schmalen Taille zu propagieren:

> „Also hab ich ein Blatt Papier genommen und gezeigt wie das aussehen würde und hab gleich meinen Followern gesagt hier von wegen ‚Achtung das ist kein Schönheitsideal, das ist einfach nur bekloppt oder einfach nur gefährlich, bitte nicht nachmachen' "(B02).

Für einige der Instagramer*innen spielen durchaus *finanzielle Aspekte* ihrer Aktivitäten in den sozialen Medien eine Rolle. Allerdings sind sie sich einig darüber, dass Bodypositivity nicht „die eine Nische" (B08) ist, mit der man Geld verdienen kann. Dennoch haben sie sich bewusst entschieden, dieses Thema zu besetzen, da ihnen die Botschaft dahinter wichtig ist. Ihr finanzielles Auskommen versuchen sie, davon abzukoppeln:

> „(…) also mir geht es da um die Message und nicht, dass ich Geld verdiene auf Instagram und versuch dann eben das Geld verdienen nach außen zu verlagern" (B01).

Eine der Befragten ist als „Curvy Model" tätig; verdient also grundsätzlich schon Geld mit dem Schönheitsbild, das sie verkörpert. Sie beschreibt jedoch, dass sie ihre Accounts in den sozialen Medien unabhängig von finanziellen Aspekten betreiben möchte:

> „Ich würde nie etwas posten, nur weil ich dafür bezahlt werde! Mir ist es wichtig, dass mein Account für meine Follower authentisch ist!“ (B04)

*5.3 Rollen der Instagramer*innen*

So wie auch Louisa Dellert, als eines der bekanntesten deutschen Gesichter der Bodypositivity-Bewegung, haben viele der befragten Instagramer*innen den Weg über ein ungesundes Maß an Sport und Ernährungskontrolle hin zum Thema Selbstliebe gefunden. Sie beteiligen sich also in ihrer Rolle als *Betroffene.* Eine Instagramerin beschreibt, wie sie ihren Werdegang für alle sichtbar auf der Plattform festgehalten hat:

> „Also ganz am Anfang war es halt so ein ganz normaler Instagram-Account (...). Und dann habe ich ja mit Fitness begonnen, habe das dort auch dokumentiert (...) Aus dem Fitnesswahn bin ich in eine Essstörung (...) gerutscht und das hab ich auch irgendwann dann dokumentiert, blöd gesagt. (...) Und nachher, als ich dann mich rausgekämpft habe, auch das habe ich dann dokumentiert“ (B08).

Als diejenigen, die es bereits geschafft haben, bekommen sie von ihren weiblichen Followerinnen die Rückmeldung, ihnen „als Vorbild für Lebensfreude und den Weg aus ihrer Essstörung“ zu dienen (B04). Sie befinden sich nun in einer Position, in der sie die *Advokat*innen für Schwächere* sein können. Aufgrund ihrer eigenen Betroffenheit wissen sie, welche Art von Hilfe benötigt wird:

> „Ich würde sagen, dass ich versuche die ‚Heldin‘ zu sein, die mir selbst vor ein paar Jahren gefehlt hat und mich aus diesem Loch des Selbsthasses hätte befreien können“ (B03).

Einzelne gehen in dieser Rolle auch über die sozialen Medien hinaus. Eine der Befragten ist an Krebs erkrankt und zeigt anderen Frauen in „DKMS Life Schminkkursen“, wie sie sich auch ohne Haare wohlfühlen können. Wie beschrieben, spielen finanzielle Motive im Zusammenhang mit Bodypositivity für die Befragten keine Rolle und sie wollen *keine „Werbefiguren“* (B07) sein. Außerdem sind sie sich im Klaren darüber, dass sie *kein professionelles Gesundheitspersonal* ersetzen können und kommunizieren das auch so an ihre Follower*innen:

> „Und also da gab's tatsächlich auch schon ein paar Nachrichten, wo ich mir dachte 'ich bin leider keine Psychologin' (...) dass sie sogar schon Selbstmordgedanken hatten und solche Sachen und da (...) hab ich natürlich auch

drauf hin verwiesen, dass sie sich vielleicht wirklich auch ärztliche Betreuung suchen sollten“ (B04).

5.4 Besonderheiten des Kommunikationsmodus

Die Befragten haben sowohl Besonderheiten von Online-Medien im Allgemeinen als auch Spezifika der Instagram-Kommunikation angesprochen. In Bezug auf Online-Medien im Allgemeinen, beschreiben sie, dass diese dazu genutzt werden können, sich mit Menschen zu vernetzen, die ähnliche Probleme und Ansichten teilen. Außerdem fällt es manchen Menschen leichter, online mit Unbekannten über sensible und emotionale Aspekte des Themas Bodypositivity zu kommunizieren als von Angesicht zu Angesicht und/oder mit ihrem persönlichen Umfeld. Dabei wird die medienvermittelte Kommunikation jedoch ganz unterschiedlich im Vergleich zur face-to-face Kommunikation wahrgenommen. Während manche die face-to-face Kommunikation als persönlicher und intimer empfinden, nehmen andere keine diesbezüglichen Unterschiede wahr und wieder andere schreiben der online stattfindenden Kommunikation eine höhere Glaubwürdigkeit zu:

> „(...) es gibt einem schon ein bisschen ein anderes Gefühl, wenn die Follower mir irgendwelche Komplimente geben, als jetzt die Familie oder die Freunde. Weil die kennen einen nicht und trotzdem finden die dich toll, authentisch, glaubwürdig (...). Weil dann denkst du dir 'ok krass, die kennen dich nicht, aber du kommst genauso rüber wie du auch wirklich bist' und das ist ja schön das man sich nicht verstellt oder sich nicht verstellen muss“ (B02).

> „(...) wenn mir natürlich fremde Menschen eine positive Rückmeldung auf meine Instagram Beiträge geben, ist das noch einmal besser für mich, vom Gefühl her, als wenn es meine Freunde tun. Einfach deswegen, weil die Menschen, die mir da das Feedback geben, mich nicht kennen“ (B09).

Außerdem bietet Instagram die Möglichkeit, Menschen und Meinungen zu repräsentieren, die in den klassischen Massenmedien keinen Platz finden. Allerdings merkt eine der Befragten diesbezüglich kritisch an, dass die angestoßenen Veränderungen nicht wirklich von der „Blase“ (B05) Instagram in die Mainstream-Medien und die Gesellschaft hineinwirken.

Instagram zeichnet sich als Foto-Plattform, auch im Vergleich zu anderen sozialen Netzwerkseiten, insbesondere durch eine gewisse Ästhetik, die

Visualität und eine damit verbundene Authentizität sowie höhere Überzeugungskraft aus:

> „Because I could write for hours and hours about loving yourself and embracing your body as it is and it being okay to be fat or whatever; but until you actually see a picture of someone doing it, it doesn't quite click" (B10).

Einen weiteren Vorteil von Instagram sehen die Befragten darin, dort besonders viele Menschen erreichen zu können. Allerdings herrsche auf Instagram auch besonders viel Konkurrenz, weshalb sich viele der Instagramer*innen unter Druck gesetzt fühlen, regelmäßig Beiträge zu verfassen und zum Teil Gefahr laufen, ihren Lebensalltag davon bestimmen zu lassen:

> „Ich habe gemerkt, dass ich zu sehr für die Follower gelebt habe anstatt für mich, dabei ist es ja mein Leben und ich sollte machen was ich möchte und nicht was vielleicht den anderen gefallen könnte" (B05).

Verstärkt wird dies zum einen dadurch, dass der Instagram-Algorithmus aktive Accounts bevorzugt und zum anderen, weil die Instagramer*innen direktes Feedback durch die Anzahl ihrer Follower*innen erhalten:

> „Also ich merke schon, wenn ich zwei, drei Tage nichts poste, wird mein Profil inaktiver und die Insights zeigen, dass die Zahlen zurückgehen. Dann denke ich manchmal, ‚oh jetzt musst du wieder was machen'" (B07).

Einige Befragte bemängeln, dass die technischen Voraussetzungen von Instagram die Interaktion mit den Follower*innen erschweren. Zum einen, weil man Nachrichten nicht als ungelesen markieren kann und deshalb bei vielen Nachrichten einzelne übersehen werden. Zum anderen, weil die Direktnachrichten-Funktion nicht am Computer, sondern nur über die Smartphone-App genutzt werden kann, wodurch das Tippen sehr mühsam ist.

6 Diskussion

Die Interviews mit einigen Beteiligten der Bodypositivity-Bewegung haben gezeigt, dass für diese das Thema neben der definitorischen „Selbstliebe" auch eine gesellschaftliche und gesundheitliche Dimension besitzt. Dabei sehen sie sich zum Teil mit dem Vorwurf konfrontiert, gesundheitsschädigende Verhaltensweise zu fördern. Hierfür gibt es jedoch bisher keinerlei empirische Belege (Alleva & Tylka, 2018).

Die Teilnehmer*innen dieser Studie posten in ganz verschiedenen Rollen und aus unterschiedlichen Motiven heraus zum Thema Bodypositivity. Dabei hat sich bestätigt, dass viele Akteur*innen der Bewegung selbst von negativen Auswirkungen eines negativen Selbstbildes wie Essstörungen betroffen sind (Cwynar-Horta, 2016). Aus der Rolle der Betroffenen heraus, nehmen sie aber auch die Rolle der Advokat*innen für Schwächere ein und verfolgen nicht nur eigennützige, sondern auch prosoziale Ziele.

Instagram bietet als Kommunikationsmodus sowohl Vor- als auch Nachteile. Wie bei jeder Art der medienvermittelten Kommunikation, gibt es dabei die Möglichkeit zu wenig persönlichen Interaktionen, für interpersonalen Austausch und für Formen der Kommunikation, die spezifische Vorteile gegenüber der Kommunikation von Angesicht zu Angesicht entfalten (impersonal, personal & hyperpersonal; Walther, 1996).

Die hier berichteten Ergebnisse sind vor dem Hintergrund der Limitationen der Studie zu interpretieren. So wurde ein kleines, möglicherweise verzerrtes Sample befragt, das womöglich nicht die Heterogenität der Bewegung abgedeckt. Wie in der gesamten Forschung zu dem Themenfeld, können fast ausschließlich Aussagen über Frauen getroffen werden. Hinsichtlich der Motive der Instagramer*innen ist kritisch anzumerken, dass aufgrund des Bias bei der Rekrutierung (unbezahlt an einer wissenschaftlichen Studie teilzunehmen, ist bereits ein prosozialer Akt) und der sozialen Erwünschtheit zu hinterfragen ist, inwiefern insbesondere die Ablehnung finanzieller Motive glaubhaft und generalisierbar ist. Obgleich die Interviews anonym erfolgten, könnten die Aussagen der Befragten auch in dem Sinne verzerrt sein, dass sie als Betreiberinnen ihres Instagram-Accounts ein bestimmtes Bild von sich vermitteln wollen. Da keine Inhaltsanalyse der Instagram-Profile vorgenommen wurde, ist außerdem kein Abgleich der Selbsteinschätzung der Instagramer*innen mit ihrem tatsächlichen Post-Verhalten möglich. Darüber hinaus wurde hier ein Fokus auf Instagram gewählt; tatsächlich handelt es sich jedoch um ein Phänomen crossmedialer Kommunikation und viele der Befragten bedienen mehrere Kanäle.

Bezüglich der Bedeutung von Influencer*innen auf Instagram für die Gesundheitskommunikation lassen sich sowohl Potenziale als auch Grenzen ableiten. So bieten manche Instagram-Accounts eine sehr hohe Reichweite, gleichzeitig werden sie als authentisch wahrgenommen und es besteht mitunter ein enges Vertrauensverhältnis mit den Follower*innen. Zugleich besteht auf Instagram jedoch eine große Konkurrenz um Aufmerksamkeit und die Möglichkeiten zur Interaktion sind technisch eingeschränkt. Schließlich bleibt zu beachten, dass die Influencer*innen in der Regel kein geschultes Gesundheitspersonal sind und dieses auch nicht ersetzen können.

Literaturverzeichnis

Albalawi, Y. & Sixsmith, J. (2017). Identifying Twitter influencer profiles for health promotion in Saudi Arabia. *Health promotion international, 32*(3), 456–463. doi:10.1093/heapro/dav103

Alleva, J. M. & Tylka, T. L. (2018). Muttarak's Study Design Cannot Support the Link Between the Body-Positive Movement and Overweight or Obesity. *Obesity (Silver Spring, Md.), 26*(10), 1527. doi:10.1002/oby.22281

Andrew, R., Tiggemann, M. & Clark, L. (2016a). Positive body image and young women's health. Implications for sun protection, cancer screening, weight loss and alcohol consumption behaviours. *Journal of health psychology, 21*(1), 28–39. doi:10.1177/1359105314520814

Andrew, R., Tiggemann, M. & Clark, L. (2016b). Predictors and health-related outcomes of positive body image in adolescent girls. A prospective study. *Developmental psychology, 52*(3), 463–474. doi:10.1037/dev0000095

Badura, B. (1981). *Soziale Unterstützung und chronische Krankheit. Zum Stand sozialepidemiologischer Forschung*. Frankfurt a. M.: Suhrkamp.

Boepple, L., Ata, R. N., Rum, R. & Thompson, J. K. (2016). Strong is the new skinny. A content analysis of fitspiration websites. *Body image, 17,* 132–135. doi:10.1016/j.bodyim.2016.03.001

Chung, J. E. (2014). Social networking in online support groups for health. How online social networking benefits patients. *Journal of health communication, 19*(6), 639–659. doi:10.1080/10810730.2012.757396

Cohen, R., Fardouly, J., Newton-John, T. & Slater, A. (2019). #BoPo on Instagram. An experimental investigation of the effects of viewing body positive content on young women's mood and body image. *New Media & Society, 15.* doi:10.1177/1461444819826530

Cohen, R., Irwin, L., Newton-John, T. & Slater, A. (2019). #bodypositivity. A content analysis of body positive accounts on Instagram. *Body image, 29,* 47–57. doi:10.1016/j.bodyim.2019.02.007

Cwynar-Horta, J. (2016). The commodification of the body positive movement on Instagram. *Stream: Culture/Politics/Technology, 8*(2), 36–56.

Frees, B. & Koch, W. (2018). ARD/ZDF-Onlinestudie 2018. Zuwachs bei medialer Internetnutzung und Kommunikation. *Media Perspektiven, 9,* 398–413.

Friedlmeier, W. (2006). Prosoziale Motivation. In H.-W. Bierhoff, D. Frey & J. Bengel (Hrsg.), *Handbuch der Sozialpsychologie und Kommunikationspsychologie* (Bd. 3, S. 143–149). Göttingen: Hogrefe.

Heldman, A. B., Schindelar, J. & Weaver, J. B. (2013). Social Media Engagement and Public Health Communication. Implications for Public Health Organizations Being Truly "Social". *Public Health Reviews, 35*(1), 1–18. doi:10.1007/BF03391698

Hölig, S. (2014). *Informationsorientierte Kommunikationsmodi zwischen Massen- und interpersonaler Kommunikation*. Baden-Baden: Nomos.

Joinson, A. N. (2003). *Understanding the psychology of Internet behaviour. Virtual worlds, real lives* (1. publ). Basingstoke u.a.: Palgrave Macmillan.

Klassen, K. M., Borleis, E. S., Brennan, L., Reid, M., McCaffrey, T. A., & Lim, M. S. (2018). What People "Like": Analysis of Social Media Strategies Used by Food Industry Brands, Lifestyle Brands, and Health Promotion Organizations on Facebook and Instagram. *Journal of Medical Internet Research, 20*(6), e10227. doi:10.2196/10227

Kleemans, M., Daalmans, S., Carbaat, I. & Anschütz, D. (2017). Picture Perfect. The Direct Effect of Manipulated Instagram Photos on Body Image in Adolescent Girls. *Media Psychology, 21*(1), 93–110. doi:10.1080/15213269.2016.1257392

Lindacher, V. & Loss, J. (2017). Die Bedeutung sozialer Online-Netzwerke für die Gesundheitskommunikation. In C. Rossmann & M. R. Hastall (Hrsg.), *Handbuch Gesundheitskommunikation. Kommunikationswissenschaftliche Perspektiven.* Advance online publication. Wiesbaden: Springer. doi:10.1007/978-3-658-10948-6_15-1

Murray, C. D., van Schaick, R. & Fox, J. (2011). Health-related Internet Discussion Groups as a Source of Social Support. *International Journal of Psychology Research, 6*(4), 387–413.

O'Sullivan, P. B. & Carr, C. T. (2017). Masspersonal communication. A model bridging the mass-interpersonal divide. *New Media & Society, 26,* 1–20. doi:10.1177/1461444816686104

Pfaff-Rüdiger, S. (2016). Qualitative Online-Befragungen in der Kommunikationswissenschaft. In S. Averbeck-Lietz & M. Meyen (Hrsg.), *Handbuch nicht standardisierte Methoden in der Kommunikationswissenschaft* (S. 191–207). Wiesbaden: Springer VS.

Prichard, I., McLachlan, A. C., Lavis, T. & Tiggemann, M. (2018). The Impact of Different Forms of #fitspiration Imagery on Body Image, Mood, and Self-Objectification among Young Women. *Sex Roles, 78*(11–12), 789–798. doi:10.1007/s11199-017-0830-3

Rossmann, C. & Krömer, N. (2015). eHealth & mHealth. Die Rolle der Online- und Mobil-Kommunikation in der Gesundheits- und Krisenkommunikation. *Public Health Forum, 23*(3), 156–158.

Rossmann, C. & Stehr, P. (2019). Gesundheitskommunikation im Internet. In W. Schweiger & K. Beck (Hrsg.), *Handbuch Online-Kommunikation* (S. 393–419). Wiesbaden: Springer VS.

Sastre, A. (2014). Towards a Radical Body Positive. *Feminist Media Studies, 14*(6), 929–943. doi:10.1080/14680777.2014.883420

Schreier, M. (2014). Varianten qualitativer Inhaltsanalyse. Ein Wegweiser im Dickicht der Begrifflichkeiten. *Forum Qualitative Sozialforschung, 15*(1), Art. 18. [59 Absätze]. doi:10.17169/FQS-15.1.2043

Sohn, S. H. (2009). Body Image. Impacts of Media Channels on Men's and Women's Social Comparison Process, and Testing of Involvement Measurement. *Atlantic Journal of Communication, 17*(1), 19–35. doi:10.1080/15456870802505670

Stehr, P. (2017). Prosoziales Handeln und Gesundheit aus Sicht der Kommunikationswissenschaft. In C. Rossmann & M. R. Hastall (Hrsg.), *Handbuch Gesundheitskommunikation. Kommunikationswissenschaftliche Perspektiven.* Advance online publication. Wiesbaden: Springer. doi:10.1007/978-3-658-10948-6_43-1

Stehr, P. (2020). Prosoziales Handeln in unterschiedlichen Kommunikationsmodi. Ergebnisse einer teilstandardisierten Tagebuchstudie. In V. Gehrau, A. Waldherr & A. Scholl (Hrsg.), *Integration durch Kommunikation. Jahrbuch der Publizistik- und Kommunikationswissenschaft 2019*. Münster.

Thackeray, R., Neiger, B. L., Hanson, C. L. & McKenzie, J. F. (2008). Enhancing promotional strategies within social marketing programs. Use of Web 2.0 social media. *Health promotion practice, 9*(4), 338–343. doi:10.1177/1524839908325335

Tiggemann, M. & Zaccardo, M. (2015). "Exercise to be fit, not skinny". The effect of fitspiration imagery on women's body image. *Body image, 15,* 61–67. doi:10.1016/j.bodyim.2015.06.003

Tylka, T. L. & Wood-Barcalow, N. L. (2015). What is and what is not positive body image? Conceptual foundations and construct definition. *Body image, 14,* 118–129. doi:10.1016/j.bodyim.2015.04.001

Veirman, M. de, Cauberghe, V. & Hudders, L. (2017). Marketing through Instagram influencers. The impact of number of followers and product divergence on brand attitude. *International Journal of Advertising, 36*(5), 798–828. doi:10.1080/02650487.2017.1348035

Walther, J. B. (1996). Computer-Mediated Communication. Impersonal, Interpersonal, and Hyperpersonal Interaction. *Communication Research, 23*(1), 3–43. doi:10.1177/009365096023001001

Weiss, L. (2017, 21. September). Die Anti-Diät-Bloggerin. Louisa Dellert im Interview. *Glamour.* Zugriff am 18.05.2019. Verfügbar unter https://www.glamour.de/beauty/beauty-news/louisa-dellert-interview

Wright, K. B. & Bell, S. B. (2003). Health-related Support Groups on the Internet: Linking Empirical Findings to Social Support and Computer-mediated Communication Theory. *Journal of health psychology, 8*(1), 39–54. doi:10.1177/1359105303008001429

Problematische Suizid- und Selbstverletzungs-darstellungen auf Instagram: Inhaltsanalytische Evidenz und aktuelle Entwicklungen

Antonia Markiewitz, Florian Arendt & Sebastian Scherr

1 Einleitung

Nach dem Suizid eines 14-jährigen Mädchens aus Großbritannien, auf dessen Instagram-Account Inhalte zu Depressionen und Suizid gefunden wurden (Marsh & Waterson, 2019), reagierte Instagram im Februar 2019 und versprach, Änderungen an der Plattform vorzunehmen, „to keep the most vulnerable people who use Instagram safe" (Mosseri, 2019). Bislang war auf Instagram lediglich eine vorgeschaltete Inhalts-Warnung zu sehen, wenn etwa nach suizidbezogenen Inhalten gesucht wurde. Dabei werden Nutzer*innen auch Hilfsangebote vorgeschlagen. Schnell gelangt man dennoch zu den jeweiligen Inhalten. Stoßen Nutzer*innen auf Inhalte, die sie für bedenklich halten, können sie diese auch bei der Plattform melden. Instagram prüft diese Inhalte dann und löscht sie gegebenenfalls (Instagram, 2019), sofern dies nicht ohnehin durch (unsichtbare) Upload-Filter der Plattform bereits geschehen ist. Nun will die Plattform dieses Verfahren optimieren und verspricht, nach und nach alle Selbstverletzungs- und Suizidbeiträge aus Hashtags, der Suchfunktion und dem Entdecken-Bereich (hier werden Nutzer*innen neue Accounts und Beiträge vorgeschlagen, die zu ihren bisherigen Präferenzen und Nutzungsverhalten passen) zu entfernen. Allerdings bleibt das Material vermutlich prinzipiell auf Instagram erhalten, könnte aber mit einem Unschärfefilter belegt werden, sodass kritische Inhalte nicht sofort erkennbar sind. Außerdem sollen verstärkt vulnerable Nutzer*innen identifiziert und diesen dann gezielt Hilfsangebote unterbreitet werden (Mosseri, 2019).

Diese Bemühungen scheinen besonders vor dem Hintergrund äußerst relevant, dass nicht-suizidales Selbstverletzungsverhalten (non-suicidal self-injury, NSSI) bei etwa 18 % der Jugendlichen vorkommt (Chávez-Flores et al., 2019) und Suizid weltweit die zweithäufigste Todesursache unter Jugendlichen zwischen 15 und 19 Jahren darstellt (World Health Organization, 2017) – eine Bevölkerungsgruppe, in der Instagram überaus populär ist.

Die Forschung zeigt zahlreiche Ursachen und Einflussfaktoren für Nachahmungssuizide und (hier weiter gefasst) andere potentiell selbst-schädigende Handlungen (Phillips, 1989; Althaus & Hegerl, 2004) – darunter unter anderem Depressionen, niedriger Selbstwert, Defizite in der Fähigkeit zum Problemlösen und Stressoren, wie belastende Lebensereignisse (z.B. Tod eines Angehörigen) (Orbach & Iohan-Barak, 2009; Scherr, 2013, 2016). Doch häufig genutzte Medien (einschließlich Instagram) können auch eine zentrale Rolle bei deren Prävention spielen (Mann et al., 2005).

Gleichzeitig ist die Gruppe der vulnerablen Jugendlichen auch die Hauptziel- und -nutzergruppe der Bilder- und Videoplattform Instagram. Die überwältigende Mehrheit der Jugendlichen und jungen Erwachsenen nutzt Instagram mehrmals täglich (Smith & Anderson, 2018). Umso kritischer sollten selbstverletzende Inhalte auf Instagram in den Blick genommen werden. Die oben genannten Bemühungen Instagrams sind dabei ein erster Schritt hin zu einem neuen Umgang mit diesen Inhalten auf der Plattform. Allerdings fehlt bislang ein Überblick über die Ausmaße, mögliche Gefahren, aber auch Potentiale entsprechender Inhalte auf Instagram. Schätzungen, die vor den angekündigten Verschärfungen auf Instagram getätigt wurden, zeigen, dass zwischen 30 % und 40 % aller selbstverletzungsbezogenen Inhalte unter den Hashtags #suizid/#suicide oder #ritzen/#cutting hochgeladen werden, explizite Darstellungen von (teils frischen) Wunden, Narben, oder Schnitten an Extremitäten des Rumpfes (zumeist Armen und Beinen) beinhalten (Scherr et al., 2019). Weitere Studien bestätigen, dass Inhalte zu Cutting (Schneiden, Ritzen) als Selbstverletzungs- bzw. Suizidmethode auf Instagram weit verbreitet sind (Arendt, 2019; Brown et al., 2018).

Im vorliegenden Beitrag möchten wir verstärkt auf die möglichen Risiken aufmerksam machen, die von dieser (und ähnlichen) sozialen Plattformen in Bezug auf suizid- und selbstverletzungbezogene Inhalte ausgehen und möglicherweise durch bislang gängige Verfahren nicht sofort klar erkennbar sind. So wollen wir Ansatzpunkte aufzeigen, wie diesen Gefahren positiv und proaktiv im Sinne der Suizidprävention begegnet werden kann.

2 Instagram und Suizide

Neben zahlreichen anderen Ursachen spielen die Medien eine zentrale Rolle für Suizide und die Suizidprävention (Arendt et al., 2017; Mann et al., 2005;

Scherr, 2013; Scherr & Steinleitner, 2015). Ergänzend zu entsprechenden Wirkungen der klassischen Medien, konzentriert sich die Forschung in jüngster Zeit in diesem Zusammenhang insbesondere auf Streaming-Dienste wie Netflix (Arendt et al., 2017; Arendt. et al., 2019a; Arendt et al., 2019b) und soziale Netzwerke sowie deren Potentiale – positive wie negative (Scherr & Reinemann, 2016). In diesem Beitrag diskutieren wir problematische Suiziddarstellungen und -botschaften in dem sozialen Netzwerk Instagram sowie deren mögliche negative Konsequenzen für Nutzer*innen der Plattform.

2.1 Zur Brisanz problematischer Suizid- und Selbstverletzungsdarstellungen auf Instagram

Im Bereich Suizid und suizidalem Verhalten stellen sich die Medien als zweischneidiges Schwert dar: Einerseits zeigt langjährige Forschung, dass die Thematisierung und Darstellung von Suizid in den Medien Imitationssuizide nach sich ziehen kann (z.B. Scherr, 2016). Phillips (1974) prägte dafür den Begriff „Werther-Effekt". Diese negative Medienwirkung tritt mit einer erhöhten Wahrscheinlichkeit bei einer sensationsträchtigen Ausgestaltung oder expliziten grafischen Darstellung von Suiziden auf (Stack, 2005). Andererseits kann eine verantwortungsvolle Thematisierung von Suizid, z.B. mit Hinweisen auf Hilfsmöglichkeiten, auch eine suizidpräventive Wirkung nach sich ziehen („Papageno-Effekt"; Niederkrotenthalter et al., 2010). Beide Effekte sind (und werden noch immer) im Kontext traditioneller Medienumgebungen intensiv erforscht und bereits gut belegt (z.B. Scherr & Steinleitner, 2015). Doch mit der Digitalisierung und der rasanten Ausbreitung sozialer Netzwerke ist in den letzten Jahren eine neue, dynamische und intensiv genutzte Umgebung hinzugekommen, in der sowohl Werther- als auch Papageno-Effekt auf neuen, fruchtbaren Boden stoßen (Arendt et al., 2017; Arendt, 2019; Reid-Chassiakos et al., 2016).

Auch das soziale Netzwerk Instagram fällt in diese Kategorie neuer Medienumgebungen. Mit über einer Milliarde Nutzer*innen weltweit und allein 15 Millionen in Deutschland, hat es eine extrem hohe Reichweite (Firsching, 2019) – vor allem unter Jugendlichen, die einen besonderen Schutz genießen (sollten) (Smith & Anderson, 2018). Zudem kommt der Plattform im Zusammenhang mit Suiziden eine bedeutsame Rolle zu: So basiert schon ihr Geschäftsmodell darauf, Bilder und Videos für andere sichtbar zu machen und zu teilen (Instagram, 2019), sodass eine Untersuchung derselben in Bezug auf schädliche Suizidbotschaften im Zusammenhang mit dem Werther- und Papageno-Effekt notwendig erscheint.

Unlängst untersuchten Brown und Kollegen (2018) Instagram auf nicht-suizidale Selbstverletzungsinhalte (NSSI) und kamen zu dem Ergebnis, dass insbesondere Inhalte zu Cutting weit verbreitet waren. Und auch Arendt (2019) untersuchte in einer ähnlichen Studie Postings, die zwischen dem 05. und 11. Juli 2017 auf Instagram unter dem Hashtag #selbstmord verlinkt waren (unter Hashtags, die mit # gekennzeichnet sind, werden Inhalte zu einem Thema auf Instagram verschlagwortet und untereinander verlinkt, sodass durch das Anklicken des jeweiligen Hashtags auf alle Inhalte und Postings mit demselben Hashtag zugegriffen werden kann). Ähnlich war auch in dieser Studie das Ziel, nachzuvollziehen, inwiefern explizit suizidbezogene Inhalte auf Instagram öffentlich einsehbar sind und um welche Inhalte es sich dabei konkret handelt. Die Ergebnisse gehen weitestgehend mit denen von Brown und Kollegen (2018) konform: Etwa die Hälfte aller Beiträge enthielt Wörter oder Bilder zum Thema Suizid, wobei tiefergehende Analysen zeigten, dass Cutting ebenfalls die am häufigsten dargestellte Selbstverletzungsmethode war. Arendt (2019) bezog in die Inhaltsanalyse der Postings auch die emotionale Komponente mit ein und fand Traurigkeit als vorherrschende Emotion, doch auch Selbsthass und Einsamkeit tauchten verbalisiert regelmäßig in den Postings auf. Dabei war auffallend, dass es häufig zu Inkonsistenzen zwischen dem exprimierten Gemütszustand im Text (z.B. Traurigkeit) und dem dargestellten Verhalten im Bild (z.B. Lächeln) kam. Gleichzeitig waren Hilfsgesuche, Todeswünsche und professionelles Awareness-Interventionsmaterial sehr selten. Ein weiterer wichtiger Befund der explorativen Analyse zeigte, dass einige Videos auf sehr schnelle Schnitttechniken zurückgreifen. Dies diente uns als erster Anhaltspunkt dafür, dass Instagram-NutzerInnen gezielt implementierten „subliminalen" Suizidbotschaften ausgesetzt sein könnten. Wir diskutieren Letzteres im weiteren Verlauf dieses Beitrags.

2.2 Algorithmische Identifikation suizidbezogener Inhalte

Scherr, Arendt, Frissen und Oramas (2019) entwickelten in diesem Zusammenhang durch die Kombination eines Bilderkennungsalgorithmus mit Web-Scraping ein Bilderkennungsverfahren, mit dessen Hilfe Selbstverletzungs- und Suizidinhalte auf Instagram automatisch erkannt werden können. Entsprechende Inhalte kommen auf Instagram relativ häufig vor (30-

40 % der Posts unter den deutschen Hashtags #suizid bzw. #ritzen). Gleichzeitig wurde in einer weiteren Studie gezeigt, dass Inhalte zu Aufklärungs- und Awarenessmaterialien nur selten auf Instagram geteilt werden (Miguel et al., 2017).

Diese Befunde sind besonders vor dem Hintergrund kritisch zu betrachten, dass hierbei das durch Präsentation von und Exposition mit entsprechenden grafischen Stimuli ausgelöste Phänomen der positiven sozialen Verstärkung selbstverletzendes oder sogar suizidales Verhalten bei anderen Nutzer*innen fördern könnte (Nock & Prinstein, 2004). So könnten etwa entsprechende Beiträge zusammen mit Shares und Likes durch Dritte dazu beitragen, dass die dadurch ausgedrückte Zustimmung zu solchen Inhalten das Gezeigte legitimiert, bzw. es als akzeptabel oder sogar nachahmenswert erscheinen lässt (Brown et al., 2018; Scherr et al., 2019). So könnten sich langfristig Normvorstellungen verschieben, was sich in der Konsequenz auch auf das direkte Verhalten niederschlagen könnte (Ajzen & Fishbein, 1973). Insgesamt ist deshalb zu befürchten, dass schon NSSI-, aber insbesondere auch konkret suizidbezogene Inhalte, einerseits verstörend auf die (jungen) Nutzer*innen, andererseits sogar als Auslöser im Sinne eines Werther-Effekts wirken könnten. Die Forschungslage legt auch nahe, dass Papageno-Effekte unter den gegebenen Umständen wohl kaum greifen dürften (z.B. Arendt, 2019).

2.3 Besondere Risiken in Zusammenhang mit Suiziddarstellungen auf Instagram

Algorithmus-basierte Detektionsverfahren könnten einem weiteren Problem Abhilfe schaffen: Besonders schnell geschnittene (vgl. Arendt, 2019) oder gar „subliminale“ suizidbezogene Inhalte in Bildern aber auch in Videos könnten damit erkannt werden. Denn im Zuge seiner Untersuchungen des Hashtags #selbstmord (ebd.) erkannte Arendt, dass es möglicherweise einige suizidbezogene Inhalte auf Instagram gibt, die sich einer bewussten Wahrnehmung entziehen: Innerhalb einiger Videoclips wurden extrem schnell geschnittene Einstellungen mit suizidbezogenem Inhalt identifiziert, die bei Rezeption in regulärer Geschwindigkeit sehr schwierig bis nahezu unmöglich (bewusst) zu erkennen sind. Arendt (2018) bezeichnet diese Inhalte als „subliminale Suizidbotschaften“, ein Begriff, der auch in der einschlägigen Forschung verbreitet ist. Trappey (1996) beschreibt dies als „technique of exposing consumers to product pictures, brand names or other marketing stimuli without the consumer having conscious awareness”

(S. 517). Auch wenn der Begriff „subliminal" insbesondere abseits der Marketing- und Werbelandschaft häufig kritisch betrachtet und unsauber verwendet wird und daher einiger Vorsicht bedarf (Dijksterhuis et al., 2006), zeigt die psychologische Grundlagenforschung, dass subliminal präsentierte Inhalte und Botschaften durchaus einen Effekt auf die menschliche Informationsverarbeitung haben können (Olsen & Fazio, 2002). Methodisch ist dieses Konstrukt jedoch einigen Schwierigkeiten unterworfen, da es keine rigiden Eingrenzungen gibt, ab wann eine Botschaft nicht mehr bewusst wahrnehmbar ist und der Wahrnehmungsschwellenwert sowohl personen- als auch situationsabhängig ist (Dijksterhuis et al., 2006).

Arendt et al. (under review) untersuchten mithilfe einer Frame-by-Frame-Analyse Video-Postings auf Instagram. Im Gegensatz zur klassischen Inhaltsanalyse können durch diese spezifische inhaltsanalytische Methode auch Extremfälle erfasst werden, nämlich solche, in denen suizidbezogene Inhalte extrem kurz, wie etwa nur in einem einzigen Frame (das entspricht einer Präsentationsdauer von etwa 33 ms) gezeigt werden. In dieser Kürze sind die Inhalte der Videoclips in der Regel von den meisten Menschen wohl kaum noch bewusst wahrnehmbar. Die untersuchten Video-Postings waren (kongruent zu seiner vorangegangenen Studie) unter #selbstmord anwählbar. Er analysierte dabei die 100 neuesten Videos zwischen dem 01. und 09. Nobember 2017. Auch in dieser Studie zeigte sich, dass Cutting die am häufigsten gezeigte Suizid- bzw. Selbstverletzungsmethode auf Instagram ist. Dabei wird Cutting zum Teil sehr explizit dargestellt, sodass der Vorgang selbst oder die (offene) Wunde abgebildet werden. Bisweilen sind solche jedoch Darstellungen auch abstrahiert, wobei dennoch eine Suizid-Referenz deutlich bleibt und durch die entsprechenden Kontextualisierungen vieldeutiger, ausdrucksstärker oder gar einprägsamer werden könnte. In Abbildung 1 wird etwa eine Rasierklinge durch eine der 13 Audiokassetten aus der populären Netflix Serie *13 Reasons Why* (dt. *Tote Mädchen lügen nicht*), in der es um den Tod durch Suizid einer Schülerin geht, angedeutet. In der Abbildung wird etwa auf diese Referenz durch die 13 hingedeutet, die auf die Kassette gemalt wurde.

Abbildung 1: Beispiel für abstrahierte Darstellung von Cutting mit Referenz auf die Netflix Serie 13 Reasons Why (dt. *Tote Mädchen lügen nicht*)

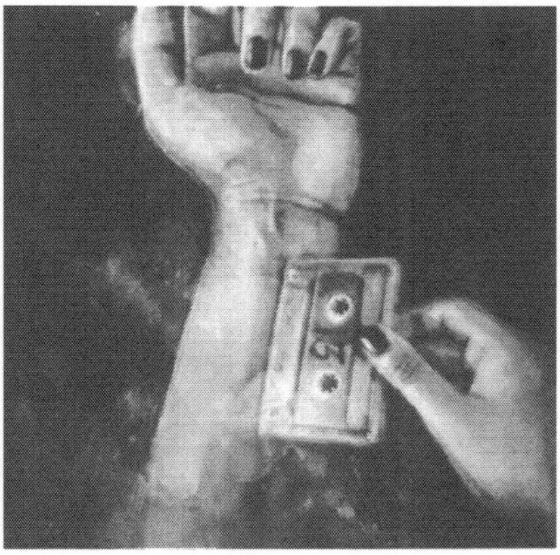

Anmerkung: Die Darstellung bezieht sich auf die Serie 13 Reasons Why, in der sich die Protagonistin das Leben nimmt und zuvor bereits 13 Kassetten mit 13 ausführlich dargelegten Beweggründen für den Suizid aufgenommen hat.

Ebenso explizit sind (teils sehr kurze) Einblendungen einzelner Worte in den Video-Postings, die einen Suizidbezug aufweisen (Abbildung 3).

Abbildung 2: Beispiel für suizidrelevante Inhalte in Wortform

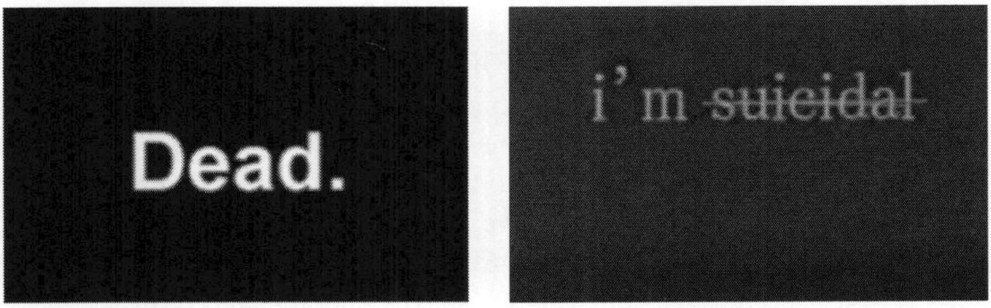

Wie bereits erwähnt, konnte Arendt (2018) Hinweise auf möglicherweise subliminale Suiziddarstellungen und -botschaften (d.h., mit einer Länge der Darstellung von unter 300ms) auf Instagram finden. Die besondere Problematik solcher sehr kurz auftauchenden, möglicherweise subliminalen Suizidbotschaften (im Gegensatz zu den expliziten Darstellungen, vgl. Abbildungen) ist, dass Nutzer*innen nicht unbedingt wissentlich oder freiwillig mit ihnen konfrontiert werden. So ist es durchaus möglich, dass sie gar nicht die Intention haben, sich mit entsprechenden Inhalten auseinanderzusetzen, aber dennoch darauf stoßen. Dies könnte aufgrund von (algorithmus-basierten) Vorschlägen im Instagram-Feed der Fall sein, oder in Verbindung mit entfremdeten (z.B. #selfharmmm) oder verschleiernd-abstrahierten hashtags (z.B. #cat; NSSI Wunden werden oft als Kratzspuren durch die Hauskatze zu verschleiern versucht), die dazu verwendet werden, automatische Löschungen durch die Platform bzw. Account-Sperrungen zu umgehen. Also auch wenn hashtags nicht unmittelbar auf Suizid- oder Selbstverletzungsinhalte hindeuten, kann es sein, dass Nutzer*innen, die sich eigentlich nicht mit expliziten grafischen Inhalten auseinandersetzen möchten, versehentlich dennoch auf solche Inhalte stoßen. Hier besteht Nachbesserungsbedarf, denn die Plattformen müssen um jeden Preis eine freiwillige und intentionale Rezeption, selbstausgewählter Inhalte gewährleisten.

3 Fazit

Botschaften auf Instagram – zunächst einmal unabhängig davon, ob sie die üblichen Wahrnehmungsschwellenwerte überschreiten und bewusst deutlich wahrnehmbar sind, oder ob es sich um „subliminale Botschaften" im engeren Wortsinn handelt (vgl. Dijksterhuis et al., 2006) –, die eine Suizidreferenz beinhalten, sind aus der Perspektive der Suizidforschung bedenklich. Es ist aufgrund der Reichweite und Dominanz solcher Botschaften auf Instagram – besonders unter jungen Usern – wahrscheinlich, dass jeden Tag zahlreiche, auch vulnerable und suizidale Personen mit solchen Suizidinhalten in Kontakt kommen. Dies spiegelt sich in den eingangs beschriebenen Bemühungen der Plattform Instagram wider. Allerdings werfen diese die Frage auf, ob eine generelle, strikte und rigide Verbannung von Suizidreferenzen sinnvoll ist. So zeigen Studien zum Werther-Effekt einerseits, dass insbesondere explizite grafische Darstellungen von Suizid und suizidalen beziehungsweise selbstverletzenden Handlungen zu deren Nachahmung führen können (Stack, 2005). Andererseits können gerade durch soziale Medien wie Instagram Nutzer*innen mit ähnlichen Problemen oder Leidensgeschichten zusammenfinden und sich als formierte Gruppe gegenseitig Halt und Unterstützung bieten, um Wege aus der Krise zu finden (Sonneck et al., 2016). Die besondere Komplexität suizidaler Inhalte auf Social Media Platformen rührt also daher, dass es aus Perspektive der Suizidprävention sowohl wichtig ist, den bestmöglichen Schutz für vulnerable Nutzer*innen vor expliziten Suiziddarstellungen zu gewährleisten, als auch Zensur, Tabuisierung, und Stigmatisierung von Suiziden zu vermeiden. Instagram hat auf diese Zweischneidigkeit in seinem Statement reagiert, indem es suizid- und selbstverletzungsbezogene Inhalte in Zukunft prinzipiell zulässt, diese jedoch weniger einfach zugänglich machen will (z.B. nicht mehr über einschlägige Hashtags). Auch eingangs erwähnte Unschärfe-Filter können hier Abhilfe schaffen. Genauere Details sind allerdings noch nicht bekannt. Vergangene Erfahrungen haben jedoch gezeigt, dass Nutzer*innen infolge solcher Einschränkungen durchaus kreativ werden, um diese zu umgehen. So wurde der gesperrte Hashtag #selfharm in die Abwandlung #selfharmmm transferiert.

Die konkreten Auswirkungen suizidbezogener Inhalte auf Instagram sind bislang noch vollkommen unerforscht, könnten entsprechend der Erkenntnisse zum Werther- und Papageno-Effekt jedoch sowohl von Verstörung und Imitationsverhalten der Nutzer*innen bis hin zu Hilfegesuchen und Etablierung eines (förderlichen) Gemeinschaftsgefühls führen. Vulnerable Personen sind dabei noch einmal explizit herauszuszellen, da Suizid- und Selbstverletzungsdarstellungen hier auf zusätzlich „fruchtbaren Boden" stoßen können. Aufgrund dieses breiten möglichen Wirkungsspektrums ist weitere Forschung zu entsprechenden Inhalten und deren Eigenschaften sowie zu ihrer Rezeption und Wirkung zum Schutz der (jungen) Nutzer*innen unerlässlich.

Literaturverzeichnis

Althaus, D., & Hegerl, U. (2004). Ursachen, Diagnose und Therapie von Suizidalität. *Der Nervenarzt, 75*(11), 1123–1135. doi:10.1007/s00115-004-1824-2

Ajzen, I., & Fishbein, M. (1973). Attitudinal and normative variables as predictors of specific behavior. *Journal of Personality and Social Psychology, 27*(1), 41–57. doi:10.1037/h0034440

Arendt, F. (2018). Suicide on Instagram – Content analysis of a German suicide-related hashtag. *Crisis, 40*(1), 36–41. doi:10.1027/0227-5910/a000529

Arendt, F., Markiewitz, A., & Scherr, S. (accepted). Investigating suicide-related subliminal messages on Instagram: A frame-by-frame analysis of video posts.

Arendt, F., Scherr, S., & Romer, D. (2019a). Effects of exposure to self-harm on social media: Evidence from a two-wave panel study among young adults. *New Media & Society*.

Arendt, F., Scherr, S., Pasek, J., Jamieson, P., & Romer, D. (2019b). Investigating harmful and helpful effects of watching season 2 of 13 Reasons Why: Results of a two-wave U.S. panel survey. *Social Science & Medicine*, 232, 489-498.

Arendt, F., Scherr, S., Till, B., Prinzellner, Y., Hines, K., & Niederkrotenthaler, T. (2017). Suicide on TV: minimising the risk to vulnerable viewers. *BMJ, 358*, j3876. doi:10.1136/bmj.j3876

Brown, R. C., Fischer, T., Goldwich, A. D., Keller, F., Young, R., & Plener, P. L. (2018). #cutting: Non-suicidal self-injury (NSSI) on Instagram. *Psychological Medicine, 48*, 337–346. doi:10.1017/S0033291717001751

Chávez-Flores, Y., Hidalgo-Rasmussen, C. A., & Yanez-Peñúñuri, L. Y. (2019). Assessment tools of non-suicidal self-injury in adolescents 1990-2016: a systematic review. *Ciencia & Saude Coletiva, 24*(8), 2871-2882. doi:10.1590/1413-81232018248.18502017

Dijksterhuis, A., Aarst, H., & Smith, P. (2006). The power of the subliminal: On subliminal persuasion and other potential applications. In R. Hassin, J. Ulemann & J. Bargh (Hrsg.), *The new unconscious* (S. 77–105). Oxford, UK: Oxford University Press.

Firsching, J. (2019, 31. Januar). Instagram Statistiken für 2019: Nutzerzahlen, Instagram Stories, Instagram Videos und tägliche Verweildauer. Abgerufen am 15.04.2019 von http://www.futurebiz.de/artikel/instagram-statistiken-nutzerzahlen/

Instagram (2019). #selbstmord. Abgerufen am 09.04.2019 von https://www.instagram.com/explore/tags/selbstmord/

Instagram (2019). Instagram. Abgerufen am 15.04.2019 von https://www.instagram.com/

Mann, J. J., Apter, A., Bertolote, J., Beautrais, A., Currier, D., Haas, A., …, & Hendin, H. (2005). Suicide prevention strategies: a systematic review. *JAMA, 294*(16), 2064–2074. doi:10.1001/jama.294.16.2064

Marsh, S., & Waterson, J. – The Guradian (2019, 07. Februar). Instagram bans 'graphic' self-harm images after Molly Russell's death. Abgerufen am 09.04.2019 von https://www.theguardian.com/technology/2019/feb/07/instagram-bans-graphic-self-harm-images-after-molly-russells-death

Miguel, E. M., Chou, T., Golik, A., Cornacchio, D., Sanchez, A. L., DeSerisy, M., & Comer, J. S. (2017). Examining the scope and patterns of deliberate self-injurious cutting content in popular social media. *Depression and Anxiety, 34*(9), 786–793. doi:10.1002/da.22668

Mosseri, A. – Head of Instagram (2019, 07. Februar). Changes we're making to do more to support and protect the most vulnerable people who use Instagram. Abgerufen am 09.04.2019 von https://instagram-press.com/blog/2019/02/07/changes-were-making-to-do-more-to-support-and-protect-the-most-vulnerable-people-who-use-instagram/

Niederkrotenthaler, T., Voracek, M., Herberth, A., Till, B., Strauss, M., Etzersdorfer, E., … Sonneck, G. (2010). The role of media reports in completed and prevented suicide: Werther versus Papageno effects. *British Journal of Psychiatry, 197*(3), 234–243.

Nock, M. K., & Prinstein, M. J. (2004). A functional approach to the assessment of self-mutilative behavior. *Journal of Consulting and Clinical Psychology, 72*(5), 885–890. doi:10.1037/0022-006x.72.5.885

Olsen, M. & Fazio, R. (2002). Implicit acquisition and manifestation of classically conditioned attitudes. *Social Cognition, 20*(2), 89–102. doi:10.1521/soco.20.2.89.20992

Orbach, I., & Iohan-Barak, M. (2009). Psychopathology and risk factors for suicide in the young: theoretical and empirical. In D. Wasserman & C. Wasserman (Hrsg.), *Oxford textbook of suicidology and suicide prevention: A global perspective* (S. 633–642). Oxford, United Kingdom: Oxford University Press.

Phillips, D. P. (1974). The influence of suggestion on suicide: Substantive and theoretical implications of the Werther effect. *American Sociological Review, 39*(3), 340–354.

Phillips, D. P. (1989). Recent advances in suicidology: The study of imitative suicide. In: R. F. W. Diekstra, R. Maris, S. Platt, A. Schmidtke, G. Sonncek (Hrsg.), *Suicide and its prevention. The role of attitude and imitation* (S. 299–312). Leiden: Brill.

Reid-Chassiakos, Y., Radesky, J., Christakis, D., Moreno, M., & Cross, C. (2016). Children and adolescents and digital media. *Pediatrics, 138*(5), e30162593. doi: 10.1542/peds.2016-2593

Scherr, S. (2013). Medien und Suizide: Überblick über die kommunikationswissenschaftliche Forschung zum Werther-Effekt. *Suizidprophylaxe, 40*(3), 96–107.

Scherr, S. (2016). *Depression – Medien – Suizid: Zur empirischen Relevanz von Depressionen und Medien für die Suizidalität.* Wiesbaden: Springer.

Scherr, S., Arendt, F., Frissen, T., & Ormas, J. (2019). Detecting intentional self-harm on Instagram: Development, testing and validation of an automatic image-recognition algorithm to discover cutting-related posts. *Social Science Computer Review.* doi:10.1177/0894439319836389

Scherr, S., & Reinemann, C. (2016). First do no harm: Cross-sectional and longitudinal evidence for the impact of individual suicidality on the use of online health forums and support groups. *Computers in Human Behavior, 61*, 80–88. doi:10.1016/j.chb.2016.03.009

Scherr, S., & Steinleitner, A. (2015). Zwischen dem Werther- und Papageno-Effekt. *Der Nervenarzt, 86*(5), 557–565. doi:10.1007/s00115-015-4260-6

Smith, A., & Anderson, M. (2018). Social media use in 2018. Abgerufen am 09.04.2019 von https://www.pewinternet.org/2018/03/01/social-media-use-in-2018/

Sonneck, G., Kapusta, N., Tomandl, G., & Voracek, M. (2016). *Krisenintervention und Suizidverhütung* (3., aktualisierte Auflage). Stuttgart: UTB.

Stack, S. (2005). Suicide in the media: A quantitative review of studies based on nonfictional stories. *Suicide & Life-Threatening Behavior, 35*(2), 121–133.

Trappey, C. (1996). A meta-analysis of consumer choice and subliminal advertising. *Psychology & Marketing, 13(5*), 517–530. doi:10.1002/(SICI)1520-6793(199608)13:5<517::AID-MAR5>3.0.CO;2-C

World Health Organization (2017). Suicide. Fact sheet. Abgerufen am 09.04.2019 von http://www.who.int/mediacentre/factsheets/fs398/en/

Teil 3:
Die Wirkungen gesundheitsbezogener digitaler Medienangebote

Systematische Übersicht zum Einsatz von Gamification-basierten Interventionen für Typ II Diabetes

Lorenz Harst & Patrick Timpel

1 Einleitung

Ein Treiber für den global zu beobachtenden Anstieg der chronischen und Mehrfacherkrankungen (van Oostrom et al., 2016), ist die lebensstilassoziierte chronisch gestörte Glukosetoleranz (International Diabetes Federation, 2017). In Deutschland sind ca. sechs Millionen Menschen von dem Typ 2 Diabetes mellitus (T2DM) betroffen, zusätzlich gehen Experten von zwei Millionen nicht diagnostizierten Fällen aus (Tamayo, Brinks, Hoyer, Kuss, & Rathmann, 2016). Aufgrund der Beeinflussbarkeit der nicht-erblichen Ursachen, insbesondere durch adäquate körperliche Aktivität und gesunde Ernährung, fokussieren nicht-medikamentöse Maßnahmen zur Diabetesprävention auf einen gesundheitsbewussteren Lebensstil. Bei der Entwicklung zielgruppenspezifischer Lebensstilinterventionen besteht jedoch trotz erfolgreicher Leuchtturmprojekte (Ilanne-Parikka et al., 2010; Knowler et al., 2002; Lindstrom et al., 2006; Tuomilehto et al., 2001) ein grundlegender Mangel an Maßnahmen, die in die tägliche Versorgungspraxis überführt werden (Schwarz & Riemenschneider, 2016). Ein Grund hierfür ist unter anderem das sogenannte Präventionsdilemma, laut welchem Risikopatient*innen und besonders vulnerable Patient*innengruppen, etwa Kinder aus Familien mit niedrigem sozioökonomischem Status und Bildungsstand, von Präventionskampagnen oft unerreicht bleiben (Bauer, 2005; Frohlich & Potvin, 2008; Hurrelmann, 2003). Aufgrund ihrer Ubiquität und einfachen Handhabbarkeit werden hohe Erwartung an digitale Angebote wie Telemedizin und eHealth (Otto et al., 2018; Sood et al., 2007) gerichtet (Timpel et al. 2019). So sind Smartphones bereits jetzt das am häufigsten genutzte Informations- und Kommunikationsmedium von Kindern und Jugendlichen in Deutschland, unabhängig von sozialem Status und Bildungsstand (Feierabend, Rathgeb, Reutter, & Behrens, 2018).

Strategien zur Förderung von Empowerment können zu einem verbesserten Selbst-Management und psychosozialen Verbesserungen bei Patient*innen mit Diabetes führen (Baldoni et al., 2017). Die Grundlage bildet die strukturierte Diabetes-Beratung (engl. Diabetes education), die den Wissensstand zu Verlauf und Behandlungsoptionen, sowie vor allem zur Bedeutung der Selbstfürsorge erhöht und dadurch die Patient*innen in die Lage versetzt, fundierte Entscheidungen zum Umgang mit ihrer Krankheit zu treffen (Funnell and Anderson 2004). Bedingung für ein gelingendes Selbst-Management ist eine aktive Rolle der Patient*innen während des Behandlungsprozesses. Trotz diverser strukturierter Schulungsprogramme weisen Befunde auf eine geringe Adhärenz von Lebensstilinterventionen bei Patient*innen hin (Arnold-Worner, Holle, Rathmann, & Mielck, 2008; Schunk et al., 2009). Adhärenz über einen längeren Zeitraum ist jedoch unabdingbar, da sich der Erfolg von Verhaltensänderungen (z.B. Lebensstiländerungen) nach aktuellem Forschungsstand erst nach sechs Monaten einstellt (Lippke & Renneberg, 2006; J. J. Prochaska & Prochaska, 2011; J. O. Prochaska, DiClemente, & Norcross, 1992).

Technische Lösungen als zusätzliche Unterstützung des Selbstmanagements zu nutzen, birgt das Potential, vulnerable Zielgruppen zu erreichen. So bestätigen Greenwood und Kolleg*innen, dass mobile Applikationen dazu beitragen können, den Zugang zu den Ziel- und Risikogruppen zu verbessern (Greenwood, Gee, Fatkin, & Peeples, 2017). Erste Studien können belegen, dass besonders Gamification-Ansätze die Motivation von Jugendlichen sowie ihren Familien, ein gesundheitsförderliches Verhalten an den Tag zu legen, steigern können (Patel et al., 2017; Schoech, Boyas, Black, & Elias-Lambert, 2013). Gamification ist ein Dachbegriff für sämtliche Systeme, in denen Elemente von Videospielen zum Einsatz kommen (Deterding, Dixon, Khaled, & Nacke, 2011). Johnson und Kolleg*innen differenzieren den Begriff, indem sie u.a. Punktesysteme, Levels und eine kohärente Handlung als typische Spielelemente subsumieren (Johnson, Deterding, Kuhn, Staneva, Stoyanov, & Hides, 2016). Solche spielbasierten Ansätze können das Verhalten einer Person beeinflussen, da Spiele in der Lage sind, die Einstellungen der Person gegenüber eben jenem Verhalten zu ändern (Fuchs, Fizek, Ruffino, & Schrape, 2014). Das Beispiel der Diabetes-App *bant* zeigt, dass Spielelemente, die beim Nutzer das Gefühl eines erzielten Erfolgs auslösen, etwa Tagebuchfunktionen und Fortschrittsbalken (Kamel Boulos et al., 2015), zu gesteigerter Nutzerakzeptanz führen (Goyal et al., 2017).

2 Theoretischer Hintergrund

Verschiedene Theorien liegen der potentiellen Wirkweise spielbasierter Anwendungen zugrunde. Es werden im Folgenden Theorien aus der Unterhaltungsforschung und Verhaltenstheorien zusammengeführt und jeweils der Bezug zur Wirksamkeit auf das Gesundheitsverhalten hergestellt. Die mögliche Wirksamkeit der Theorien wird jeweils, falls aufgrund des Forschungsstandes möglich, anhand von beispielhaften Spielelementen illustriert. Die Darstellung folgt in Ansätzen der Typologie von Gestaltungselementen, die Johnson und Kolleg*innen vorschlagen (Johnson et al. 2016).

Die Spielhandlung: Kohärente Narrative als Voraussetzung für Transportation

Ein kohärentes Narrativ beruht auf einer chronologischen Abfolge von inhaltlich zusammenhängenden Ereignissen, die im Idealfall einen Ursache-Wirkungszusammenhang darstellen (Gardner and Leshner 2016). In einer Meta-Analyse von 2015 belegen Shen und Kolleg*innen anhand von 25 Studien (N = 9.330), dass narrative Gesundheitsbotschaften einen signifikant positiven Effekt auf präventives und auf Screening-Verhalten haben, zumindest wenn der digitale Ausspielweg (Video oder Audio) gewählt wird (Shen, Sheer, & Li, 2015). Im Kontext spielbasierter Interventionen zeigen Johnson und Kolleg*innen in einem Systematic Review zumindest selektive Effekte auf Ernährungsverhalten und Alkoholkonsum (Johnson et al. 2016). Gardner und Leshner können zeigen, dass kurze Print-Botschaften weniger als Bedrohung der Autonomie der Adressat*innen wahrgenommen werden, daher auch weniger Widerspruch erzeugen und vielmehr als motivierend wahrgenommen werden (Gardner and Leshner 2016).

Green und Brock können nachweisen, dass Menschen, die das Gefühl haben, Teil einer Geschichte zu sein, auch ihre realweltlichen Ansichten ändern. Das Phänomen wird als Teil des Transportation-Effekts betrachtet, welcher besagt, dass die reale Welt ausgeblendet wird, wenn Rezipient*innen völlig in einer fiktiven Handlung aufgehen (Green & Brock, 2000). Gebbers und Kollegen können positive Auswirkungen der Transportation in eine kurze Videobotschaft auf die Risikowahrnehmung im Zusammenhang des Autofahrens unter Alkoholeinfluss nachweisen (Gebbers et al. 2017).

Der Avatar: Identifikation mit der Spielfigur

Der Transportation-Effekt kann durch Identifikation mit einem fiktiven Charakter verstärkt werden (McQueen et al. 2019). Für die wahrgenommene persönliche Bindung mit Prominenten, die an einer schweren Krankheit leiden, ist bereits eine positive Auswirkung auf Risikowahrnehmung und präventives Verhalten nachgewiesen (Brown & Basil, 2010). Hierbei ist zwar die Person real, nicht aber der Kontakt mit ihr. Für Spiele außerhalb des Gesundheitskontexts können Birk und Kollegen zeigen, dass eine Identifikation des Spielers mit seinem Avatar dessen Autonomiegefühl, Immersion in die Spielhandlung und somit den investierten Aufwand, die Freude beim Spielen und die positive Einschätzung des Spiels steigert. In letzter Konsequenz ist somit die intrinsische Motivation des Spielers, das Spiel zu spielen, höher (Birk et al. 2016).

Aktive Rolle des Individuums

Die bisher präsentierten Effekte werden verstärkt, wenn das Individuum selbst als Akteur auftritt (Kamel Boulos et al., 2015; Nicholson, 2015), da hierdurch eine intrinsische Motivation zur Verhaltensänderung entsteht (Johnson et al., 2016). Unabhängig von spielbasierten Interventionen sollten die übergeordneten Ziele, etwa die Reduktion des HbA1c-Werts, auf kleine, leicht zu erreichende Ziele heruntergebrochen werden (Progression) (Kamel Boulos et al., 2015). Für Diabetes-Patiente*innen mit schlecht kontrollierten Blutzuckerwerten konnten Cheng und Kolleg*innen in einer Meta-Analyse nachweisen, dass interaktive Selbstmanagement-Interventionen helfen können, die Selbstwirksamkeit und damit einen aktiven Umgang mit der Erkrankung zu fördern (Cheng et al., 2017).

Zhang und Kolleg*innen können zeigen, dass die Mitgliedschaft in Sozialen Netzwerke, die zum Wettbewerb, z. B. aktiven Austausch, anregen, die Teilnahme an Sportveranstaltungen eher steigert als die Mitgliedschaft in Netzwerken, in denen das Individuum selbst passiv bleibt, jedoch soziale Unterstützung erhält (Zhang et al., 2016). Gemäß der Taxonomie von Schmidt-Kraeplin und Kolleg*innen ist der Wettbewerb ein essentieller Bestandteil von spielbasierten Interventionen (Schmidt-Kraepelin et al., 2018). Grundlegend ist ein Narrativ wichtig, das den Akteur mit den relevanten Informationen versorgt, um eine fundierte Entscheidung zu treffen (Hinyard & Kreuter, 2007).

Der Spielfortschritt: Eigenständige Zielsetzungen

Das selbstständige Setzen eines Ziels ist als Mediatorvariable „Intention“ Kernbestandteil mehrerer Verhaltenstheorien, etwa bei der Theory of Reasoned Action (Fishbein & Ajzen, 1975) und der Theory of Planned Behavior (Ajzen, 1985). Allerdings müssen sowohl beim Umsetzen der Intention als auch beim Übergang von der eigentlichen Verhaltensänderung (Handlung; *action*), hin zur Aufrechterhaltung (*maintenance*) (Gollwitzer, 1990) Hürden überwunden werden. Konkrete Pläne zur Umsetzung einer Verhaltensintention sind dabei wichtig. Schwarzer (1992) hat im Health Action Process Approach (HAPA) sowohl die Phasen der Verhaltensänderung, als auch Pläne zu deren Umsetzung und sozialen Unterstützung als unabhängige Variable modelliert. Landers und Kolleg*innen zeigen, dass der Einsatz spielerischer Elemente, z. B. Punktetabellen, am Arbeitsplatz dazu führt, dass sich Mitarbeiter ambitioniertere Ziele setzen (Landers et al., 2017).

Selbstwirksamkeit

Schwarzer definiert Selbstwirksamkeit als den Glauben, einen Einfluss auf die eigene Gesundheit bzw. den Verlauf einer Krankheit nehmen zu können (Schwarzer, 2015). Theoretische Überlegungen deuten an, dass dabei Erfolge, etwa durch das Erreichen eines höheren Levels oder Aufstockung eines Punktekontos und somit klassische Spielkomponenten, eine wichtige Rolle spielen. Der Effekt wird durch den Vergleich des eigenen Erfolgs mit dem anderer verstärkt (Kamel Boulos et al., 2015). Damit sind zwei Voraussetzungen für Änderungen des Gesundheitsverhaltens nach Bandura (1997) erfüllt. Eine Team-Speak-Funktion – also ein Chat – kann sozial unterstützende Kommunikation untereinander ermöglichen (Rus & Cameron 2016), während ein empathischer Narrativ zur Verhaltensänderung ermutigen und somit die Selbstwirksamkeit steigern kann (Shapiro 2011). Für digitale Interventionen für Diabetes-Selbstmanagement ist eine gesteigerte Selbstwirksamkeit nur teilweise belegt (Greenwood et al., 2017).

3 Forschungsstand zur Wirksamkeit von spielbasierten Interventionen

Obwohl viele spielbasierten Applikationen für sich beanspruchen, gesundheitsbezogene Endpunkte wie Gewicht zu verbessern, sind der Forschungsstand zur Wirksamkeit und die methodische Qualität bestehender Studien ungenügend (Goyal et al., 2017). De Smet et al. können mit einer Meta-Analyse von 54 serious games schwache bis mittelmäßige positive Effekte der Interventionen auf den Lebensstil und diverse Verhaltensparameter, die lt. Verhaltenstheorien (TRA, TPB etc.) als Prädiktoren wirken, nachweisen (DeSmet et al., 2014). Abgesehen von einem klaren Zuschnitt auf die jeweilige Nutzergruppe, z.B. anhand des Alters oder krankheitsbedingter Charakteristika, benennen die Autoren jedoch keine Mechanismen, die die Wirksamkeit spielbasierter Anwendungen erklären können.

Marchetti und Kolleg*innen können zeigen, dass eigenständige Zielsetzungen innerhalb eines Spiels zur Vermittlung einer gesunden Ernährungsweise dabei helfen, Kenntnisse zum Thema Ernährung und das Ernährungsverhalten selbst zu verbessern (Marchetti et al., 2015). Für Kinder, die an ADHS leiden, können spielbasierte Interventionen helfen, Pläne zum eigenständigen Erreichen selbst gesetzter Ziele zu machen. Dabei ist eine Community-Funktion ein wesentlicher Bestandteil (Bul et al., 2015).

4 Fragestellung

Die exakte Bestimmung der Wirkmechanismen von variablen und dynamischen Interventionen sind ebenso fordernd wie übliche Vorgaben der klinischen Forschung, nach denen randomisiert klinische Studiendesigns mit einer möglichst kompletten Verblindung der Zuordnung von Teilnehmer*innen zur Experimental- und Kontrollgruppe den Goldstandard darstellen (Neugebauer et al., 2017; Timpel et al., 2018). Folgende Forschungsfrage soll beantwortet werden, um diese Forschungslücke zu schließen: *Anhand welcher möglichen Mechanismen wirken spielbasierte Interventionen auf das Verhalten von Patienten mit T2DM?*

5 Methode

Es wurde ein Scoping Review anhand der standardisierten Vorgehensweise von Arksey und O'Malley (Arksey & O'Malley, 2005) durchgeführt, um den aktuellen Stand der Forschung zu Wirkmechanismen spielbasierter Interventionen für Typ 2 Diabetes mellitus abzubilden. Dabei wurde ein erfolgreiches Selbst-Management (als nicht-klinischer Parameter) als abhängige Variable betrachtet.

Es wurden alle Interventionen eingeschlossen, die spielerische Komponenten (Nagle, Riener, & Wolf, 2015; Patel et al., 2017; Rutledge et al., 2018) enthalten, unabhängig davon, ob sie auf Bewegungssteigerung (sog.

exergames) oder auf Steigerung der Gesundheitskompetenz (sog. serious games) abzielen. Ziel war es, empirisch belegte Wirkmechanismen von spielbasierten Interventionen zu identifizieren.

Der Suchstring wurde anhand der modifizierten PICO-Kriterien (*Tabelle 1*) entwickelt (Richardson, Wilson, Nishikawa, & Hayward, 1995). Da die vorliegende Studie darauf abzielt, die Wirkmechanismen von spielgestützten Interventionen explorativ zu erheben, ist eine Vergleichsgruppe (comparison) nicht notwendig.

Tabelle 1 PICO-Kriterien zur Entwicklung der Forschungsfrage nach (Higgins & Green 2008)

P	Population	Patienten mit T2DM
I	Interven-tion	Spielgestützte digitale Interventionen
C	Compari-son	*Hier nicht anwendbar*
O	Outcome	Selbstmanagement

Zunächst wurden Titel und Abstracts aller Datenbanktreffer von beiden Autoren auf Passfähigkeit geprüft. Anschließend wurde der Prozess für die Volltexte der im ersten Schritt als passfähig erachteten Studien wiederholt. Aus den eingeschlossenen Studien wurden bibliographische Daten sowie Informationen zum Studiendesign, dem adressierten Verhalten, den Spielkomponenten (entspricht den Interventionskomponenten) und den erbrachten Wirksamkeitsnachweisen extrahiert.

Die laut eingeschlossenen Studien wirksamen Spielkomponenten wurden anschließend mit den oben beschriebenen Theorien abgeglichen und diesen gegenübergestellt.

6 Ergebnisse

Die Anwendung des Suchstrings in Pubmed ergab 257 Resultate. Bei den hier vorgestellten Werten handelt es sich um vorläufige Ergebnisse. Nach Sichtung der ersten 100 Titel und Abstract wurden 25 für geeignet befunden, eine Volltextsichtung durchzuführen. Häufige Ausschlussgründe auf Ebene der Titel und Abstracts waren falsche Zielgruppen und fehlende Methodik, d.h. in den betreffenden Publikationen wurden lediglich potentielle Interventionen beschrieben. Von den 25 Volltexten wurden 19 Studien aus folgenden Gründen ausgeschlossen: keine oder ungenügende Daten (7), keine Volltexte verfügbar (6), keine spielbasierte Intervention (3), keine Beschreibung einer spielbasierten Interventionskomponente (3). Detaillierte Ergebnisse sind *Tabelle 2* zu entnehmen. Innerhalb der sechs untersuchten Studien sind Selbstwirksamkeit und die Befähigung zum Selbst-Management, sowie körperliche Aktivität die häufigsten Zielvariablen. Um diese positiv zu beeinflussen, nutzen die meisten untersuchten spielbasierten Ansätze eine Kombination verschiedener Spielelemente. Es dominieren jedoch (a) zusammenhängende Storylines, auch für (b) episodenbasiertes Lernen, (c) Möglichkeiten zu eigenständiger Zielsetzung innerhalb eines (d) Wettbewerbs mit anderen und (e) Leistungsnachweise, z.B. in Form von Punktekonten oder tatsächlichen finanziellen Gewinnen.

In den eingeschlossenen Studien wurden Selbstwirksamkeit (Kerfoot et al., 2017; Staiano, Abraham, & Calvert, 2013; J. J. Wang, Baranowski, Lau, Buday, & Gao, 2017) und das damit verbundene Selbstmanagement (Kerfoot et al., 2017; Ledoux et al., 2016; Ruggiero et al., 2014) ebenso verbessert wie die Motivation, sich gesundheitsbewusst zu verhalten (J. J. Wang et al., 2017) und die tatsächliche körperliche Aktivität (Kempf & Martin, 2013; Ledoux et al., 2016; J. J. Wang et al., 2017). Lediglich eine Studie berichtete ein gesteigertes Empowerment, also die wahrgenommene Selbstbestimmtheit im Umgang mit der Krankheit, bei ihren Proband*innen. Dabei betrachten die Autor*innen Empowerment als Bedingung für eine gesteigerte Selbstwirksamkeit (Kerfoot et al., 2017). Ebenso nur einmal wurden signifikante Auswirkungen der spielbasierten Intervention auf die wahrgenommene soziale Unterstützung berichtet (Staiano et al., 2013).

Tabelle 2 Deskriptive Analyse der sechs eingeschlossenen Studien nach Screening der ersten 100 Studien

Autoren, Jahr	Studiendesign (n)	Addressiertes Verhalten	Spielkomponenten	Wirksamkeitsnachweise
Kempf und Martin, 2013	RCT (220)	Körperliche Aktivität	Angeleitete Sportübungen (Muskelaufbau, Yoga, Balance, Aerobic); Sportlicher Wettbewerb; Teamwettbewerbe	Nachhaltige, signifikante Steigerung der körperlichen Aktivität
Kerfoot et al., 2017	RCT (456)	Kenntnisse zu Diabetes-Selbstmanagement und Unterstützung (DSME); Empowerment; krankheitsrelatierter Stress	Rundenbasiertes Quiz zur Steigerung des DSME; Punktekonto; Teamwettbewerbe innerhalb des Quiz; Finanzielle Incentivierung	Nachhaltige, signifikante Steigerung des Empowerment; Kein signifikanter Effekt auf krankheitsrelatierten Stress; DSME-Spiel hat positiven Einfluss auf Glukosekontrolle durch den Patienten selbst
Ledoux, et al., 2016	Not reported	Ernährungsverhalten (gesteigerte Frucht-, Gemüse- und Wasserkonsum); Körperliche Aktivität; Selbstregulierung der Energiebilanz	Episodenbasierte Lernelemente; Eigenständige Zielsetzungen; Storyline	Gesteigerter Frucht-, Gemüse- und Wasserkonsum

Autoren, Jahr	Studiendesign (n)	Addressiertes Verhalten	Spielkomponenten	Wirksamkeitsnachweise
Ruggiero, et al., 2014	single-group repeated measures design (41)	Diabetes-Selbstmanagement	Episodenbasierte Lernelemente, vermittelt durch Avatare; Punktekonto; Finanzielle Incentivierung; Soziale Aktivitäten	Signifikante Verbesserungen des Diabetes-Selbstmanagements
Staiano et al., 2013	RCT (54)	Selbstwirksamkeit; Selbstvertrauen Soziale Unterstützung	Kardio-Training, Krafttraining Sportliche Aktivitäten; jeweils im Wettbewerb und in Kooperation	Signifikante Steigerung von Selbstwirksamkeit und sozialer Unterstützung
Wang et al., 2017	RCT (179)	Selbstwirksamkeit; Motivation für körperliche Aktivität; gesunde Ernährung und Wasserkonsum; Körperliche Aktivität	Episodenbasierte Lernelemente; eigenständige Zielsetzungen; Storyline	Signifikante Steigerung der Selbstwirksamkeit bei körperlicher Aktivität; der Motivation für Obst- und Wasserkonsum; sowie der körperlichen Aktivität; Keine langfristigen Effekte (> 6 Monate); Immersion in die Handlung ist Mediator für Motivation für körperliche Aktivität

Unabhängige Variable	**Abhängige Variable**	**Beleg über Wirkungszusammenhang**
Intrinsische Motivation durch aktive Rolle (klassische Spielkomponenten: (sportlicher) Wettbewerb, Punktekontos, finanzielle Incentives)	Körperliche Aktivität	Kempf und Martin, 2013; Ruggiero et al., 2014
	Beeinträchtigungen des Alltags durch Diabetes	Kempf und Martin, 2013; Ruggiero et al., 2014
	Geistige Gesundheit	Kempf und Martin, 2013
	Wahrgenommener Gesundheitszustand	Kempf und Martin, 2013
	Lebensqualität	Kempf und Martin, 2013
	Glukosekontrolle	Kempf und Martin, 2013
	Empowerment	Kerfoot et al., 2017
	Diät-Verhalten	Kempf und Martin, 2013
	Diabetes-Selbstmanagement	Ruggiero et al., 2014
	Selbstwirksamkeit	Ruggiero et al., 2014
	Soziale Unterstützung	Ruggiero et al., 2014
Transportations- und Immersionseffekte (durch episodenbasierte kohärente Narrative)	Diät-Verhalten	Ledoux et al., 2016; Wang et al. 2017
	Körperliche Aktivität	Ruggiero et al., 2014; Wang et al. 2017
	Diabetes-Selbstmanagement	Ruggiero et al., 2014
	Beeinträchtigungen des Alltags durch Diabetes	Ruggiero et al., 2014
Soziale Unterstützung (angeleitete Übungen, virtuelle soziale Aktivitäten und Kooperation)	Wahrgenommene soziale Unterstützung	Staiano et al., 2013
Planungselemente (eigenständige Zielsetzung)	Diät-Verhalten	Ledoux et al., 2016; Wang et al. 2017
	Selbstwirksamkeit	Wang et al. 2017
	Körperliche Aktivität	Wang et al. 2017
	Motivation für körperliche Aktivität	Wang et al. 2017
Identifikation mit Avataren in der virtuellen Handlung	Körperliche Aktivität	Ruggiero et al., 2014
	Beeinträchtigungen des Alltags durch Diabetes	Ruggiero et al., 2014
	Diabetes-Selbstmanagement	Ruggiero et al., 2014

7 Diskussion

Ziel der vorliegenden Arbeit war es, Wirkmechanismen von spielbasierten Interventionen auf das Verhalten von Patienten mit T2DM anhand einer systematischen Literaturrecherche zu identifizieren. Daten zur Wirksamkeit aus den sechs eingeschlossenen Studien legen nahe, dass spielbasierte Ansätze das Verhalten von Patienten mit Diabetes beeinflussen können. Die Gegenüberstellung der identifizierten Wirkmechanismen mit den eingangs präsentierten Theoriekomponenten konnte lediglich eine geringe Schnittmenge verwendeter Theorien aufzeigen.

Die Extraktion und Analyse der Daten aus sechs Studien unterstreicht, dass belastbare Daten, insbesondere Langzeiterhebungen, zu spielbasierten Interventionen mit dem Ziel der Verhaltensänderung bei Menschen mit T2DM fehlen (Hochsmann, Schupbach, & Schmidt-Trucksass, 2016). Auch wenn spielbasierte Interventionen dazu prädestiniert scheinen, nicht nur zu einem effektiven Selbstmanagement beizutragen, sondern auch jene Risikogruppen zu erreichen, die von etablierten Maßnahmen nicht angesprochen werden, werden belastbare Studienergebnisse gebraucht. Joubert und Kolleg*innen können nachweisen, dass ein Serious Game zur Steigerung der Gesundheitskompetenz bei Patient*innen mit Typ I Diabetes besondere Erfolge bei Kindern mit eingangs niedrigem Kenntnisstand und gleichzeitig schlechter Blutzuckerkontrolle erzielt (Joubert et al., 2016). Erste Ergebnisse aus Studien, welche narrative Elemente nutzen, wie im Falle von „Escape from Diab“, zeigen eine hohe Akzeptanz bei Jugendlichen (J. Wang, Baranowski, Lau, Pitkethly, & Buday, 2015). Auf Basis jüngster Studienprotokolle ist außerdem zu erwarten, dass sich die Datenlage durch randomisierte kontrollierte Studien verbessern wird (Höchsmann et al., 2017; Timpel et al., 2018).

Die vorgestellten Ergebnisse decken sich mit jenen von Johnson und Kolleg*innen, die unabhängig vom Krankheitsbild feststellen, dass spielbasierte Interventionen vor allem Denken und Handeln von Patienten beeinflussen können. Zudem benennen auch sie kohärente Narrative und vor allem Belohnung im Erfolgsfalle als wichtige Prädiktoren für die Effektivität dieser Interventionen (Johnson et al., 2016).

Keine der eingeschlossenen Studien bedient sich eines expliziten theoretischen Fundaments, obwohl implizit theoretische Komponenten im Design der Spiele auffindbar waren. Jedoch weisen Riley und Kolleg*innen (2011) sowie Harst, Lantzsch und Scheibe (2019) darauf hin, dass besonders die Wirksamkeit von digitalen Verhaltensinterventionen unter anderem von einer theoretischen Grundlage abhängig ist.

Zwar belegen die Studien teilweise einen Einfluss spielbasierter Interventionen auf klinische Parameter, wie etwa Blutzuckerwerte (Kempf, & Martin 2013; Kerfoot et al. 2017) oder den Body-Maß-Index (Ruggiero et al., 2014; Staiano et al., 2013). Dennoch deuten die Ergebnisse in erster Linie auf einen indirekten Effekt über die Steigerung der Selbstwirksamkeit und eines aktiven Gesundheitsverhaltens hin. Dies deckt sich mit den Ergebnissen einer Meta-Analyse von Christensen und Kolleg*innen, die ebenfalls positive Effekte auf psychosoziale Parameter, jedoch keine klinisch relevante Reduktion des Blutzuckerwerts nachweisen können (Christensen et al. 2016).

Der vorliegende Scoping Review unterliegt diversen Limitationen. So wurde nur eine Datenbank mit einem eher groben Suchstring durchsucht. Es wurden nur Studien in deutscher und englischer Sprache eingeschlossen. Eine Beurteilung der methodischen Qualität der eingeschlossenen Studien fand nicht statt. Jüngste Ergebnisse zur Wirksamkeit von Telemedizin bei Patient*innen mit Diabetes zeigen, dass eine geringe Studienqualität und ein erhöhtes Risiko für Verzerrungen das Vertrauen in die Effekte reduzieren (Timpel, Oswald, Schwarz, & Harst, 2020).

Ein Verzerrungsrisiko innerhalb der berichteten Ergebnisse konnte aber zumindest dadurch minimiert werden, dass alle methodischen Schritte von der Konzeption des Suchstrings über das Screening der Studien bis hin zur Datenextraktion von zwei Personen unabhängig durchgeführt wurden.

Zukünftige Studien müssen zeigen, ob sich bisherige Ergebnisse, die primär bei Kindern und Jugendlichen als typische Zielgruppe von digitalen Spielen erzielt wurden, auf Erwachsene übertragen werden können. Die Annahme liegt nahe, da nun eine Generation heranwächst, die bereits mit Computerspielen sozialisiert wurde. Diese Annahme wird dadurch gestützt, dass bereits heute eine steigende Zahl an älteren Menschen Smartphones und Apps nutzen (Frees & Koch, 2018).

8 Fazit

Diabetes-Selbstmanagement beruht laut Richtlinien der ADA auf einem ausreichenden Kenntnisstand zum Krankheitsbild sowie auf einer aktiven Rolle des Patienten im Umgang mit seiner Krankheit (Haas et al., 2014). Die Ergebnisse des vorliegenden Scoping Reviews belegen, dass spielbasierte Interventionen das Potential haben, beides zu befördern. Es fehlt jedoch weiterhin an einem theoretischen Fundament für die Planung solcher Interventionen, ebenso wie an Evidenz aus rigorosen methodischen Designs, die die Wirksamkeit spielbasierter Interventionen auch bei klinischen Parametern und unter besonderer Beachtung unterschiedlicher Studienpopulationen nachweisen kann.

Literaturverzeichnis

Ajzen, I. (1985). From intentions to actions: A theory of planned behavior. In J. Kuhl & J. Beckmann (Hrsg.), *Action control: from cognition to behavior* (S. 11-39). Berlin, Heidelberg: Springer Berlin Heidelberg.

Arksey, H., & O'Malley, L. (2005). Scoping studies: towards a methodological framework. *International Journal of Social Research Methodology, 8*(1), 19-32. doi:10.1080/1364557032000119616.

Arnold-Worner, N., Holle, R., Rathmann, W., & Mielck, A. (2008). The importance of specialist treatment, treatment satisfaction and diabetes education for the compliance of subjects with type 2 diabetes - results from a population-based survey. *Exp Clin Endocrinol Diabetes, 116*(2), 123-128.

Baldoni, N. R., Aquino, J. A., Sanches-Giraud, C., Di Lorenzo Oliveira, C., de Figueiredo, R. C., Cardoso, C. S., . . . Baldoni, A. O. (2017). Collective empowerment strategies for patients with Diabetes Mellitus: A systematic review and meta-analysis. *Prim Care Diabetes, 11*(2), 201-211. doi:10.1016/j.pcd.2016.09.006.

Bandura, A. (1997). *Self-Efficacy. The exercise of control*, New York: Freeman.

Bauer, U. (2005). *Das Präventionsdilemma. Potenziale schulischer Kompetenzförderung im Spiegel sozialer Polarisierung.* Wiesbaden: VS.

Birk, M. V., Atkins, C., Bowey, J. T., & Mandryk, R. L. (2016). Fostering Intrinsic Motivation Through Avatar Identification in Digital Games". In *Proceedings of the 2016 CHI Conference on Human Factors in Computing Systems, CHI '16* (S. 2982-2995). New York, NY, USA: ACM. doi: 10.1145/2858036.2858062.

Brown, W. J., & Basil, M. D. (2010). Parasocial Interaction and Identification: Social Change Processes for Effective Health Interventions. *Health Communication, 25*(6-7), 601-602. doi:10.1080/10410236.2010.496830.

Bul, K. C. M., Franken, I. H. A., Van der Oord, S., Kato, P. M., Danckaerts, M., Vreeke, L. J., . . . Maras, A. (2015). Development and User Satisfaction of "Plan-It Commander," a Serious Game for Children with ADHD. *Games Health J, 4*(6), 502-512. doi:10.1089/g4h.2015.0021.

Cheng, L., Sit, J. W. H., Choi, K.-c., Chair, S.-y., Li, X., & He, X.-l. (2017). Effectiveness of Interactive Self-Management Interventions in Individuals With Poorly Controlled Type 2 Diabetes: A Meta-Analysis of Randomized Controlled Trials. *Worldviews on Evidence-Based Nursing, 14*(1), 65-73. doi:10.1111/wvn.12191.

Christensen, J., Valentiner, L. S., Petersen, R. J., & Langberg, H. (2016). The Effect of Game-Based Interventions in Rehabilitation of Diabetics: A Systematic Review and Meta-Analysis. *Telemedicine and e-Health, 22*(10), 789-797. doi:https://doi.org/10.1089/tmj.2015.0165.

DeSmet, A., Van Ryckeghem, D., Compernolle, S., Baranowski, T., Thompson, D., Crombez, G., . . . De Bourdeaudhuij, I. (2014). A Meta-Analysis of Serious Digital Games for Healthy Lifestyle Promotion. *Preventive Medicine, 69*, 95-107. doi:10.1016/j.ypmed.2014.08.026.

Deterding, S., Dixon, D., Khaled, R., & Nacke, L. (2011). *From game design elements to gamefulness: defining "gamification"*. Paper presented at the Proceedings of the 15th International Academic MindTrek Conference: Envisioning Future Media Environments, Tampere, Finland.

Feierabend, S., Rathgeb, T., Reutter, T., & Behrens, P. (2018). *JIM 2018 - Jugend, Information, Medien; Basisuntersuchung zum Medienumgang 12- bis 19-Jähriger in Deutschland.* Abgerufen von: https://www.mpfs.de/fileadmin/files/Studien/JIM/2018/Studie/JIM_2018_Gesamt.pdf

Fishbein, M., & Ajzen. (1975). *Belief, Attitude, Intention, and Behavior: An Introduction to Theory and Research*. Reading, MA: Addison-Wesley.

Frees, B., & Koch, W. (2018). ARD/ZDF-Onlinestudie 2018: Zuwachs bei medialer Internetnutzung und Kommunikation. *Media Perspektiven,* 9, 398–413.

Frohlich, K. L., & Potvin, L. (2008). Transcending the known in public health practice: the inequality paradox: the population approach and vulnerable populations. *American Journal of Public Health, 98*(2), 216-221. doi:10.2105/AJPH.2007.114777.

Fuchs, M., Fizek, S., Ruffino, P., & Schrape, N. (2014). *Rethinking Gamification*. Lüneburg: meson press eG.

Funnell, M. M., & Anderson, R. M. (2004). Empowerment and self-management of diabetes. *Clinical Diabetes*, *22*(3), 123–127. doi:10.2337/diaclin.22.3.123.

Gardner, L., & Leshner, G. (2016). The role of narrative and other-referencing in attenuating psychological reactance to diabetes self-care messages. *Health Communication*, *31*(6), 738–751. doi: 10.1080/10410236.2014.993498.

Gebbers, T., de Wit, J. B. F., & Appel, M. (2017). Transportation into narrative worlds and the motivation to change health-related behavior. *International Journal of Communication,* 11, 4886-4906.

Gollwitzer, P. M. (1990). Action phases and mind-sets *Handbook of motivation and cognition: Foundations of social behavior, Vol. 2.* (S. 53-92). New York, NY, US: The Guilford Press.

Goyal, S., Nunn, C. A., Rotondi, M., Couperthwaite, A. B., Reiser, S., Simone, A., . . . Palmert, M. R. (2017). A Mobile App for the Self-Management of Type 1 Diabetes Among Adolescents: A Randomized Controlled Trial. *JMIR Mhealth Uhealth, 5*(6), e82. doi:10.2196/mhealth.7336

Green, M. C., & Brock, T. C. (2000). The role of transportation in the persuasiveness of public narratives. *J Pers Soc Psychol, 79*(5), 701-721. doi:10.1037/0022-3514.79.5.701

Greenwood, D. A., Gee, P. M., Fatkin, K. J., & Peeples, M. (2017). A Systematic Review of Reviews Evaluating Technology-Enabled Diabetes Self-Management Education and Support. *J Diabetes Sci Technol, 11*(5), 1015-1027. doi:10.1177/1932296817713506

Haas, L., Maryniuk, M., Beck, J., Cox, C. E., Duker, P., Edwards, L., . . . Standards Revision Task, F. (2014). National standards for diabetes self-management education and support. *Diabetes Care, 37*(Suppl 1), 144-153. doi:10.2337/dc14-S144

Harst, Lorenz, Lantzsch, H., & Scheibe, M. (2019). Theories predicting end-user acceptance of telemedicine use: systematic review. *Journal of Medical Internet Research, 21*(5), e13117. doi:10.2196/13117.

Hinyard, L. J., & Kreuter, M. W. (2007). Using Narrative Communication as a Tool for Health Behavior Change: A Conceptual, Theoretical, and Empirical Overview. *Health Education & Behavior, 34*(5), 777–792. doi:10.1177/1090198106291963.

Hochsmann, C., Schupbach, M., & Schmidt-Trucksass, A. (2016). Effects of Exergaming on Physical Activity in Overweight Individuals. *Sports Med, 46*(6), 845-860. doi:10.1007/s40279-015-0455-z.

Höchsmann, C., Walz, S. P., Schäfer, J., Holopainen, J., Hanssen, H., & Schmidt-Trucksäss, A. (2017). Mobile Exergaming for Health—Effects of a serious game application for smartphones on physical activity and exercise adherence in type 2 diabetes mellitus—study protocol for a randomized controlled trial. *Trials, 18*(1), 103-120. doi:10.1186/s13063-017-1853-3.

Horton, D., & Richard Wohl, R. (1956). Mass Communication and Para-Social Interaction. *Psychiatry, 19*(3), 215-229. doi:10.1080/00332747.1956.11023049.

Hurrelmann, K. (2003). *Gesundheitssoziologie. Eine Einführung in sozialwissenschaftliche Theorien von Krankheitsprävention und Gesundheitsförderung* (5 ed.). Weinheim, München: Juventa.

Ilanne-Parikka, P., Laaksonen, D. E., Eriksson, J. G., Lakka, T. A., Lindstr, J., Peltonen, M., . . . Finnish Diabetes Prevention Study, G. (2010). Leisure-time physical activity and the metabolic syndrome in the Finnish diabetes prevention study. *Diabetes Care, 33*(7), 1610-1617. doi:10.2337/dc09-2155.

International Diabetes Federation. (2017). *IDF Diabetes Atlas, 8th edn*. Brussels, Belgium. Abgerufen von http://www.diabetesatlas.org

Johnson, D., Deterding, S., Kuhn, K.-A., Staneva, A., Stoyanov, S., & Hides, L. (2016). Gamification for health and wellbeing: A systematic review of the literature. *Internet Interventions*, 6, 89–106. doi.org/10.1016/j.invent.2016.10.002.

Joubert, M., Armand, C., Morera, J., Tokayeva, L., Guillaume, A., & Reznik, Y. (2016). Impact of a Serious Videogame Designed for Flexible Insulin Therapy on the Knowledge and Behaviors of Children with Type 1 Diabetes: The LUDIDIAB Pilot Study. *Diabetes Technology & Therapeutics, 18*(2), 52-58. doi:10.1089/dia.2015.0227.

Kamel Boulos, M. N., Gammon, S., Dixon, M. C., MacRury, S. M., Fergusson, M. J., Miranda Rodrigues, F., . . . Yang, S. P. (2015). Digital games for type 1 and type 2 diabetes: Underpinning theory with three illustrative examples. *JMIR Serious Games, 3*(1), e3. doi:10.2196/games.3930.

Kempf, K., & Martin, S. (2013). Autonomous exercise game use improves metabolic control and quality of life in type 2 diabetes patients - a randomized controlled trial. *BMC Endocrine Disorders, 13*(1), 57. doi:10.1186/1472-6823-13-57.

Kerfoot, B. P., Gagnon, D. R., McMahon, G. T., Orlander, J. D., Kurgansky, K. E., & Conlin, P. R. (2017). A team-based online game improves blood glucose control in veterans with type 2 diabetes: A randomized controlled trial. *Diabetes Care, 40*(9), 1218–1225. doi:10.2337/dc17-0310.

Knowler, W. C., Barrett-Connor, E., Fowler, S. E., Hamman, R. F., Lachin, J. M., Walker, E. A., & Nathan, D. M. (2002). Reduction in the incidence of type 2 diabetes with lifestyle intervention or metformin. *N Engl J Med, 346*(6), 393-403.

Kraak, V. I., & Story, M. (2015). Influence of food companies' brand mascots and entertainment companies' cartoon media characters on children's diet and health: a systematic review and research needs. *Obesity Reviews, 16*(2), 107-126. doi:10.1111/obr.12237

Landers, R. N., Bauer, K. N., & Callan, R. C. (2017). Gamification of task performance with leaderboards: A goal setting experiment. *Computers in Human Behavior*, 71, 508–515. doi:10.1016/j.chb.2015.08.008.

Ledoux, T., Griffith, M., Thompson, D., Nguyen, N., Watson, K., Baranowski, J., . . . Baranowski, T. (2016). An educational video game for nutrition of young people: Theory and design. *Simulation & gaming, 47*(4), 490-516. doi:10.1177/1046878116633331

Lindstrom, J., Ilanne-Parikka, P., Peltonen, M., Aunola, S., Eriksson, J. G., Hemio, K., . . . Tuomilehto, J. (2006). Sustained reduction in the incidence of type 2 diabetes by lifestyle intervention: follow-up of the Finnish Diabetes Prevention Study. *Lancet, 368*(9548), 1673-1679.

Lippke, S., & Renneberg, B. (2006). Theorien und Modelle des Gesundheitsverhaltens. In B. Renneberg & P. Hammelstein (Hrsg.), *Gesundheitspsychologie* (S. 35-60). Berlin, Heidelberg: Springer.

Marchetti, D., Fraticelli, F., Polcini, F., Lato, R., Pintaudi, B., Nicolucci, A., . . . Vitacolonna, E. (2015). Preventing adolescents' diabesity: Design, development, and first evaluation of "Gustavo in Gnam's Planet". *Games Health J, 4*(5), 344-351. doi:10.1089/g4h.2014.0107

McQueen, A. M. Y., Caburnay, C., Kreuter, M., and Sefko, J. (2019). Improving Adherence to colorectal cancer screening: A randomized intervention to compare screener vs. survivor narratives. *Journal of Health Communication, 24*(2), 141–155. doi: 10.1080/10810730.2019.1587109.

Nagle, A., Riener, R., & Wolf, P. (2015). High User Control in Game Design Elements Increases Compliance and In-game Performance in a Memory Training Game. *Front Psychol, 6*, 1774-1774. doi:10.3389/fpsyg.2015.01774.

Neugebauer, E. A. M., Rath, A., Antoine, S.-L., Eikermann, M., Seidel, D., Koenen, C., . . . Gluud, C. (2017). Specific barriers to the conduct of randomised clinical trials on medical devices. *Trials, 18*(1), 427. doi:10.1186/s13063-017-2168-0

Nicholson, S. (2015). A RECIPE for Meaningful Gamification. In T. Reiners & L. C. Wood (Hrsg.), *Gamification in Education and Business* (S. 1-20). New York: Springer.

Otto, L., Harst, L., Schlieter, H., Wollschlaeger, B., Richter, P., & Timpel, P. (2018). *Towards a unified understanding of eHealth and related terms – proposal of a consolidated terminological basis.* Paper presented at the Health Informatics Europe, Madeira.

Patel, M. S., Benjamin, E. J., Volpp, K. G., Fox, C. S., Small, D. S., Massaro, J. M., Lee, J. J., Hilbert, V., Valentino, M., Taylor, D. H., Manders, E. S., Mutalik, K., Zhu, J.,

Wang, W., Murabito, J.M. (2017). Effect of a game-based intervention designed to enhance social incentives to increase physical activity among families: The be fit randomized clinical trial. *JAMA Intern Med, 177*(11), 1586-1593. doi:10.1001/jamainternmed.2017.3458

Pennebaker, J. W., & Seagal, J. D. (1999). Forming a story: The health benefits of narrative. *J Clin Psychol, 55*(10), 1243-1254. doi:10.1002/(sici)1097-4679(199910)55:10<1243::aid-jclp6>3.0.co;2-n.

Prochaska, J. J., & Prochaska, J. O. (2011). A review of multiple health behavior change interventions for primary prevention. *American journal of lifestyle medicine, 5*(3). doi:10.1177/1559827610391883.

Prochaska, J. O., DiClemente, C. C., & Norcross, J. C. (1992). In search of how people change: Applications to addictive behaviors. *American Psychologist, 47*(9), 1102-1114. doi:10.1037/0003-066X.47.9.1102.

Richardson, W. S., Wilson, M. C., Nishikawa, J., & Hayward, R. S. (1995). The well-built clinical question: a key to evidence-based decisions. *ACP J Club, 123*(3), A12-13.

Riley, W. T., Rivera, D. E., Atienza, A. A., Nilsen, W., Allison, S. M., & Mermelstein, R. (2011). Health behavior models in the age of mobile interventions: are our theories up to the task? *Translational behavioral medicine, 1*(1), 53-71. doi:10.1007/s13142-011-0021-7.

Ruggiero, L., Moadsiri, A., Quinn, L. T., Riley, B. B., Danielson, K. K., Monahan, C., Bangs, V. A., & Gerber, B. S. (2014). Diabetes Island: Preliminary Impact of a Virtual World Self-Care Educational Intervention for African Americans with Type 2 Diabetes. *JMIR Serious Games*, *2*(2). doi:10.2196/games.3260.

Rus, H. M., & Cameron, L. D. (2016). Health communication in social media: Message features predicting user engagement on diabetes-related Facebook pages. *Annals of Behavioral Medicine,* 50(5), 678–689. doi:10.1007/s12160-016-9793-9.

Rutledge, C., Walsh, C., Swinger, N., Auerbach, M., Castro, D., Dewan, M., . . . Chang, T. (2018). Gamification in action: theoretical and practical considerations for medical educators. *Acad Med, 93*(7), 1014-1020.

Schmidt-Kraepelin, M., Thiebes, S., Tran, M. C., & Sunyaev, A. (2018). What's in the game? Developing a taxonomy of gamification concepts for health apps. *Proceedings of the 51st Hawaii International Conference on System Science.* doi: 10.24251/HICSS.2018.150.

Schoech, D., Boyas, J. F., Black, B. M., & Elias-Lambert, N. (2013). Gamification for behavior change: Lessons from developing a social, multiuser, web-tablet based prevention game for youths. *Journal of Technology in Human Services, 31*(3), 197-217. doi:10.1080/15228835.2013.812512.

Schunk, M., Schweikert, B., Gapp, O., Reitmeir, P., Meisinger, C., Mielck, A., & Holle, R. (2009). Time trends in type 2 diabetes patients' disease management and outcomes: evidence from two KORA surveys in Germany. *Exp Clin Endocrinol Diabetes, 117*(2), 88-94. doi:10.1055/s-2008-1078734.

Schwarz, P. E. H., & Riemenschneider, H. (2016). Slowing down the progression of type 2 diabetes: We need fair, innovative, and disruptive action on environmental and policy levels! *Diabetes Care, 39*(Suppl. 2), S121-S126. doi:10.2337/dcS15-3001.

Schwarzer, R. (1992). *Self-Efficacy: thought Control of action.* Washington, DC [u. a.]: Hisphere Publishing.

Shapiro, J. (2011). Illness narratives: reliability, authenticity and the empathic witness. *Medical Humanities*, 37(2), 68–72. doi:10.1136/jmh.2011.007328.

Shen, F., Sheer, V. C., & Li, R. (2015). Impact of narratives on persuasion in health communication: a meta-analysis. *Journal of Advertising, 44*(2), 105-113. doi:10.1080/00913367.2015.1018467.

Sood, S., Mbarika, V., Jugoo, S., Dookhy, R., Doarn, C. R., Prakash, N., & Merrell, R. C. (2007). What is telemedicine? A collection of 104 peer-reviewed perspectives and theoretical underpinnings. *Telemedicine and e-Health, 13*(5), 573-590. doi:10.1089/tmj.2006.0073.

Staiano, A. E., Abraham, A. A., & Calvert, S. L. (2013). Adolescent exergame play for weight loss and psychosocial improvement: a controlled physical activity intervention. *Obesity (Silver Spring, Md.), 21*(3), 598–601. doi:10.1002/oby.20282.

Tamayo, T., Brinks, R., Hoyer, A., Kuss, O. S., & Rathmann, W. (2016). The prevalence and incidence of diabetes in Germany. *Dtsch Arztebl Int, 113*(11), 177-182. doi:10.3238/arztebl.2016.0177.

Timpel, P., Cesena, F. H. Y., da Silva Costa, C., Soldatelli, M. D., Gois, E., Castrillon, E., . . . Roepke, R. M. L. (2018). Efficacy of gamification-based smartphone application for weight loss in overweight and obese adolescents: study protocol for a phase II randomized controlled trial. *Therapeutic Advances in Endocrinology and Metabolism, 9*(6), 167-176. doi:10.1177/2042018818770938.

Timpel, P., Harst, L., Reifegerste, D., Weihrauch-Blüher, S., & Schwarz, P. E. H. (2019). What should governments be doing to prevent diabetes throughout the life course?, *Diabetologia*, 62(10), 1842–1853. doi:10.1007/s00125-019-4941-y.

Timpel, P., Oswald, S., Schwarz, P. E. H., & Harst, L. (2019). Mapping the evidence on the effectiveness of telemedicine interventions in diabetes, dyslipidaemia and hypertension – an umbrella review of systematic reviews and meta-analyses. *Journal of Medical Internet Research.* doi:10.2196/16791.

Tuomilehto, J., Lindström, J., Eriksson, J. G., Valle, T. T., Hämäläinen, H., Ilanne-Parikka, P., . . . Uusitupa, M. (2001). Prevention of type 2 diabetes mellitus by changes in lifestyle among subjects with impaired glucose tolerance. *New England Journal of Medicine, 344*(18), 1343-1350. doi:10.1056/nejm200105033441801.

van Oostrom, S. H., Gijsen, R., Stirbu, I., Korevaar, J. C., Schellevis, F. G., Picavet, H. S. J., & Hoeymans, N. (2016). Time trends in prevalence of chronic diseases and multimorbidity not only due to aging: data from general practices and health surveys. *Plos One, 11*(8), e0160264. doi:10.1371/journal.pone.0160264.

Wang, J., Baranowski, T., Lau, P. W. C., Pitkethly, A. J., & Buday, R. (2015). Acceptability and applicability of an American health videogame with story for childhood obesity prevention among Hong Kong chinese children. *Games Health J, 4*(6), 513-519. doi:10.1089/g4h.2015.0029.

Wang, J. J., Baranowski, T., Lau, P. W. C., Buday, R., & Gao, Y. (2017). Story immersion may be effective in promoting diet and physical activity in Chinese children. *J Nutr Educ Behav, 49*(4), 321-329.e321. doi:https://doi.org/10.1016/j.jneb.2017.01.001.

Zhang, J., Brackbill, D., Yang, S., Becker, J., Herbert, N., & Centola, D. (2016). Support or competition? How online social networks increase physical activity: a randomized controlled trial. *Preventive Medicine Reports, 4*(C), 453–458. doi:10.1016/j.pmedr.2016.08.008.

Perspektiverweiterung zur Erforschung bildbasierter sozialer Medien - Desiderata der Analyse am Beispiel von #fitspiration

Astrid Carolus & Carolin Wienrich

1 Einleitung

Eine junge Frau posiert vor einem Spiegel: Bekleidet mit einem knappen Sport-Dress spannt sie ihre Muskeln an und lächelt. Das Selfie lädt sie auf Instagram hoch, ergänzt Hashtags wie #fitspiration und #fitness und wartet gespannt auf die Reaktionen ihrer Follower*innen.

Das Selbstportrait der jungen Frau steht exemplarisch für einen der aktuellen Social Media Trends. Fitness-bezogene Inhalte trenden insbesondere in den bildbasierten sozialen Medien, allen voran Instagram. Hier liegt #fitness auf Platz 30 der weltweit meistgenutzten Hashtags (top-hashtags.com). Eingesetzt wird er für Fotos und kurze Videos von Trainingseinheiten oder posierenden Fitnesssportlern, für Anleitungen zur korrekten Ausführung von Sportübungen, für Bilder von Nahrungsmitteln und Mahlzeiten oder für Sprüche, die als Motivation für eine gesunde und körperlich aktive Lebensweise dienen sollen. Wissenschaftliche Studien widmen sich seit einigen Jahren dem Phänomen und knüpfen dabei an eine lange Forschungstradition zum medial vermittelten Körperbildern an, die weit zurück in die Zeiten der alleinigen Nutzung „alter Medien" reicht. Knapp zusammengefasst zeigten diese Studien, dass schon die Darstellungen von Körpern in Zeitschriften und Fernsehen eher dem „thin-ideal" entsprachen und dass eine Rezeption dieser Bilder mit Unzufriedenheiten mit dem eigenen Körper zusammenhängt (Grabe, Ward, & Hyde, 2008). Neuere Studien zeigen ähnliche Effekte für die Soziale Medien (z.B. Prichard, McLachlan, Lavis, & Tiggemann, 2018; Tiggemann & Zaccardo, 2015), wobei hier insbesondere mit dem Ideal athletischer und muskulöser Körper ein weiterer Aspekt zunehmen an Bedeutung gewinnt. Auch hier scheint die Rezeption körperbezogener Darstellungen problematische Auswirkungen z.B. auf die Einstellungen zum eigenen Körper sowie das Essverhalten insbesondere weiblicher Userinnen zu haben (Holland & Tiggeman, 2016).

Das vorliegende Buchkapitel gibt einen kurzen Überblick der neueren Studien und erkennt, dass sich bisherige Forschung eher den Gefahren der Mediennutzung widmet. Chancen oder Vorteile, die mit der Nutzung medialer Darstellungen verbunden sind, werden bisher kaum betrachtet. Diesem Desiderat begegnet der vorliegende Beitrag mit einer eigenen empirischen Studie. Exemplarisch werden ausgewählte Indikatoren für Risiken und Chancen der Nutzung körperbezogener Instagram-Inhalte betrachtet, indem weibliche Instagram-Userinnen, die Fitness-Inhalte nutzen, jene gegenübergestellt werden, die diese nicht nutzen. Auf den bisherigen Forschungsstand sowie auf die Ergebnisse dieser Studie verweisend, präsentiert der vorliegende Beitrag abschließend einen multifaktoriellen Forschungsansatz zur Analyse körper- und fitnessbezogener Inhalte in (Sozialen) Medien. Aus einer medienpsychologischen Perspektive und entlang potentieller motivationaler, emotionaler, kognitiver sowie konativer Charakteristiken der Nutzer*innen argumentiert der Beitrag für eine Perspektiverweiterung zukünftiger Forschung zu Rezeption und Effekten körperbezogener Medieninhalte.

2 Soziale Medien und körperbezogene Einstellungen

Schon lange vor dem Zeitalter des Internets demonstrierten wissenschaftliche Studien immer wieder die negativen Effekte der Massenmedien, beispielsweise von Zeitschriften, Magazinen oder des Fernsehens, auf das Körperbild von Frauen. In wissenschaftlichen Arbeiten wurde die Unzufriedenheit mit dem eigenen Körper als ein wesentliches Resultat soziokultureller Einflüsse diskutiert, wobei Medien sowohl als Teilaspekt dieser Einflüsse als auch als ein treibender Faktor betrachtet werden (Tiggemann & Zaccardo, 2015). Grundsätzlich sind in den Massenmedien beispielsweise schlanke weibliche Charaktere überrepräsentiert, die nicht nur dünner als die durchschnittliche Zuschauerin sind, sondern häufig Kriterien einer Anorexie erfüllen (z.B. Fouts & Burggraf, 2000). Über die verschiedenen Medienkanäle hinweg stellen diese Charaktere ein Körperideal dar, das dem Publikum nicht entspricht und darüber hinaus für dieses zum Großteil unerreichbar bleibt. Dem Kultivierungsansatz folgend beeinflusst diese verzerrte Darstellung in den Medien die Einstellungen des Publikums. Demnach führt die regelmäßige Rezeption dazu, dass das Publikum die Medienrealität in Form von verzerrten Annahmen und Einstellungen für seine eigene Lebensrealität übernimmt (Gerbner, Gross, Morgan, & Signorielli,

1994). Grabe, Ward und Hyde (2008) fassen experimentelle sowie korrelative Forschungsarbeiten in einer Meta-Analyse zusammen. Sie analysierten 77 Studien zu Zusammenhängen von Medienrezeption und der Unzufriedenheit mit dem eigenen Körper, der Internalisierung des Schlankheitsideals, des Essverhaltens sowie entsprechender Überzeugungen. Die Autorinnen finden insgesamt kleine bis moderate Effekte, die sie als Hinweis auf Gefahren der medialen Darstellungen für die Rezipientinnen werten.

Das Aufkommen internetbasierter Medien und insbesondere der Sozialen Medien veränderte die Konditionen medial-vermittelter Kommunikationsinhalte fundamental (Bird, 2011; Wang, 2016). Die etablierten Rollen von Medienschaffenden und ihrem Publikum konfigurierten sich neu. Die Nutzer*innen rezipieren die Inhalte traditioneller Medienschaffender nicht mehr nur, sondern kommentieren diese, teilen und bewerten sie. Insbesondere über die Social Media Plattformen werden sie zudem zu Produzent*innen eigener Inhalte, die sie z.B. über ihre Profile in den Sozialen Netzwerken veröffentlichen.

Die wissenschaftliche Forschung folgte diesen veränderten Nutzungsgewohnheiten und konnte zeigen, dass die Nutzung internetbasierter Inhalte ganz grundsätzlich negative Effekte auf die eigene Körperwahrnehmung hat. Darüber hinaus zeigten experimentelle Zugänge, dass die kurze Rezeption von Facebook-Inhalten den emotionalen Zustand der Proband*innen sowie ihre Körperannahmen negativ beeinflusste (Fardouly, Diedrichs, Vartanian, & Halliwell, 2015; Fardouly & Vartanian, 2015; Tiggemann & Miller, 2010; Tiggemann & Slater, 2013, 2014).

Zusammenfassend ist festzuhalten, dass das Aufkommen Sozialer Medien die Herstellung, Verbreitung und Rezeption von Medieninhalten auch im Kontext der Darstellung von Körpern und Körperidealen veränderte. Die Zugänge empirischer Forschung hingegen blieben nahezu konstant und mit ihnen auch die fokussierten Variablen. Für alte und neue Medien wurden im Wesentlichen negative Effekte für das Körperbild überwiegend weiblicher Rezipientinnen erkannt. Potentiell positive Effekte sowie Auswirkungen für männliche Rezipienten sind durch die Art der Studiendurchführung (Stichprobenziehung, Wahl der abhängigen Variablen) bereits ausgeschlossen.

2.1 Fitnessbezogene Inhalte auf Instagram

In den letzten Jahren stieg dann die Popularität bildbasierter Social Media Applikationen – allen voran Instagram – rasant an. Facebook wurde (zumindest in den jüngeren Altersgruppen) als populärstes Netzwerk abgelöst und mit Instagram lag der Schwerpunkt nun noch stärker auf einer bildbasierten Kommunikation über Fotos und neuerdings auch kurzen Videos. Holland und Tiggemann (2016) betonten die Wichtigkeit von "photo activity" und richteten ihr Forschungsinteresse auf "image-based social media platforms" (S. 1) und damit im Wesentlichen auf Instagram als die gegenwärtig populärste Anwendung. 700 Millionen Nutzer*innen weltweit veröffentlichen hier über ihr Profil Fotos und kurze Videos, kategorisieren diese über Hashtags, kommentieren und liken die Inhalte anderer (Statista, 2018).

Mit dem Fokus auf Bildinhalte und der weltweiten Popularität des Netzwerks erscheint Instagram als die prädestinierte Plattform zur Analyse potentieller Medieneffekte auf Körperbilder und Einstellungen zum Körper (McLean, Paxton, Wertheim, & Masters, 2015; Meier & Gray, 2014). Zumal insbesondere die Inszenierung von trainierten Körpern in den Postings beliebt ist, worauf auch der Hashtag #fitness hinweist, mit dem ca. 240 Millionen Posts auf Instagram markiert sind (top-hashtags.com).

Aktuelle Forschung bezieht sich auf diesen Trend, wobei sich die meisten Studien mit #fitspiration (kurz: #fitspo) auf eine spezifischere Unterkategorie beziehen. Fitspiration umfasst die Darstellung von Fitness, Sport und gesundem Essen und möchte die Rezipierenden zu einer gesunden Lebensweise inspirieren. Dazu werden „inspirierende" Fotos und Videos gepostet, die oftmals mit kurzen Texten oder Sprüchen versehen sind. Ursprünglich galt dieser Hashtag als Gegenbewegung zu "thinspiration"-Inhalten, die extrem schlanke bzw. dünne Körper glorifizieren und zu stark eingeschränktem Essverhalten animieren. Fitspiration hingegen verstand sich selbst als Empowerment v.a. weiblicher Userinnen, die ermutigt werden sollten, dem Schlankheitsideal zu widersprechen und stattdessen über Sport und Ernährung ein gesundes Leben zu führen (Tiggemann & Zaccardo, 2015). Inhaltsanalysen der #fitspiration-Inhalte ergaben in der Tat, dass bloßes Schlanksein abgelehnt wurde (z.B. Talbot, Gavin, van Stehen, & Morey, 2017; Tiggemann & Zaccardo 2016). An die Stelle des Ideals eines schlanken Körpers tritt stattdessen der sportlich-definierte Körper, was in Folge ähnliche Effekte der Nicht-Erreichbarkeit für die durchschnittlichen Rezipierenden nach sich zieht. Talbot et al. (2017) analysierten Postings weiblicher Userinnen mit den Hashtags #thinspiration, #fitspiration sowie

#bonespiration und verglichen die dargestellten Inhalte ("presentation of protruding bones"; Talbot et al., 2017, S. 2). Die Ergebnisse zeigten, dass Postings der Kategorie #thinspiration und #bonespiration signifikant häufiger dem Körperbild „thin body" entsprachen als solche der Kategorie #fitspiration". Weiter zeigten die Bilder der ersten beiden Kategorien häufiger vorstehende Knochen z.B. in den Bereichen der Rippen und Hüften. Allerdings wurde für die #fitspiration-Darstellungen eine ähnliche Idealisierung extrem dünner, wenn auch muskulöserer Körper erkannt. Entsprechend folgern die Autoren, dass #fitspiration "should still be approached with caution" (S. 1). Tiggemann und Zaccardo (2016, S. 1003) konzentrierten sich auf #fitspiration-Bilder auf Instagram und zeigten, dass die meisten Darstellungen ein "thin and toned" Körperbild sowie "objectifying elements" aufwiesen. Die Autorinnen bezeichnen die Darstellungen insgesamt als sehr homogen und unrealistisch und stimmen dabei mit Slater, Varsani und Diedrichs (2017) überein, die die typische Darstellung als "tall, lean, toned, and 'perfectly proportioned'" und damit als "guilt-inducing messages" beschreiben, welche Gewicht und Körperfett stigmatisieren und Diäten sowie restriktives Essverhalten propagieren (S. 88). Insgesamt ist das dargestellte Körperbild demnach eine Kombination aus Schlankheitsideal, das die Fitspiration-Bewegung ursprünglich kritisierte, und einem athletisch trainierten Körper. Das propagierte Körperideal ist demnach genauso unrealistisch wie das thinspiration-Ideal – wenn nicht sogar noch unrealistischer. Die Idee, Frauen zu stärken, scheint sich ins Gegenteil gewandelt zu haben, wenn erneut die altbekannten negativen Elemente medialer Darstellungen von Körpern aufgezeigt werden.

Neben Inhaltsanalysen untersuchten korrelative und experimentelle Studien die Effekte der Nutzung fitnessbezogener Inhalte. Über Online-Fragebögen wurden Zusammenhänge zwischen der Nutzung von Fitspiration-Inhalten und einem Set aus Variablen, im Wesentlichen Einstellungen zum Körper sowie Ess- und Trainingsverhalten, im Querschnitt exploriert. Über eine solche Online-Befragung von #fitspiration-Nutzer*innen ermittelten Raggatt et al. (2018) Risikogruppen: 18 % der Befragten galten als stark gefährdet für Essstörrungen, 17 % erfüllten die Kriterien psychischer Fehlbelastungen und 10 % „were at risk of addictive exercise behaviours" (S. 4). Den Einfluss der Fitspiration-Inhalte auf die Befragten erklären die Autor*innen über vier Kernthemen: Das Setzen eines (1) 'healthy ideal', das allerdings (2) nicht erreicht wird, sowie (3) die Zugehörigkeit zu einer Gemeinschaft, die (4) verlässliche Gesundheits-Informationen bietet. Sumter, Cingel und Antonis (2018) befragten weibliche Userinnen. Um den Zusammenhang zwischen der Nutzung von Fitspiration-Inhalten und dem

Körperbild zu erfassen, wurden zwei moderierende Variablen inkludiert: Die Internalisierung des „thin-ideal" sowie des „fit-ideal". In ihren Ergebnissen konnten sie zeigen, dass diese Variablen die Nutzung von Fitspiration-Inhalten teilweise vorhersagten und dass sie den Zusammenhang zwischen Nutzung und Körperbild der Befragten moderieren. Resümierend sprechen die Autor*innen von einer komplexen Interaktion zwischen Charakteristiken der Nutzerin und der Nutzung spezifischer Inhalte (S. 1166).

In einer experimentellen Studie wiesen Tiggemann und Zaccardo (2015) ihre Probandinnen zufällig zwei Bedingungen zu: Sie betrachteten entweder Fitspiration-Bilder oder Reisebilder. Im Vergleich zu der Gruppe, die Reisebilder rezipierte, resultierte die Nutzung der Fitspiration-Bilder in einer negativeren Stimmung, einer größeren Unzufriedenheit mit dem eigenen Körper sowie einem geringeren Selbstbewusstsein, wobei die Effekte durch den körperbezogenen sozialen Vergleichen mediiert wurden. In ähnlicher Weise verglichen Slater et al. (2017) die kurzfristige Nutzung von u.a. Fitspiration-Inhalten und neutralen Bildern. Hinsichtlich der abhängigen Variablen Körperzufriedenheit und Wertschätzung des Körpers und negative Stimmung unterschieden sich beide Gruppen nicht. Allerdings gaben die Teilnehmerinnen der Fitspiration-Gruppe eine niedrigere Self-Compassion im Sinne eines „Selbstmitgefühls" in Folge der Rezeption an. Darüber hinaus wies die Studie erneut auf die Wichtigkeit individueller Merkmale der Teilnehmerinnen hin, da die Internalisierung des „thin ideal" einige Effekte moderierte.

Robinson, Prichard, Nikolaidis, Drummond, Drummond, und Tiggemann (2017) wählten einen ähnlichen Ansatz, konzentrierten sich allerdings auf das Konzept des Sozialen Vergleichs. Erneut betrachteten ausschließlich Probandinnen Bilder, die entweder dem „thin ideal", dem „athletic ideal" oder dem „muscular ideal" entsprachen. Im Anschluss trainierten sie in einem frei wählbaren Tempo für 10 Minuten auf einem Laufband. In Folge der Manipulation gaben die Probandinnen aus den Gruppen „athletic ideal" und „thin ideal" eine gestiegene Unzufriedenheit mit dem eigenen Körper an, während die „thin ideal"-Gruppe zudem intensiver trainierte. Easton, Morton, Tappy, Francis und Dennison (2018) befragten 20 junge Erwachsene nach ihrer Nutzung von Fitspiration-Inhalten und konnten die Antworten auf zwei Aspekte reduzieren: Zum einen fördert die Nutzung Wissen, Motivation und Inspiration für eine gesunde Lebensführung, zum anderen aber resultieren daraus auch Frustration, Neid, Bedenken bezüglich einer zwanghaften Nutzung, Schuldgefühle, da der präsentierte Lebensstil nicht erreicht wird sowie eine Abwertung des eigenen Körpers und restriktives Essverhalten.

Positive Effekte der Nutzung von Fitspiration-Inhalten sind nur selten Gegenstand akademischer Forschung. Eine Studie von Al-Eisa et al. (2016) stellt hier eine Ausnahme dar und erkennt in Instagram einen motivierenden Faktor für das Befolgen eines "home-exercise program". Zudem zeigten Carolus und Katzenberger (2018) mögliche positive Zusammenhänge für User*innen, die Instagram-Inhalte nicht nur rezipierten, sondern eigene Inhalte auf ihren Profilen teilten.

2.2 Ableitung von vier Forschungsdesiderata

Zusammenfassend und mit Blick auf bestehende Forschungsdesiderata ist festzuhalten, dass eine große Anzahl von Forschungsarbeiten die Effekte der Rezeption von körperbezogenen Inhalten in Medien – aktuell in bildbasierten Sozialen Medien – untersucht. Ein Schwerpunkt liegt dabei auf den Folgen für die körperbezogenen Einstellungen („body beliefs") von Rezipient*innen der „thin-ideal" oder „fitness-ideal" Darstellungen. Trotz der ursprünglichen Idee der positiven Bestärkung insbesondere weiblicher Instagram-Nutzerinnen zeigen sich für die Inhalte mit dem Hashtag #fitspiration ambivalente Ergebnisse, wobei die kritischen Befunde und Interpretationen überwiegen. Vergleichbar mit vorhergehenden Arbeiten zu traditionellen Medien liegt der Forschungsschwerpunkt erneut auf negativen Effekten und Risiken der Mediennutzung. So schließt oft bereits das Studiendesign (Auswahl der Variablen und Messinstrumente) potentiell positive Medienwirkungen aus. Es resultiert das erste von insgesamt vier erkannten Desiderata: (1) Berücksichtigung möglicher positiver Effekte.

Methodisch betrachtet, konzertierten sich querschnittlich angelegte Online-Fragebögen auf Langzeitfolgen der Nutzung von (Sozialen) Medien, während experimentelle Studien Kurzzeiteffekte einer Intervention im Sinne einer (oftmals einmaligen) Rezeption ausgewählter Inhalte analysieren. Dabei lässt sich für die Fragebogenstudien, insbesondere für die Abfrage der Nutzung der (körperbezogenen) Medieninhalte, Entwicklungspotential im Sinne einer Ausdifferenzierung erkennen. Während klassische Medien tatsächlich im Wesentlichen rezipierend genutzt wurden, ist für die internetbasierten Medien zwischen Rezeption, Liken, Kommentieren, Teilen sowie der Produktion und Veröffentlichung eigener Inhalte zu differenzieren. In einer ersten eigenen Studie konnten wir zeigen, dass die Art der Instagram-Nutzung für Nutzer*innen, die Mitglied in einem Fitnessstudio sind, einen Effekt hat. Befragte, die Fitness-Inhalte auf Instagram lediglich rezipierten, waren unzufriedener mit ihrem Körper als solche, die selbst eigene Inhalte posteten (Carolus & Katzenberger, 2018). Das zweite Desiderat fokussiert daher die (2) weitere Ausdifferenzierung der Mediennutzung.

Ausgehend von den inhaltsanalytischen Studien ist festzuhalten, dass die Inhalte, die unter #fitspiration zu finden sind, ebenso wie die ursprünglich kritisierten Thinspiration-Beiträge unrealistische und ungesunde Körperformen darstellen, wobei Fitspiration-Inhalte neben dem Schlankheitsideal zusätzlich ein Ideal der Fitness bzw. muskulöser Körper zeigen. Dass der Großteil der vorliegenden Studien genau hier den Fokus setzt, resultiert in einer Vernachlässigung potentiell weniger problematischer Inhalte. Dabei stellt #fitspiration auf Instagram mit knapp 18 Millionen Beiträgen lediglich eine Unterkategorie von #fitness mit 344 Millionen Posts insgesamt dar. Folglich bezieht sich das dritte Desiderat auf (3) die Analyse neutralerer, intensiver genutzter Medieninhalte.

Zuletzt zeigen die experimentellen Studien Effekte nach Kurzzeit-Intervention, die die interindividuellen Unterschiede zwischen den Teilnehmenden, kaum widerspiegeln. Das vierte Desiderat erkennt entsprechend Forschungsbedarf (4) in einer stärkeren Berücksichtigung interindividueller Unterschiede z.B. bezüglich zugrundeliegender Motive und Bedürfnisse der Befragten, ihrer Persönlichkeiten und Einstellungen (z.B. Nutzen und Gratifikation; Ruggiero, 2000).

Die nun folgende Studie unternimmt einen ersten Versuch, auf Teilaspekte der skizzierten Desiderata zu reagieren. Ziel ist es, mögliche negative sowie positive Aspekte der Nutzung von Instagram zu fokussieren, wobei neben der Unzufriedenheit mit dem eigenen Körper als etabliertes Konstrukt das gesunde Trainingsverhalten als potentiell positiver Effekt analysiert wird (Desiderat 1). Im Fokus stehen mit Fitness-Inhalten auf Instagram per Definition neutralere und weiter gefasste fitness- und damit körperbezogene Inhalte (Desiderat 3). Folglich wird mit Blick auf interindividuelle Unterschiede und potentiell moderierende Variablen neben dem etablierten Konstrukt der Internalisierung des „thin-ideal" ebenso das „fitness-ideal" erfragt (Desiderat 4). Zuletzt versucht die Studie, das „übliche" Instagram-Nutzungsverhalten zu fokussieren (Desiderat 2) und fragt nach der „typischen Nutzung" von Instagram-Inhalten.

3 Methode

In einem Online-Fragebogen wurden die Probandinnen entsprechend ihrer üblichen Nutzung von Fitness-Inhalten auf Instagram in zwei Gruppen eingeteilt, für die dann das Trainingsverhalten, die Trainingsmotivation und die Unzufriedenheit mit dem eigenen Körper analysiert wurde.

3.1 Stichprobe

Die Probandinnen nahmen an einer Online-Befragung teil, die in einem ersten Schritt ihre Instagram-Nutzung abfragte. Es resultierte eine Stichprobe von 134 weiblichen Instagram-Nutzerinnen - 80 % Studentinnen, die im Mittel 23,55 Jahre alt waren (*SD* = 4,51). Bezüglich ihres Trainingsverhaltens pro Woche gaben sie an, in 2,51 Sessions (*SD* = 1,62) für durchschnittlich je 50,78 Minuten (*SD* = 33,57) zu trainieren. Auf einer 6-Punkte-Likert Skala bewerteten sie ihre Zufriedenheit mit Instagram mit 4,45 (*SD* = 0,85). Weiter gaben sie an, 272,90 Profilen zu folgen (*SD* = 391,65) und 325,19 Follower zu haben (*SD* = 704,49).

3.2 Vorgehen & Instrumente

Die Startseite leitete das Thema der Befragung knapp ein und verwies auf die ethischen Richtlinien der Deutschen Gesellschaft für Psychologie. Nachdem die Teilnehmerinnen zugestimmt hatten, wurden ihnen Ausschnitte aus zwei Instagram-Profilen mit je drei Postings präsentiert: Das eine Profil zeigte Fitness-, das andere Natur-Bilder (s. Abbildung 1) und die Teilnehmerinnen sollten angeben, ob sie „üblicherweise" Inhalte dieser Art auf Instagram rezipieren. Teilnehmerinnen, die angaben, die Fitness-Inhalte zu nutzen, zu liken oder zu kommentieren bzw. Profilen mit Bildern dieser Art zu folgen, wurden der Gruppe „Fitness-Interesse" zugeordnet. Die anderen wurden der Gruppe „kein Fitness-Interesse" zugeordnet. Anzumerken ist, dass sich dieses „Interesse" ausschließlich auf die Rezeption von und die Interaktion mit Fitness-Inhalten auf Instagram bezog. Das Fitnessinteresse in anderen Kontexten (Offline-Welt oder andere Medien) wurde für die Gruppierung nicht berücksichtigt. Beide Gruppen beantworteten im Anschluss Items der folgenden Skalen.

Abbildung 1: Profile mit Fitness- vs. Natur-Inhalten

Unzufriedenheit mit dem eigenen Körper wurde über das Eating Disorder Inventory erfragt (Garner, Olmstead, & Polivy, 1983). Items wie „I think my hips are too big" wurden auf einer Skala von null bis sechs beantwortet, wobei höhere Werte mit höherer Körperunzufriedenheit korrespondieren. **Gesundes Trainingsverhalten** wurde mittels des Exercise and Eating Disorders Questionnaires (Danielsen, Bjørnelv, & Rø, 2015) erfasst, der Items wie z.B. „I enjoy being physical active" beinhaltet. Die Skala reichte von null bis sechs. Höhere Werte zeigen dabei ein gesünderes Trainingsverhalten an. Motivationale Aspekte des Trainingsverhaltens wurden zum einen über den **Drive for Muscularity** gemessen (z.B. „I lift weights to build up muscle"; McCreary & Sasse 2000). Items des Eating Disorder Inventory von Garner, Olmstead und Polivy (1983) dienten zur Erfassung des **Drive for Thinness** (z.B. „I am terrified of gaining weight"). Beide Skalen reichten erneut von null bis sechs, wobei höhere Werte wieder höhere Ausprägungen bedeuteten.

4. Ergebnisse

Mittels hierarchischer multipler Regressionsanalysen wurden der Effekt der Nutzung von Fitness-Inhalten auf die Unzufriedenheit mit dem Körper und das Trainingsverhalten sowie die potentiell moderierenden Effekte von *Drive for Thinness* sowie *Drive for Muscularity* überprüft. Der Prädiktor Fitness-Interesse wurde dummy-kodiert (Fitness-Interesse vs. kein Interesse) und mit den um den Mittelwert zentrierten Baselinewerten der Kriteriumsvariable in Schritt 1 aufgenommen. In Schritt 2 und 3 folgten die um den Mittelwert zentrierten Werte von *Drive for Thinness* sowie *Drive for Muscularity*, in Schritt 4 und 5 wurden die Interaktionsterme zwischen Fitness-Interesse und *Drive for Thinness* sowie *Drive for Muscularity* aufgenommen. Folglich zeigen die mittleren Differenzen der Kriteriumsvariablen (B, β) in der Regressionsanalyse die Unterschiede zwischen den Bedingungen bei mittlerer Ausprägung von *Drive for Thinness* (M = 3,32, SD = 1,23) und *Muscularity* (M = 2,23, SD = 0,84) an. Zudem wurden Post-hoc Poweranalysen mit einer Stichprobengröße von n = 134 sowie den fünf Prädiktoren (ein dummy-kodierter Prädiktor, zwei kontinuierliche Moderatorvariablen, zwei Interaktionsterme) auf einem Alpha-Niveau von $p < ,05$ berechnet. Die statistische Power betrug ,19 für die Detektion kleiner Effekte (f2 = ,02), ,94 für moderate Effekte (f2 = ,15) und 1,00 für große Effekte (f2 = ,35; Cohen, 1988). Entsprechend verfügte die Regressionsanalyse über ausreichend Power, um moderate und große Effekte zu detektieren, nicht aber kleine Effekte. Insgesamt wäre hierzu eine Stichprobe von n = 647 nötig gewesen (f2 = ,02; Power von ,80), was den Rahmen der vorliegenden Studie überstiegen hätte.

4.1 Unzufriedenheit mit dem Körper

Tabelle 1 zeigt die Ergebnisse der schrittweisen Regressionsanalyse für das Kriterium Körper-Unzufriedenheit, wobei für jeden Schritt die veränderten Kennwerte der Prädiktoren notiert sind. Das finale Modell mit allen Prädiktoren und dem Interaktionsterm erklärt für die Unzufriedenheit der Probandinnen mit ihrem Körper einen signifikanten Anteil (adj. R^2 = ,42, $F(5, 128)$ = 20,28, $p < ,01$). Dabei wurde der Prädiktor Fitness-Interesse (Step 1) nicht signifikant. Bezogen auf Körperunzufriedenheit unterscheiden sich Instagram-Nutzerinnen, die Fitness-Inhalte auf Instagram üblicherweise rezipieren (M = 3,72, SD = 1,04) nicht signifikant von jenen, die diese Inhalte nicht nutzen (M = 3,53, SD = 1,06).

Tabelle 1: Regressionsanalyse – Unzufriedenheit mit dem Körper

Schritt und Variable	B	β	t	p	R^2	adj. R^2	ΔR^2	ΔF
Step 1 Fitness-Interesse	0,19	,09	1,01	,31	,01	<,01	,01	1,04
Step 2 Drive for Thinness	0,84	,68	9,93	<,01	,43	,43	,43	98,62
Step 3 Drive for Muscularity	-0,06	-,05	-0,59	,56	,44	,42	<,01	0,35
Step 4 int x thin	-0,03	-,02	-0,24	,81	,44	,42	<,01	0,06
Step 5 int x muscal	0,25	,16	1,21	,23	,44	,42	<,01	1,45

Der signifikante Koeffizient für *Drive for Thinness* zeigt an, dass mit steigendem Drang nach Dünnheit auch die Unzufriedenheit mit dem eigenen Körper zunimmt (r = ,65). Im Gegensatz klärt *Drive for Muscularity* keinen signifikanten Anteil an Varianz auf (r = ,12). Auch die Interaktionsterme wurden nicht signifikant, was bedeutet, dass der Zusammenhang zwischen der Rezeption von Fitness-Inhalten und der Körperunzufriedenheit weder von *Drive for Thinness* noch von *Drive for Muscularity* moderiert wird.

4.2 Gesundes Trainingsverhalten

Analog zur Präsentation der Ergebnisse zuvor folgt nun die Übersicht für die Kriteriumsvariable Gesundes Trainingsverhalten und damit für einen möglichen positiven Aspekt der Nutzung fitness-bezogener Instagram-Inhalte. Dabei sei an dieser Stelle noch einmal explizit formuliert, dass es sich bei der vorliegenden Studie um einen korrelativen Zugang handelt, sodass die Ergebnisse Aussagen über Zusammenhänge, nicht aber über Wirkrichtungen erlauben. Tabelle 2 stellt die schrittweise Regression für das Gesunde Trainingsverhalten dar, wobei das finale Modell einen signifikanten Anteil der Varianz im Trainingsverhalten aufklärt (adj. R^2 = ,16, $F(5, 128)$ = 5,94, p < ,01). Der Prädiktor Fitness-Interesse wurde hier signifikant und zeigt an, dass Befragte, die angaben Fitness-Inhalte üblicherweise zu rezipieren, signifikant intensiver gesundes Training praktizierten

(*M* = 4,66, *SD* = 0,86) als jene, die diese Inhalte nicht rezipierten (*M* = 3,88, *SD* = 1,28).

Tabelle 2: Regressionsanalyse – Gesundes Trainingsverhalten

Schritt und Variable	*B*	*β*	*t*	*p*	R^2	*adj.* R^2	ΔR^2	ΔF
Step 1 Fitness-Interesse	0,78	,34	4,16	<,01	,11	,11	,12	17,27
Step 2 Drive for Thinness	0,09	,10	1,17	,24	,13	,11	,01	1,37
Step 3 Drive for Muscularity	0,34	,25	2,61	,01	,17	,15	,04	6,81
Step 4 int x thin	0,04	,03	0,23	,82	,17	,14	< ,01	0,05
Step 5 int x muscal	-0,49	-,27	-1,76	,08	,19	,16	,02	3,10

Der signifikante Koeffizient für *Drive for Muscularity* weist auf einen positiven Zusammenhang zwischen dem Drang nach Muskulosität und gesundem Training hin (*r* = ,36). *Drive for Muscularity* moderierte zudem tendenziell den Zusammenhang zwischen Fitness-Interesse und gesundem Training (vgl. Tabelle 1), wobei der Effekt für Frauen, die keine Fitness-Inhalte rezipieren größer ist (β = ,68) als für jene, die Instagram-Fitness nutzen (β = ,21). Die Ergebnisse für *Drive for Thinness* sind hingegen nicht signifikant, sodass der Drang zur Dünnheit weder mit dem Trainingsverhalten signifikant korreliert (*r* = ,19), noch signifikant moderiert.

5. Diskussion & Ausblick

Körper- und fitnessbezogene Inhalte gehören zu den populärsten (Bewegt-)Bildinhalten auf Instagram, eines der weltweit führenden Sozialen Netzwerke. Wissenschaftliche Forschung greift diesen Trend auf, bezieht sich aber mit der Analyse der #fitspiration-Inhalte auf eine spezifische, tendenziell problematische Subkategorie, da hier sehr schlanke und trainierte Körper dargestellt werden, die eine Nähe zu den ursprünglich kritisierten #thinspiration-Inhalten aufweisen. Weiter fokussieren bisherige Studien, ähnlich wie zuvor die Forschung zu traditionellen Medien, überwiegend negative Effekte der Rezeption dieser Inhalte für das Körperbild vornehmlich weiblicher Probandinnen. Ausgehend von vier formulierten Forschungsdesiderata stellt der vorliegende Beitrag einen ersten Schritt dar, diese Lücken zukünftig noch konsequenter zu schließen. In einer eigenen empirischen Studie wurden potentiell negative (Unzufriedenheit mit dem Körper) sowie positive Effekte analysiert (Gesundes Training). Dazu wurde die „übliche" Nutzung von Fitness-Inhalten auf Instagram erfragt, wobei über den Teilbereich der #fitspiration-Inhalte hinaus die neutraleren „Fitness"-Inhalte erfragt wurde. Mit *Drive for Thinness* and *Drive for Muscularity* wurden mögliche interindividuelle Unterschiede der Probanden berücksichtigt. Die Ergebnisse zeigen, dass die Nutzung von Fitness-Inhalten die Unzufriedenheit mit dem eigenen Körper nicht signifikant vorhersagt. Stattdessen klärt *Drive for Thinness* den größten Anteil der Varianz auf. Für die zweite Kriteriumsvariable Gesundes Trainingsverhalten hingegen zeigte sich ein anderes Bild. Die Nutzung von Fitness-Inhalten war hier signifikanter Prädiktor: Frauen, die Fitness-Inhalte rezipierten, gaben an, signifikant intensiver gesund zu trainieren. Zudem trug *Drive for Muscularity* signifikant zur Vorhersage des Trainingsverhaltens bei und moderierte den Zusammenhang zwischen Fitness-Rezeption und Fitness-Verhalten zumindest tendenziell.

Insgesamt weisen die Ergebnisse auf ein komplexes Zusammenspiel zwischen interindividuellen Unterschieden (Trainingsmotivation operationalisiert über *Drive for Thinness* und *Drive for Muscularity*), der Instagram-Nutzung (operationalisiert über die Nutzung – Rezipieren, Liken, Kommentieren, Produzieren – von fitnessbezogenen Instagram-Inhalten) und negativen sowie positiven Aspekten hin (Unzufriedenheit mit dem Körper, Gesundes Training). Obgleich das Design der Studie keine kausale Argumentation zulässt, ermöglicht die Studie doch erste Einblicke in positive Aspekte fitnessbezogener Instagram-Nutzung, die als signifikanter Prädiktor des gesunden Trainingsverhaltens, nicht aber der Körperzufriedenheit erkannt wurde. Die signifikanten Beiträge der berücksichtigten motivationalen Faktoren weisen zudem auf die Relevanz basaler psychologischer Einflussvariablen für die Analyse von Medieneffekten hin.

Eine noch stärkere Ausdifferenzierung möglicher Einflussvariablen und ihrer Integration in Studiendesigns können zukünftige Forschungsergebnisse und ihre Interpretationen grundlegend bereichern. Diesen Gedanken weiterentwickelnd soll dieser Beitrag mit einem ersten Entwurf eines Rahmenmodells zukünftiger Forschung schließen. Ausgehend von unseren Ergebnissen, die die Bedeutung motivationaler Faktoren herausstellten, argumentieren wir dafür, weitere Merkmale der Nutzer*innen in die Designs aufzunehmen, die für die Analyse von Medieneffekten insbesondere im Kontext Sozialer Medien relevant erscheinen. Abbildung 2 fasst diese Variablen in der Säule "User" zusammen. Darüber hinaus sollten die unterschiedlichen Arten der Nutzung Sozialer Medien noch differenzierter erfasst werden. So kann sich die Nutzung von Instagram auf das Rezipieren von Inhalten beschränken, es kann aber auch mit den Inhalten interagiert werden (Liken, Kommentieren, Teilen) oder eigener Inhalt produziert und veröffentlicht werden (Säule „Usage"). Zuletzt gilt es die Bandbreite potentieller (positiver und negativer) Medieneffekte zu erweitern und mit motivationalen, emotionalen, kognitiven sowie konativen Variablen die Perspektive psychologischer Forschung noch umfänglicher abzubilden. Insgesamt versucht das Modell, multiple Wirkfaktoren zu integrieren und appelliert an zukünftige Forschung, die Zusammenhänge und Wirkmechanismen körper- und fitnessbezogener Medieninhalte umfassender zu untersuchen. Es gilt, Risiken und Chancen digitaler Medien zu erforschen und zu verstehen, um empirisch valide Empfehlungen für die Gestaltung und die Nutzung dieser Medieninhalte mit Blick auf die Gesundheit ihrer Anwender*innen ableiten zu können.

Abbildung 2: Skizze eines Rahmenmodells zur Erforschung der Effekte körperbezogener Darstellung in (Sozialen) Medien

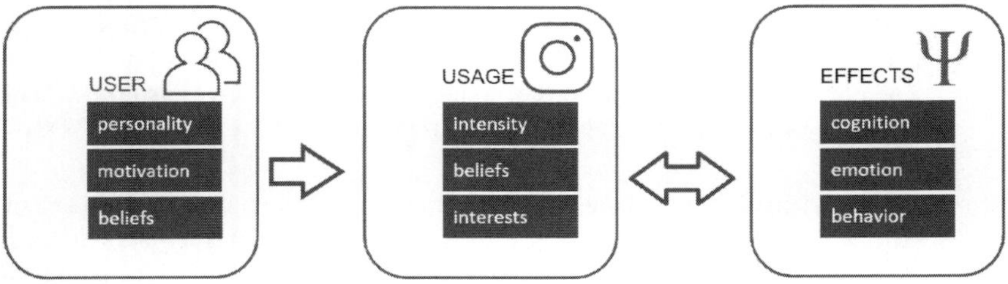

Literaturverzeichnis

Bird, S. E. (2011). Are we all produsers now? Convergence and media audience practices. *Cultural studies*, 25(4-5), 502-516. doi:10.1080/09502386.2011.600532

Carolus, A. & Katzenberger, E. (2018, September). #instafit? Exercise and eating behavior of athletes using vs. not using Instagram, *Presentation at the 51st Conference of the German Psychological Association*, Frankfurt.

Easton, S., Morton, K., Tappy, Z., Francis, D., Dennison, L. (2018). Young people's experiences of viewing the fitspiration social media trend: Qualitative study. *Journal of Medical Internet Research*, 20(6), e219. doi:10.2196/jmir.9156

Fardouly, J., Diedrichs, P. C., Vartanian, L. R., & Halliwell, E. (2015). Social comparisons on social media: The impact of Facebook on young women's body image concerns and mood. *Body Image*, 13, 38–45. http://dx.doi.org/10.1016/j.bodyim.2014.12.002

Fardouly, J., & Vartanian, L. R. (2015). Negative comparisons about one's appearance mediate the relationship between Facebook usage and body image concerns. *Body Image*, 12, 82–88. http://dx.doi.org/10.1016/j.bodyim.2014.10.004

Fouts, G. & Burggraf, K. (2000). Television situation comedies: Female weight, male negative comments, and audience reactions. *Sex Roles*, 42, 925–932. https://doi.org/10.1023/A:1007054618340

Grabe, S., Ward, L., & Hyde, J. S. (2008). The role of the media in body image concerns among women: A meta-analysis of experimental and correlational studies. *Psychological Bulletin*, 134, 460–476. doi:10.1037/0033-2909.134.3.460.

Gerbner, G., Gross, L., Morgan, M., & Signorielli, N. (1994). Growing up with television: The cultivation perspective. In J. Bryant & D. Zillmann (Eds.), *Media effects: Advances in theory and research* (pp. 17-41). Hillsdale: Lawrence Erlbaum.

Holland, G. & Tiggemann, M. (2016). Strong beats skinny everytime: Disordered Eating and Compulsive Exercise in Women Who Post Fitspiration on Instagram. *International Journal of Eating Disorders*, 50(1), 76-79. https://doi.org/10.1002/eat.22559

Prichard, I., McLachlan, A. C., Lavis, T. & Tiggemann, M. (2018). The impact of different forms of #fitspiration imagery on body image, mood, and self-objectification among young women. *Sex Roles*, 78(11-12), 789-798. doi:10.1007/s11199-017-0830-3

Raggatt, M., Wright, C. J. C., Carrotte, E., Jenkinson, R., Mulgrew, K., Prichard, I., & Lim, M. S. C. (2018). "I aspire to look and feel healthy like the posts convey": engagement with fitness inspiration on social media and perceptions of its influence on health and wellbeing. *BMC Public Health*, 18(1), 1002. doi:10.1186/s12889-018-5930-7

Robinson, L., Prichard, I., Nikolaidis, A., Drummond, C., Drummond, M., Tiggemann, M. (2017). Idealised media images: The effect of fitspiration imagery on body satisfaction and exercise behaviour. *Body Image*, 22, 65-71. https://doi.org/10.1016/j.bodyim.2017.06.001

Ruggiero, T. E. (2000). Uses and Gratifications Theory in the 21st Century. *Mass Communication & Society*, 3(1), 3–37. https://doi.org/10.1207/S15327825MCS0301_02

Statista (2018). Most famous social network sites worldwide as of April 2018, ranked by number of active users (in millions). Abgerufen von: https://www.statista.com/statistics/272014/global-social-networks-ranked-by-number-of-users

Sumter, S., Cingel, D., Antonis, D. (2018). "To be able to change, you have to take risks #fitspo": Exploring correlates of fitspirational social media use among young women. *Telematics and Informatics*, 35(5), 1166-1175. https://doi.org/10.1016/j.tele.2018.01.013

Talbot, C. V., Gavin, J., van Steen, T., & Morey, Y. (2017). A content analysis of thinspiration, fitspiration, and bonespiration imagery on social media. *Journal of Eating Disorders*, 5, 40. https://doi.org/10.1186/s40337-017-0170-2

Tiggemann, M., & Miller, J. (2010). The internet and adolescent girls' weight satisfaction and drive for thinness. *Sex Roles*, 63, 79–90. https://doi.org/10.1007/s11199-010-9789-z

Tiggemann, M., & Slater, A. (2013). Netgirls: The internet, Facebook, and body image-concern in adolescent girls. *International Journal of Eating Disorders*, 46, 630–633. https://doi.org/10.1002/eat.22141

Tiggemann, M., & Slater, A. (2014). Nettweens: The internet and body image concernsin preteenage girls. *The Journal of Early Adolescence*, 34, 606–620. https://doi.org/10.1177/0272431613501083

Tiggemann, M., & Zaccardo, M. (2015). Exercise to be fit, not skinny: The effect of fitspiration imagery on women's body image. *Body Image*, 15, 61–67. doi: 10.1016/j.bodyim.2015.06.003

Tiggemann, M. & Zaccardo, M. (2016). 'Strong is the new skinny': A content analysis of #fitspiration images on Instagram. *Journal of Health Psychology*, 1-9. doi: 10.1177/1359105316639436

Top Hashtags (2019). Top 100 Hashtags on Instagram. Retrieved from: https://top-hashtags.com/instagram

Wang, T. L. (2016). From News Receiver to News Produser—The New Relationship between Journalists and Audience in Web 2.0. *Advances in Journalism and Communication*, 4(02), 55. http://dx.doi.org/10.4236/ajc.2016.42006

Je medienkompetenter, desto gesünder? Der Zusammenhang zwischen medienbezogener Gesundheitskompetenz und Ernährungsverhalten von Mädchen

Claudia Riesmeyer, Julia Hauswald & Marina Mergen

1 Einleitung

Ein schlankes Körperbild, eine gesunde Lebensführung und eine entsprechende Ernährung sind Teile des normativen Denkens unserer Gesellschaft (Klotter, 2015a). Obwohl ein wohlbeleibter Körper lange Zeit als Zeichen des Wohlstands galt und Schönheitsideal war, wurde Schlankheit seit der frühen Antike mit dem Attribut der Mäßigung in Verbindung gebracht (Klotter, 2015b). Schlankheit steht nicht nur für ein Körperbild, sondern „repräsentiert Attraktivität, Fitness, beruflichen Erfolg, Flexibilität, Dynamik und Stil“ (Klotter, 2015b, S. 76); ein schlanker Körper bedeutet auch Gesundheit und Leistungsfähigkeit.

Soziale Netzwerke können als Plattformen genutzt werden, um die eigene Ernährungsweise als Ausdruck der Persönlichkeit zur Geltung zu bringen (Zielinski, 2016) und sich dort mit anderen interaktiv auszutauschen. So werden zum Beispiel Bilder von Mahlzeiten auf Instagram gepostet und mit entsprechenden Hashtags versehen (TK, 2017). Dem Hashtag #cleaneating wurden allein auf Instagram knapp 39 Millionen Beiträge (Stand: Juni 2018; McCartney, 2016) zugeordnet; mit den Hashtags #healthyfood bzw. #gesundessen wurden 43 Millionen Posts versehen (Instagram, 2018a & 2018b). Die Social Media-Plattform Instagram ist aufgrund ihrer visuellen Charakteristik für die ernährungsbezogene Information und Orientierung, aber auch aufgrund ihrer Reichweite unter Heranwachsenden prädestiniert, um den Zusammenhang zwischen der Medienkompetenz und dem Ernährungsverhalten Jugendlicher zu untersuchen: Ca. 57 Prozent aller Heranwachsenden zwischen 12 und 19 Jahren nutzen Instagram regelmäßig, wobei die Social Media-Plattform vor allem bei Mädchen sehr beliebt ist (Feierabend et al., 2017).

Gerade im Kindes- und Jugendalter stehen Heranwachsende vor der Bewältigung verschiedener Entwicklungsaufgaben, wie der Ausbildung eines gesunden Körperbewusstseins (Havighurst, 1948) und einer eigenen Persönlichkeit (Hurrelmann, 2006). Medien dienen dabei als „Erfahrungsraum und Orientierungsquelle“ (Schorb, 2014, S. 178). Die Rezeption medialer Inhalte unterstützt Heranwachsende bei der Ausbildung der eigenen Identität und bewirkt eine Integration der Informationen in das jugendliche Selbstkonzept. Die große Fülle ernährungsbezogener Beiträge auf Social Media-Plattformen (Soellner et al., 2009, S. 105) lässt erahnen, dass die Wahrnehmung solcher Posts Einfluss auf das Selbstkonzept Jugendlicher haben kann. Junge Frauen, die Facebook nutzen, haben z.B. signifikant höhere Bedenken bezüglich Körperidealen, insbesondere Schlankheit (Tiggemann & Slater, 2013). Die Internalisierung dieser Körperideale kann sich auch auf das Essverhalten auswirken (Sidani et al., 2016).

Eine Möglichkeit, Heranwachsende für die Risiken der Mediennutzung zu sensibilisieren, besteht in der Vermittlung von Medien- bzw. Gesundheitskompetenz (Livingstone, 2014). Trotz der Relevanz beider Kompetenzen werden diese bislang kaum im Kontext des Ernährungsverhaltens berücksichtigt. Zwar lassen sich einige Arbeiten finden, die sich mit dem (negativen) Einfluss der Nutzung sozialer Medien auf das Ernährungsverhalten auseinandersetzen (z.B. Beckert-Zieglschmid, 2004; Ging & Garvey, 2018; Holland & Tiggemann, 2017; O’Brien, 2015; Turner & Lefevre, 2017), allerdings ist der Einfluss der Medienkompetenz noch nicht erforscht worden. Mit diesem Desiderat setzt sich dieser Artikel auseinander. Er untersucht den Zusammenhang zwischen der medienbezogenen Gesundheitskompetenz (definiert als media health literacy) und dem Ernährungsverhalten von Heranwachsenden, die ernährungsbezogene Inhalte auf Instagram rezipieren.

2 Theoretische Fundierung

2.1 Medienkompetenz: Wissen, Bewerten, Handeln

Das Konzept Medienkompetenz ist durch eine Zielorientierung geprägt: Durch die Vermittlung bestimmter Fähigkeiten sollen Individuen in die Lage versetzt werden, die eigene Mediennutzung zu reflektieren, Chancen und Risiken der Nutzung zu erkennen (UNESCO, 2016). Vermittelt werden diese Fähigkeiten von Mediensozialisationsinstanzen, wie den Eltern, Lehrkräften, Gleichaltrigen oder dem Individuum selbst (Hurrelmann, 1990; 2006). Voraussetzungen für den Kompetenzerwerb sind die Motivation (Pfaff-Rüdiger & Riesmeyer, 2016) und die Bereitschaft, „angemessen, selbstbestimmt und kreativ mit sozialer Verantwortung zu handeln" (Tulodziecki, 1998, S. 697). Konkret besteht Medienkompetenz aus den Fähigkeiten (Riesmeyer, Pfaff-Rüdiger & Kümpel, 2016; Schorb, 2005)

- *Wissen* als *Sachkompetenz* (Struktur-, Funktions- und Orientierungswissen),
- *Bewerten* als *Selbstkompetenz* (kritische Reflexion) und
- *Handeln* als *Sozialkompetenz* (Medienaneignung, -nutzung-, -partizipation und -gestaltung).

Diese drei Fähigkeiten können auf die Gesundheitskompetenz übertragen werden. Manchmal werden beide Kompetenzen sogar gleichgesetzt (TK, 2018), denn Medienkompetenz ist eine notwendige Fähigkeit, um die Glaubwürdigkeit gesundheitsrelevanter Informationen zu bewerten und einen Bezug zwischen wahrgenommenen Botschaften und dem eigenen Ernährungsverhalten herzustellen.

2.2 Gesundheitskompetenz: Funktionale, kommunikative und kritische Fähigkeiten

Seit den 1970er Jahren interessiert sich die Wissenschaft zunehmend für Gesundheitskompetenz (Batterham et al., 2016). Während sich frühere Arbeiten auf funktionale Fähigkeiten wie Lesen und Schreiben für den Umgang mit gesundheitsbezogenen Informationen konzentrierten, beinhaltet das Konzept heute eine Vielzahl von Faktoren, die bestimmen, wie Menschen relevante Informationen finden, verstehen und damit umgehen (Parker et al., 1995). Die Weltgesundheitsorganisation (1998, S. 10; 2013) definiert Gesundheitskompetenz als „kognitive und soziale Fähigkeiten, die die Motivation und Fähigkeit des Einzelnen bestimmen, Zugang zu Informationen zu erhalten, diese zu verstehen und in einer Weise zu nutzen, die eine gute Gesundheit fördert und erhält". Gesundheitskompetenz wird ebenfalls als Zielvorstellung und als Voraussetzung für den Zugang zur und die Nutzung von Gesundheitsversorgung, für die Interaktion mit Leistungserbringern sowie für die Teilnahme an Gesundheitsdiskursen und -entscheidungen angesehen (Batterham et al., 2016; Soellner et al., 2009).

Neben dieser allgemeinen Defintion der WHO, diskutiert die Literatur weitere, spezifischere Definitionen von Gesundheitskompetenz (Seçkin et al., 2016). Nutbeam (2000) konzeptualisiert die Fähigkeiten in seinem viel zitierten systematischen Modell der Gesundheitskompetenz (bzw. health literacy; Soellner et al., 2009), das hier als eine theoretische Grundlage verwendet wird, da es Schnittmengen zur Medienkompetenz aufweist. Es fokussiert auf die gesundheitskompetente Informationsnutzung. Nach Nutbeam (2000, 2008, 2015) besteht Gesundheitskompetenz aus

- *funktionalen* Fähigkeiten (kognitive Verarbeitung von Gesundheitsinformationen zur Wissensgenerierung),
- *kommunikativen, interaktiven* Fähigkeiten (soziale Fähigkeiten, kommunikative Teilhabe) und
- *kritischen* Fähigkeiten (kritische Informationsanalyse, Kontrolle über eigenes gesundheitsbezogenes Handeln und Verhalten).

Diese Dreiteilung lässt sich in der Differenzierung von Medienkompetenz (Riesmeyer, Pfaff-Rüdiger & Kümpel, 2016; Schorb, 2005) wiederfinden und zum Konzept der medienbezogenen Gesundheitskompetenz (u.a. Levin-Zamir, Lemish, & Gofin, 2011) zusammenführen:

- *Wissen* als *funktionale* Fähigkeiten (Sachkompetenz) umfasst Hintergrundwissen und die Verarbeitung von Gesundheitsinformationen zur Wissensgenerierung.
- *Bewerten* als *kritische* Fähigkeiten (Selbstkompetenz) wird verstanden als die kritische Reflexion und Kontrolle über eigene gesundheitsbezogene Handlungen und Verhaltensweisen.
- *Handeln* als *kommunikative, interaktive* Fähigkeiten (Sozialkompetenz) meint die Aneignung von Wissen, die soziale Interaktion mit anderen, die Selbstdarstellung und das Ernährungsverhalten.

2.3 Forschungsstand

Laut Nutbeam (2000) kann die Kompetenzvermittlung mit jeder der drei Fähigkeiten beginnen. In der Kindheit und Jugend entwickeln sich grundlegende Muster des Gesundheitsverhaltens, die sich nach dieser Zeit stabilisieren. Grundlegende Strukturen individueller Verhaltensmuster werden im Erwachsenenalter beibehalten (Langness, Richter, & Hurrelmann, 2005). Da Gesundheitskompetenz als grundlegender Faktor für die psychische und physische Gesundheit angesehen wird (Soellner et al., 2009), ist es wichtig, sie in der Kindheit und Jugend zu fördern.

Der Zusammenhang zwischen Medien- bzw. Gesundheitskompetenz und Ernährungsverhalten wird bislang nur selten in der empirischen Forschung in den Blick genommen. Wenn, dann wird der Zusammenhang zwischen der Social Media-Nutzung und dem Ernährungsverhalten untersucht (Beckert-Zieglschmid, 2004; Sidani et al., 2016). Die meisten Studien befassen sich jedoch ausschließlich mit der Nutzung von Apps und deren Auswirkungen auf ungesunde Ernährung (Ging & Garvey, 2018; Holland & Tiggemann, 2017; O'Brien, 2015; Turner & Lefevre, 2017). So besteht beispielsweise ein Zusammenhang zwischen der Social Media-Nutzung und Essstörungen. Insbesondere soziale Netzwerke, die visuelle Elemente und Peer-Interaktionen verbinden, können das Risiko von Essstörungen erhöhen (Sidani et al., 2016).

Ausnahmen sind die Studien von Levin-Zamir, Lemish und Gofin (2011) und Chang et al. (2015). Beide Studien bestätigen, dass medienbezogene Gesundheitskompetenz einen positiven Einfluss auf das gesundheitsfördernde Verhalten und die Ernährungsroutinen haben und funktionale Gesundheitskompetenz einen positiven Einfluss auf gesundheitsrelevantes Verhalten hat (Chang et al., 2015). Maag (2007) analysiert den Zusammenhang zwischen Gesundheitskompetenz, Ernährung und Bewegung und blendet dabei allerdings Medienkompetenz und damit ein breiteres Verständnis von Gesundheitskompetenz sowie deren Vermittlung und die Nutzung von Social Media-Plattformen aus. Dies ist erstaunlich, da die Nutzung von Social Media in den Alltag (insbesondere bei Heranwachsenden) integriert ist und für die Hälfte der Deutschen eine gesunde Ernährung und das Erreichen der sozialen Körperideale relevant sind. Langness et al. (2005) zeigen, dass junge Menschen, die sich früh und routinemäßig gesund ernähren, seltener später chronisch krank werden. Diese Ernährungsgewohnheiten werden durch das Elternhaus und den Unabhängigkeitswillen der Heranwachsenden in der Pubertät sowie ggf. ihre medienbezogene Gesundheitskompetenz beeinflusst.

2.4 Forschungfragen

Auf der Grundlage des Forschungsstandes und der genannten Desiderata sollten die folgenden Forschungsfragen (FF) beantwortet werden.

- Welche Sozialisationsinstanz vermittelt medienbezogene Gesundheitskompetenz und das Ernährungswissen (Vermittlung von Fähigkeiten) (FF 1)?
- Inwiefern verfügen die Befragten über Wissen über die Funktionslogik von Instagram und können ernährungsbezogene Instagram-Beiträge entsprechend bewerten (FF 2)?
- Welcher Zusammenhang besteht zwischen der Wahrnehmung von Ernährungsbeiträgen auf Instagram und dem eigenen Ernährungsverhalten (FF 3)?

- Welcher Zusammenhang besteht zwischen der Bewertung der wahrgenommenen Ernährungsbeiträge auf Instagram und deren Bewertung (FF 4)?

3 Methode

Um diese Forschungsfragen zu beantworten, wurden im Mai und Juni 2018 Leitfadeninterviews mit 15 Mädchen zwischen 13 und 19 Jahren durchgeführt (Altersdurchschnitt: 15,8 Jahre). Diese Altersgruppe wurde gewählt, weil Instagram eine der am häufigsten verwendeten Social Media-Plattformen in dieser Gruppe ist (Feierabend et al., 2017). Darüber hinaus sind Mädchen in diesem Alter besonders anfällig für Essstörungen (Meier & Gray, 2014). Zudem verschiebt sich in dieser Altersgruppe der Einfluss der Sozialisationsinstanzen (von der Familie richtet sich der Fokus stärker auf Freunde) und die Identitätsbildung ist eine zentrale Entwicklungsaufgabe (Havighurst, 1948; Hurrelmann, 2006).

Die aktive und regelmäßige Nutzung eines Instagram-Accounts zur Untersuchung möglicher Einflüsse auf das Ernährungsverhalten war für die Teilnahme an den Interviews obligatorisch. Die Befragten wurden nach dem Ansatz der theoretischen Sättigung rekrutiert (Kvale & Brinkman, 2009; Mason, 2018), wobei auf eine Gleichverteilung des Bildungshintergrunds geachtet wurde (Haupt-, Realschule, Gymansium). Die persönlichen Interviews fanden entweder bei den Befragten zu Hause, in Cafés oder an der LMU München statt.

Die Dimensionen Wissen, Bewerten und Handeln wurden operationalisiert und in den Interviewleitfaden (Tabelle 1) übertragen. Darüber hinaus wurde die Kategorie Lebenswelt aufgenommen, um einerseits den Stellenwert der Ernährung bzw. des Ernährungsverhaltens und andererseits der Instagram-Nutzung im Alltag herstellen zu können. Insgesamt umfasste der Leitfaden 19 Hauptfragen und dazugehörige Nachfragen. Die Fragen wurden in flexibler Reihenfolge gestellt, um größtmögliche Freiheit bei den Antworten zu schaffen. Neben dieser Offenheit war die Vertrautheit während des Interviews wichtig, da das Ernährungsverhalten ein sensibler, individueller Lebensbereich ist (Meyen et al., 2019; Riesmeyer, 2011). In das Leitfadeninterview wurde die Methode des Lauten Denkens integriert (Reinemann et al., 2019). Die Mädchen erhielten dazu eine Primäraufgabe. Gezeigt wurden ihnen bis zu vier Instagram-Bilder, mit denen erfasst wurde, inwiefern sie in der Lage waren, über eine gesunde Ernährungsweise zu reflektieren, welchen Stellenwert sie dieser einräumen und zu artikulieren, welche Darstellung sie für angemessen bzw. unangemessen halten.

Tabelle 1: Kategoriensystem

Kategorie	Operationalisierung
Lebenswelt	• Tagesablauf, Hobbies, Freizeitgestaltung • Instagram-Nutzung (Follower, Followee, Privatsphäre) • Ernährungsverhalten (tägliche Routinen)
Wissen	• Hintergrundwissen über Instagram (Funktionen, Hashtags, Inszenierung) • Verarbeitung von Gesundheitsinformationen zur Wissensgenerierung von Wissen • Medialitätsbewusstsein für Medialität (Kenntnis von Normen, Fiktion vs. Realität auf Instagram) • Wissensvermittlung über Ernährung (Wissensursprung, z.B. Familie, Gleichaltrige, Influencer)
Bewerten	• Kritische Reflexion (positive und negative Auswirkungen der Instagram-Nutzung und des Ernährungsverhaltens) • Kontrolle über eigene gesundheitsbezogene Handlungen und Verhaltensweisen • Bedeutung und Bewertung von gesundem Ernährungsverhalten
Handeln	• Aneignung von Wissen • Soziale Interaktion mit anderen • Ernährungsverhalten (Orientierung und Einflüsse)

Die Interviews wurden persönlich durchgeführt, aufgezeichnet, transkribiert und theoriegeleitet anhand des Kategoriensystems analysiert (vgl. Tabelle 1; Meyen et al., 2019). Alle Transkripte wurden anonymisiert und mit einem Pseudonym versehen, das auch für die Zitation in diesem Aufsatz genutzt wird. Zunächst wurden die Transkripte von Textpassagen bereinigt, die für die Beantwortung der Forschungsfragen unwichtig waren. Relevante Abschnitte hingegen wurden in tabellarischer Form unter den entsprechenden Kategorien eingefügt. Trat ein neuer Aspekt auf, der nicht in eine der deduktiv abgeleiteten Kategorien eingeordnet werden konnte, so wurde eine weitere Unterkategorie induktiv gebildet. Es folgte eine sprachliche und inhaltliche Reduktion der gefundenen Textpassagen, um generalisierende Aussagen zu treffen und Erkenntnisse aus dem Material zu filtern.

4 Befunde

Für alle Befragten ergibt sich ein klares Bild über den Einsatz von Instagram: Social Media-Plattformen, insbesondere Instagram, spielen eine enorme Rolle im Alltag von Mädchen. Instagram hat einen so wichtigen Platz in ihrem Leben eingenommen, dass sie ihren Tag mit dem Öffnen der App beginnen und ihren Tag mit dem Schließen beenden. Die Social Media-Plattform Instagram fungiert als ständiger Begleiter für alle Mädchen und wird mehrmals täglich genutzt, besonders bei Langeweile, auf Reisen oder sogar während der Schule/Arbeit.

4.1 Wissensvermittlung

Im Hinblick auf die Lebenswelt fällt auf, dass alle Befragten eine sehr ähnliche Instagram-Nutzung aufweisen. Sie alle treffen auf „typische" Ernährungsbeiträge auf Instagram. Interessant ist, dass die Mädchen Ernährungsbeiträge von Freunden wahrnehmen, die in ihren Beiträgen oft den Nährwert von Lebensmitteln angeben und Empfehlungen aussprechen. Allerdings sagen die Befragten auch, dass sie Ernährungsbeiträge auf Instagram hauptsächlich von Prominenten oder professionellen Fitness-Bloggern sehen. Damit nehmen die Mädchen oft Beiträge wahr, die inszeniert werden und denen ein professionelles, monetäres Interesse zugrunde liegt.

Die Vermittlung der Medienkompetenz ist an erster Stelle Aufgabe der Eltern als primäre Sozialisationsinstanz. (Arnett, 2007; Hurrelmann 2006). Für die Nutzung und Funktionsweise von Instagram scheint dies jedoch weniger der Fall zu sein. Auch wenn die Eltern vielleicht wissen, was beispielsweise Hashtags sind und welche Bedeutung diese haben, berichten doch alle Mädchen davon, dass sie sich selbst die Verwendung von Hashtags beigebracht haben. Dieser Wissenserwerb geht Hand in Hand mit dem Beginn der Instagram-Nutzung oder anderen Social Media-Plattformen. Martha (14) betont ihre aktive Rolle: „Und dann habe ich herausgefunden, was ein Hashtag ist und wie man ihn benutzt." Die Erkenntnis, dass das Wissen über Hashtags selbst sozialisiert ist, lässt sich auch dadurch erklären, dass es in der Mehrheit der Familien keine Regeln für die Instagram-Nutzung im Speziellen gibt, weil die Eltern die Plattform nicht selbst nutzen und ihnen das Wissen darüber fehlt. Die Eltern vermitteln vielmehr grundlegende Nutzungsnormen (z.B. hinsichtlich des Schutzes der Privatsphäre).

Auch in Bezug auf das Ernährungswissen sind die Mädchen ähnlich. Meistens verstehen sie unter gesunder Ernährung dasselbe (frisch zubereitete Gerichte mit Obst und Gemüse). Darüber hinaus wurde die Restriktion von Zucker und Fast-Food-Konsum als Teil einer gesunden Ernährung erwähnt. Das Ernährungsverhalten scheint identisch zu sein: Die meisten Mädchen beschreiben ihre Essgewohnheiten als normal für sie und abhängig von Lebensphasen. Sie essen, was gut schmeckt, manchmal süß oder ungesund. Einige Mädchen befolgen bestimmte Diäten, eine vegetarische oder vegane Ernährungsweise. Wenn sie Sport treiben, achten sie auf eine besonders gesunde Ernährung („Wenn ich gerade wirklich eine solche Sportphase habe, dann versuche ich, auf meine Essgewohnheiten zu achten", Eva, 19). Sie beschreiben eine gesunde Ernährung als Mittel, um den gewünschten Körper zu erreichen, und verbinden oft automatisch attraktive Körperbilder mit einer gesunden Ernährung. Für die Mädchen spielt dies eine wichtige Rolle im Alltag.

Aber woher wissen sie, was gesunde Ernährung bedeutet? Für diesen Wissenserwerb sind Eltern und Lehrer besonders wichtig. Das soziale Umfeld, vor allem die Familie, hat einen wesentlichen Einfluss auf das Ernährungsverhalten. Dies zeigt sich daran, dass die Mädchen hauptsächlich zu Hause essen, wo die Eltern oft die Ernährung (Essenswahl, Zusammensetzung und Mahlzeiten) bestimmen. Auch der Austausch von Ernährungsinformationen findet zunehmend über das nahe familiäre Umfeld statt. „Mein großer Bruder – er hat mich so sehr gepägt. Er beschäftigt sich sehr mit Ernährung. Von ihm weiß ich vieles. Er sagt immer: ‚Mach das und das ist gut.'" (Felizitas, 19). Dennoch erzählen einige Mädchen, selbst Wissen über die Ernährungsverhalten in traditionellen und sozialen Medien erworben zu haben. Julia (13) spricht zum Beispiel von Lifestyle-Bloggern auf Instagram, die „immer ihr Essen oder ihre Fitness teilen". An deren Darstellung orientieren sich die Mädchen und setzen das so gewonnene Wissen in ihrer Ernährung um. Letztlich eignen sie sich damit selbst Wissen an, so dass auch für den Erwerb des Ernährungswissens Selbstsozialisation zentral ist.

4.2 Inszenierung von Ernährungsbeiträgen

Um die zweite Forschungsfrage zu beantworten, wurden die Fähigkeit zur Bewertung von Instagram-Beiträgen und der Bezug zum Ernährungsverhalten analysiert. Alle Mädchen sind sich bewusst, dass Instagram-Beiträge inszeniert sind. Die Inszenierung erkennen sie zum Beispiel an der visuellen

Darstellung mit Drang zum Perfektionismus (Nutzung von Filtern, Auswahl von Lebensmitteln). Darüber hinaus stellen sie fest, dass in einigen Fällen Beiträge durch ihre ästhetische Darstellung fälschlicherweise suggerieren, dass dargestellte Gerichte gesund sind, obwohl dies nicht automatisch der Wahrheit entsprechen muss. In diesem Zusammenhang berichten die Mädchen, dass Instagram die Plattform ist, auf der Perfektionismus und Inszenierung dominieren, da nichts so dargestellt wird, wie es in Wirklichkeit ist, sondern nur die besten und schönsten Bilder veröffentlicht werden. Dementsprechend besitzen die jungen Mädchen die Fähigkeit, wahrgenommene Beiträge zu bewerten und einen Bezug zur Realität herzustellen. Sie begründen ihre Einschätzung damit, dass die Zubereitung der Speisen zu perfekt und zeitaufwendig für den Alltag ist. Die Befragten sind in der Lage, ihr eigenes Essverhalten mit den Instagram-Beiträgen zu vergleichen, und geben zu bedenken, dass die Personen, denen sie folgen, sich nicht durchgehend gesund ernähren, wie es deren Instagram-Profil nahelegt. „Ich denke, wenn man nur solche Beiträge schreibt, finde ich das irgendwie eine Lüge, denn es gibt keine Person, die sich wirklich nur gesund ernährt. Also, das kann ich mir nicht vorstellen. (…) Es gibt sicherlich Tage, an denen sie Schokolade oder so etwas essen“ (Diana, 17). Die Mädchen geben zudem zu bedenken, dass Gerichte ausschließlich für die Veröffentlichung eines Beitrags auf Instagram zubereitet worden sind. Diese Einschätzung hängt wiederum mit einem Mangel an Glaubwürdigkeit hinsichtlich des Ernährungsverhaltens von Food-Accounts zusammen. Aus diesen Befunden lässt sich schließen, dass die Mädchen sehr wohl die Funktionslogik von Instagram durchschauen und Beiträge entsprechend bewerten können. Dabei hilft ihnen die Fähigkeit, zwischen der Realität und der auf Instagram inszenierten Darstellung zu unterscheiden.

4.3 Wahrnehmung von Ernährungsbeiträgen und -verhalten

Inwieweit hängt die Nutzung von Instagram mit dem individuellen Ernährungsverhalten zusammen? Eine bemerkenswerte Anzahl von Mädchen veröffentlicht Fotos von Lebensmitteln auf Instagram. Viele der Befragten lassen sich zudem inspirieren, neue Lebensmittel oder Gerichte auszuprobieren. Ernährungsbeiträge auf Instagram können daher auch als Motivator für eine gesündere Ernährung dienen. Darüber hinaus erzählen einige Mädchen, dass sie einzelne Ernährungstrends aus Instagram bewusst in ihr alltägliches Essverhalten integrieren (z.B. Chiasamen ausprobieren, Felizitas, 19). Nora (15) zum Beispiel regten Instagram-Beiträge an, vegane Gerichte auszuprobieren: „Ich habe mir immer zuerst die Bilder und dann die Kommentare angesehen. (...) Es gab viele Gerichte, die mich irgendwann überzeugt haben, dass es auch gut schmeckt, wenn man vegan isst, ein gesünderes Essverhalten hat und immer noch köstliche Dinge essen kann." Durch die Instagram-Nutzung und der dortigen Konfrontation mit Bildern eines gesunden Ernährungsverhaltens meint sie, sich heute gesünder zu ernähren, als in der Vergangenheit.

Ernährungsbezogene Beiträge auf Instagram nehmen bis auf vereinzelte Ausnahmen alle befragten Mädchen wahr. Sie bekommen Ideen aus sozialen Netzwerken und probieren sie aus. Vor allem sind sie in der Lage, diesen Zusammenhang zwischen der Wahrnehmung von Ernährungsbeiträgen und dem eigenen Ernährungsverhalten zu erkennen und zu verbalisieren. Auffallend ist, dass die Mehrheit der Mädchen angibt, sich zum Zeitpunkt der Leitfadeninterviews gesünder als zuvor zu ernähren und sich dabei von Instagram-Beiträgen inspirieren zu lassen. Dazu gehört zum Beispiel, abends weniger zu essen oder generell mehr Obst und Gemüse in den Speiseplan aufzunehmen.

4.4 Wahrnehmung von Ernährungsbeiträgen und deren Bewertung

Auch hinsichtlich der Forschungsfrage 4 scheint sich ein eindeutiges Bild zu zeigen: Die Befragten sind in der Lage, über ihre Instagram-Nutzung und den Zusammenhang zwischen den wahrgenommenen Ernährungsbeiträgen und dem eigenen Ernährungsverhalten zu reflektieren. Sie wissen, dass die Nutzung von Instagram negative Auswirkungen auf das Leben Heranwachsender haben kann. Vor allem sehen sie ein mangelndes Selbstwertgefühl und Minderwertigkeitskomplexe als mögliche Folgen der Wahrnehmung von Instagram-Beiträgen an. Diese können zu schwerwiegenden Erkrankungen (z.B. Essstörungen) führen. Eine solche Entwicklung führen sie auf den Druck, sich der Mehrheit anpassen zu wollen oder zu müssen, zurück. Instagram würde den Eindruck erwecken, dass jeder gesund essen würde. Diese Annahme könne junge Menschen dazu verleiten, sich wegen ihres eigenen Ernährungsverhaltens schuldig fühlen. Auffällig ist, dass gesunde Ernährung nicht in erster Linie mit dem Attribut Gesundheit verbunden ist. Der Hauptgrund für viele Mädchen, sich gesund zu ernähren, ist, einen schlanken Körper zu bekommen oder so gut auszusehen wie andere auf Instagram. „Ich denke, dass die Fotos einige (...) irgendwie indirekt beeinflussen. (...) Man setzt sich einfach mit der Chipstüte davor (vor dem Smartphone), sieht das und bekommt irgendwie ein schlechtes Gewissen" (Eva,

19). Instagram wird allerdings auch ein positiver Einfluss auf das Selbstwertgefühl zugeschrieben, da ein positives Feedback auf eigene Beiträge das Selbstwertgefühl erhöhen können.

Die Mädchen sehen in Instagram auch einen Motivator dafür, Sport zu treiben oder Lebensbereiche zu verändern. Die Auseiandersetzung mit Beiträgen, die eine gesunde Ernährung zeigen, motiviert dazu, die eigene Ernährung zu überdenken und optimal anzupassen. „Nicht ändern müssen, sondern sich ändern wollen. Wenn man also gesundes Essen sieht und das Essen lecker aussieht – weil die Bilder schön aussehen – dann denkt man: ‚Ja, dann kann ich das sozusagen auch essen'", erklärt Anna (17) den Einfluss von Instagram. Die Mädchen sind fähig, kritisch mit den wahrgenommenen Beiträgen umzugehen, haben ein Gespür für die Realitätsnähe von Ernährungsbeiträgen auf Instagram entwickelt. Diese Fähigkeit der medienbezogenen Gesundheitskompetenz ist zentral, um die möglichen Gefahren, aber auch Chancen von Ernährungsbeiträgen zu verstehen und zu verbalisieren.

5 Diskussion

Die Befunde verdeutlichen die Relevanz der medienbezogenen Gesundheitskompetenz für das Ernährungsverhalten heranwachsender Mädchen, denn mit Nahrungsbildern werden sie auf Instagram regelmäßig konfrontiert. Sie nehmen diese wahr (von Freunden oder Influencern) oder (deutlich seltener) veröffentlichen diese Bilder selbst. Die Bedeutung der Eltern als primäre Sozialisationsinstanz sowie der Heranwachsenden selbst wird deutlich. Das Medienwissen erlangen sie durch Selbstsozialisation. Eltern nutzen Instagram nicht und definieren für dessen Nutzung selten Regeln. Das Essverhalten Heranwachsender wird hingegen von den Eltern beeinflusst (Maag, 2007). Daher ist es von enormer Bedeutung, die Gesundheitserziehung zu fördern, da Eltern die Grundlage für eine gesunde Ernährung im Kindesalter schaffen (Das et al., 2017) und die Gesundheitskompetenz fördern (Nutbeam, 2000). Darüber hinaus erwerben Heranwachsende Ernährungswissen auch selbst. Sie suchen online aktiv nach Ernährungsinhalten und eignen sich neues Wissen an, das allerdings einer Einordnung hinsichtlich einer gesundenen Ernährungsweise durch andere Mediensozialisationsinstanzen (z. B. die Eltern oder ältere Geschwister, Freunde) bedarf. Die befragten Mädchen werden fast täglich mit Ernährungsbeiträgen auf Instagram konfrontiert. Diese Beiträge propagieren einen gesunden Lebensstil und präsentieren Körperideale. Die Mädchen verbinden diese Körperideale in der Regel mit einer gesunden Ernährung.

Die Wahrnehmung von Bildern, die Nahrungsmittel oder Körper zeigen, führt zu einem Anpassungsdruck an diese Ideale, was zwar zu einer tendenziell negativen Wahrnehmung dieser Bilder führt, den Anpassungsdruck an die wahrgenommenen Ideale aber nicht mindert. Die Fülle der Ernährungsinformationen auf Instagram führt auch dazu, dass die befragten Mädchen der Ernährung eine große Bedeutung beimessen und eine gesunde Ernährung als Zielkomponente für eine gute Figur betrachten. Eine gesunde Ernährung bringen sie daher mit einem schlanken Körperbild in Verbindung: Sie ernähren sich gesund, um abzunehmen oder mindestens das Körpergewicht zu halten. Die Nutzung von Instagram kann sich aber auch positiv auf die Gesundheitskompetenz auswirken, da Mädchen beispielsweise neue Lebensmittel entdecken und über ihre Nahrungsmittelzusammensetzung nachdenken, auch wenn dies nicht unbedingt zu einer Veränderung des Ernährungsverhaltens führt (Levin-Zamir et al., 2011; Chang et al., 2015).

Die Mädchen besitzen Wissen, um wahrgenommene Beiträge einzuordnen und zu bewerten (Stichwort: Inszenierung). Sie wissen, dass die Inhalte auf Instagram nicht (nur) die Realität zeigen und dass inszenierte Beiträge auf Instagram einen größeren Zuspruch als nicht-inszenierte Bilder erfahren. Sie reflektieren über negative Folgen von inszenierten Bildern, argumentieren aber, dass die Bilder ihr eigenes Ernährungsverhalten inspirieren. Sie integrieren das Gesehene in ihre Essgewohnheiten, übernehmen Trends und handeln so gegen das Wissen um negative Folgen, um das sozial erwartete Körperbild als wahrgenommenes Ideal zu erreichen. Die Interviews zeigen, dass sich die Mädchen aufgrund ihrer reflexiven Fähigkeiten der Konsequenzen bewusst sind, die die Wahrnehmung von Ernährungsbeiträgen für die eigenen Essgewohnheiten haben können.

Medienbezogene Gesundheitskompetenz ist entscheidend für einen gesundheitskompetenten Umgang mit Beiträgen, die auf Instagram veröffentlicht werden, um diese wahrnehmen, entsprechend bewerten und ggf. handeln zu können. Allerdings wird trotz dieser Relevanz der medienbezogenen Gesundheitskompetenz eine Einschränkung deutlich: Die Fähigkeiten der medienbezogenenen Gesundheitskompetenz führen nicht automatisch zu gesünderen Essgewohnheiten bei jungen Mädchen, denn trotz ihres Wissens über gesunde Ernährung und Funktionslogiken von Instagram handeln sie gegen dieses Wissen und lassen sich hinsichtlich ihrer Essgewohnheiten beeinflussen. Die Frage „je medienkompetenter, desto gesünder?" muss auf Basis der Befunde verneint werden.

Literaturverzeichnis

Batterham, R. W., Hawkins, M., Collins, P. A., Buchbinder, R., & Osborne, R. H (2016). Health literacy: Applying current concepts to improve health services and reduce health inequalities. *Public Health, 132*, 3-12.

Beckert-Zieglschmid, C. (2004). Individualisiertes Gesundheitsverhalten? Soziale Strukturen, Peereinflüsse und Lebensstile als Einflussfaktoren des Ernährungsverhaltens Jugendlicher. *Sozial- und Präventivmedizin, 50*(4), 206-217.

Chang, F.-C, Chiu, C.-H., Chen, P.-H., Miao, N.-F., Lee, C.-M., Chiang, J.-T., & Pan, Y. C. (2015). Relationship between parental and adolescent ehealth literacy and online health information seeking in Taiwan. *Cyberpsychology, Behavior, and Social Networking, 18*(10), 618-624.

Das, J. K., Salam, R. A., Thornburg, K. L., Prentice, A. M., Campisi, S., Lassi, Z. S., . . . & Bhutta, Z. A. (2017). Nutrition in adolescents: Physiology, metabolism, and nutritional needs. *Annals of the New York Academy of Sciences, 1393*, 21-33.

Feierabend, S., Plankenhorn, T., & Rathgeb, T. (2017). *JIM 2017. Jugend, Information, (Multi-) Media. Basisstudie zum Medienumgang 12- bis 19-Jähriger in Deutschland.* Stuttgart: Medienpädagogischer Forschungsverbund Südwest (mpfs).

Ging, D., & Garvey, S. (2018). „Written in these scars are the stories I can't ex- plain": A content analysis of pro-ana and thinspiration image sharing on instagram. *New Media & Society, 20*(3), 1181-1200.

Havighurst, R. J. (1948). *Developmental tasks and education*. Chicago, IL, US: University of Chicago Press.

Holland, G., & Tiggemann, M. (2017). „Strong Beats Skinny Every Time": Disordered Eating and Compulsive Exercise in Women Who Post Fitspiration on Instagram. *International Journal of Eating Disorders, 50*(1), 76-79.

Hurrelmann, K. (1990). Parents, peers, teachers, and other significant partners in adolescence. *International Journal of Adolescence and Youth, 2*, 211-236.

Hurrelmann, K. (2006). *Einführung in die Sozialisationstheorie*. Weinheim: Beltz.

Instagram (2018a). *#healthyfood*. Abgerufen am 20. Mai 2018 von https://www.instagram.com/explore/tags/healthyfood/

Instagram (2018b). *#gesundessen*. Abgerufen am 20. Mai 2018 von https://www.instagram.com/explore/tags/gesundessen/

Klotter, C. (2015a). Advocacy: Für wen sind wir Ernährungsexperten da? – Eine Problematisierung. In G. Hirschfelder, A. Ploeger, & J. Rückert-John, G. Schönberger (Hrsg.), *Was der Mensch essen darf. Ökonomischer Zwang, ökologisches Gewissen und globale Konflikte* (S. 115–128). Wiesbaden: Springer.

Klotter, C. (2015b). *Fragmente einer Sprache des Essens: ein Rundgang durch eine essgestörte Gesellschaft.* Wiesbaden: Springer VS.

Kvale, S., & Brinkmann, S. (2009). *Interviews. Learning the craft of qualitative research interviewing*. London: Sage.

Langness, A., Richter, M., & Hurrelmann, K. (2005). Gesundheitsverhalten im Jugendalter: Ergebnisse der internationalen „Health Behaviour in School-aged Children"-Studie. *Gesundheitswesen, 67*, 422-431.

Levin-Zamir, D., Lemish, D., & Gofin, R. (2011). Media Health Literacy (MHL): development and measurement of the concept among adolescents. *Health Education Research, 26*(2), 323–335.

Livingstone, S. (2014). Developing social media literacy: How children learn to interpret risky opportunities on social network sites. *Communications, 39*, 283–303.

Maag, D. (2007). Gesundheitskompetenz bezüglich Ernährung, Bewegung und Gewicht (Unpublished doctoral dissertation). Lugano: Università della Svizzera italiana. Online abgerufen unter http://doc.rero.ch/record/7981/files/?ln=en.

Mason, J. (2018). *Qualitative researching*. London: Sage.

McCartney, M. (2016). Clean eating and the cult of healthism. *The BMJ*, 2016, 354.

Meier, E. P., & Gray, J. (2014). Facebook photo activity associated with body image disturbance in adolescent girls. *Cyberpsychology, Behavior, and Social Networking, 17*(4), 199-206.

Meyen, M., Löblich, M., Pfaff-Rüdiger, S., & Riesmeyer, C. (2019). *Qualitative Forschung in der Kommuni-kationswissenschaft. Eine praxisorientierte Einführung*. 2. Auflage. Wiesbaden: VS Verlag.

Nutbeam, D. (2000). Health literacy as a public health goal: a challenge for contemporary health education and communication strategies into the 21st century. *Health Promotion International, 15*(3), 259–267.

Nutbeam, D. (2008). The evolving concept of health literacy. *Social Science & Medicine, 67*(12), 2072-2078.

Nutbeam, D. (2015). Defining, measuring and improving health literacy. *Health Evaluation and Promotion, 42*(4), 450–456.

O'Brien, K. (2015). *The Cultivation of Eating Disorders through Instagram*. Online abgerufen unter: http://scholarcommons.usf.edu/cgi/viewcontent.cgi?article=7200&context=et d (12.06.2018).

Parker, R. M., Baker, D. W., Williams, M. V., & Nurss, J. R. (1995). The test of functional health literacy in adults. *Journal of General Internal Medicine, 10*(10), 537-541.

Pfaff-Rüdiger, S., & Riesmeyer, C. (2016). Moved into action. Media literacy as social process. *Journal of Children and Media, 10*(2), 164-172.

Reinemann, C., Nienierza, A., Fawzi, N., Riesmeyer, C., & Neumann, K. (2019). *Verdeckter Extremismus, offener Hass? Eine Mehr-Methoden-Studie zur Nutzung und Rezeption extremistischer Online-Botschaften unter Jugendlichen*. Wiesbaden: VS Verlag.

Riesmeyer, C. (2011). Das Leitfadeninterview. Königsweg der qualitativen Journalismusforschung? In O. Jandura, T. Quandt, & J. Vogelgesang (Hrsg.), *Methoden der Journalismusforschung* (S. 223-236). Wiesbaden: VS Verlag.

Riesmeyer, C., Pfaff-Rüdiger, S., & Kümpel, A. S. (2016). Wenn Wissen zu Handeln wird: Medienkompetenz aus motivationaler Perspektive. *Medien & Kommunikationswissenschaft, 64*(1), 36-55.

Schorb, B. (2005). Medienkompetenz. In J. Hüther & B. Schorb (Hrsg.), *Grundbegriffe Medienpädagogik* (S.257–262). München: kopaed.

Schorb, B. (2014). Identität und Medien. In A. Tillmann, S. Fleischer, & K.-U. Hugger (Hrsg.), *Handbuch Kinder und Medien* (S. 171–180). Wiesbaden: Springer.

Seçkin, G., Yeatts, D., Hughes, S., Hudson, C., & Bell, V. (2016). Being an informed consumer of health information and assessment of electronic health literacy in a national sample of internet users: Validity and reliability of the e-HLS instrument. *Journal of Medical Internet Research, 18*(7), 1-25.

Sidani, J. E., Shensa, A., Hoffman, B., Hanmer, J., & Primack, B. A. (2016). The Association between Social Media Use and Eating Concerns among US Young Adults. *Journal of the Academy of Nutrition and Dietetics, 116*(9), 1465–1472.

Soellner, R., Huber, S., Lenartz, N., & Rudinger, G. (2009). Gesundheitskompetenz – ein vielschichtiger Begriff. *Zeitschrift für Gesundheitspsychologie, 17*, 105- 113.

Techniker Krankenkasse (2017). *Iss was, Deutschland.* Online abgerufen unter: https://www.tk.de/resource/blob/2009654/1ce2ed0f051b152327ae3f132c1bcb 3a/tk-ernaehrungsstudie-2017-data.pdf (11.06.2018).

Techniker Krankenkasse (2018). *Homo Digivitalis – TK-Studie zur Digitalen Gesundheitskompetenz 2018.* Online abgerufen unter: https://www.tk.de/centaurus/servlet/contentblob/981906/Datei/87242/TK-Studien-band-Digitale-Gesundheitskompetenz-Homo-Digivitalis-2018.pdf (31.05.2018).

Tiggemann, M., & Slater, A. (2013). NetGirls: The Internet, Facebook, and body image concern in adolescent girls: The Internet and Body Image Concern. International *Journal of Eating Disorders, 46*(6), 630–633.

Tulodziecki, G. (1998). Entwicklung von Medienkompetenz als Erziehungs- und Bildungsaufgabe. *Pädagogische Rundschau, 52*(6), 693-709.

Turner, P. G., & Lefevre, C. E. (2017). Instagram use is linked to increased symptoms of orthorexia nervosa. *Eat Weight Disorder, 22*, 277-284.

UNESCO (2016). *Media and Information Literacy.* Online abgerufen unter: http://www.unesco.org/new/en/communication-and-information/media-development/media-literacy/mil-as-composite-concept/ (19.6.2016).

World Health Organization. (1998). Health *promotion glossary. Geneva: World Health Organization.* Online abgerufen unter: http://www.who.int/healthpromotion/about/HPR%20Glossary%201998.pdf?ua=1

World Health Organization (Hrsg.). (2013). *Health literacy: the solid facts.* Online abgerufen unter; http://www.euro.who.int/__data/assets/pdf_file/0008/190655/e96854.pdf?ua=1 (01.06.2018).

Zielinski, J. (2016). Wie wirken Social Media auf das Ernährungsverhalten? *Ernährung & Medizin, 31*(4), 152–155.

Mein Kind, dein Kind: Der Einfluss von individuellen und gesellschaftlichen Nutzenframes in Online-Zeitungsartikeln auf die Impfentscheidung von Eltern

Constanze Küchler & Anja Kalch

1 Einleitung

Das Internet stellt, neben dem eigenen Kinderarzt, eine zunehmend wichtige Informationsquelle für Eltern dar, die Impfentscheidungen für ihre Kinder treffen (Gaczkowska, Mertens, Reckendrees, Wortberg, & Pott, 2013). Im Besonderen nutzen Eltern, die sich durch ihren Kinderarzt nur unzureichend über Impfungen informiert fühlen, das Internet als zusätzliche Informationsquelle (Betsch et al., 2012; Gaczkowska et al., 2013; Harmsen et al., 2013). Welche Onlineinhalte dabei genutzt werden, wird in der Mehrheit der vorliegenden Studien jedoch nicht differenziert. Im Einklang mit dieser inhaltlich kaum differenzierten Betrachtung zeigen sich auch zu den Wirkungen von Online-Informationen über Kinderimpfungen eher heterogene Ergebnisse: Empirische Studien belegen einerseits, dass sich Eltern, die online Informationen über Impfungen für Kinder suchen, besser über die Impfungen informiert fühlen und teilweise eine größere Bereitschaft zeigen, das Kind impfen zu lassen. Andererseits liegen auch empirische Ergebnisse vor, die zeigen, dass Eltern, die Online-Informationen zum Impfen suchen, größere Barrieren gegenüber einer Impfung wahrnehmen oder eine skeptischere Einstellung besitzen (Jones et al., 2012; McRee, Reiter, & Brewer, 2012). Dies kann zum einen daran liegen, dass Eltern mit skeptischen Einstellungen auch eher nach weiteren Informationen im Internet suchen (Harmsen et al., 2013). Zum anderen sind vor allem impfskeptische Informationen weit verbreitet und sichtbar (Ludolph, Allam, & Schulz, 2016). Studien zeigen, dass vor allem die Nutzung impfskeptischer Seiten einen negativen Einfluss auf das Wissen der Rezipient*innen zu Impfungen, den wahrgenommenen Nutzen der Impfung und die Risikoeinschätzung von Nebenwirkungen hat (Allam, Schulz, & Nakamoto, 2014; Ludolph et al., 2016). Eine der meist kritisierten Impfungen ist die MMR-Impfung (Mumps-Masern-Röteln), die in Online-Diskursen von Impfskeptikern regelmäßig in Verbindung zur Autismus-Erkrankung von Kindern gebracht wird (Benecke & DeYoung, 2019), obwohl dies wissenschaftlich bereits umfassend widerlegt wurde (MacIntyre & Leask, 2003).

Gleichzeitig ist die MMR-Impfung auch die Impfung, die von Eltern eher kritisch betrachtet und hinterfragt wird, bzw. über die sie intensiver nachdenken als über andere Impfungen (Brown et al., 2012; Gowda, Schaffer, Kopec, Markel, & Dempsey, 2013). Ein Grund dafür ist, dass die MMR-Impfung im Vergleich zu anderen Impfungen häufiger mit Nebenwirkungen assoziiert, aber auch als weniger wichtig betrachtet wird (Carpiano, Polonijo, Gilbert, & Dubé, 2019; Dannetun, 2009). Eine Umfrage unter Eltern zeigt beispielsweise, dass Masern im Vergleich zu anderen Infektionskrankheiten, wie z. B. Tetanus, als weniger dramatisch angesehen werden und in Folge dessen die Masernimpfung auch als weniger zwingend erachtet wird als die Tetanusschutzimpfung (Gaczkowska et al., 2013). So bewertet über ein Drittel der 3.002 befragten Eltern in Deutschland eine mögliche Masernerkrankung für ihr Kind als weniger oder überhaupt nicht gefährlich (Gaczkowska et al., 2013). Das wahrgenommene Verhältnis von individuellen Kosten und Nutzen der Impfung scheint bei der MMR-Impfung besonders ungünstig (Gowda et al., 2013). Diese Überschätzung des Impfrisikos bei gleichzeitiger Unterschätzung der Krankheit wird als Hauptursache dafür betrachtet, dass Impfquoten in einigen Ländern rückläufig sind oder stagnieren und damit ein zuverlässiger Herdenschutz, der auch Personen schützt, die noch zu jung für Impfungen sind oder aus medizinischen Gründen nicht geimpft werden können, nicht gegeben ist (Iacobucci, 2019; Meissner, Strebel, & Orenstein, 2004; Paules, Marston, & Fauci, 2019; RKI, 2015). Die dafür nötige Impfquote der zweiten Masernimpfung von mindestens 95 % wurde 2018 in Europa nur in sieben Ländern (Island, Kroatien, Malta, Portugal, Schweden, Slowakei und Ungarn) erreicht (ECDPC, 2019). Deutschland liegt unterhalb dieser Quote im Bereich zwischen 90 % und 94 % (ECDPC, 2019) und gilt, nach einer Unterbrechung im Jahr 2016, seit 2017 wieder als endemisch für Masern (WHO, 2018). Während über 97 % der Kinder in Deutschland bei Schulbeginn die erste Masernimpfung erhalten haben, wird diese Quote für die zweite Masernimpfung nicht erreicht (Maybaum, 2019). Je nach Bundesland liegen die Impfquoten zwischen 89,1 % (Baden-Württemberg) und 95,5 % (Brandenburg, Mecklenburg-Vorpommern) (Maybaum, 2019). Bereits 2012 wurde deshalb im „Nationalen Impfplan [...] hervorgehoben, dass insbesondere die Akzeptanz der zweiten Masernimpfung erhöht werden müsse“ (Hillienhof, 2016).

Als zentraler Schlüssel dafür wird die Bereitstellung von zielgruppenorientierten Informationsangeboten und kommunikativen Maßnahmen, u.a.

auch in Form journalistischer Darstellungen betrachtet (Gaczkowska et al., 2013). Dabei stellt sich die Frage, welche Form der Darstellung am geeignetsten ist, um der Fehlwahrnehmung im Kosten-Nutzen-Verhältnis der Masernimpfung entgegenzuwirken.

2 Individueller und gesellschaftlicher Nutzen von Impfungen

Bei einer ausreichenden Impfquote in der Bevölkerung ermöglicht die Masernimpfung eine doppelte Schutzfunktion: einerseits einen individuellen Schutz gegen die Erkrankung sowie andererseits einen gesellschaftlichen Schutz durch die Realisierung der sogenannten Herdenimmunität (Betsch, Böhm, Korn, & Holtmann, 2017; RKI, 2015). Betrachtet man das Verhältnis beider Nutzendimensionen, kommt ein systematisches Review vorliegender, hauptsächlich qualitativer Studien zu dem Schluss, dass für die Impfentscheidung von Eltern zunächst die Frage des individuellen Nutzens für das Kind ausschlaggebend ist (Quadri-Sheriff et al., 2012). Dabei stehen sowohl bei Eltern, die sich für eine Impfung entscheiden, als auch bei Eltern, die sich gegen die Masern-Impfung entscheiden, Fragen der Verantwortung für die Gesundheit des Kindes im Vordergrund (Brown et al., 2012).

Neben dem individuellen Nutzen hat sich jedoch auch der soziale Nutzen sowohl in quantitativen als auch qualitativen Befragungsstudien und Fokusgruppen-Analysen als ein relevanter Aspekt der Impfentscheidung von Eltern erwiesen (Quadri-Sheriff et al., 2012). Dabei wird der soziale Nutzen jedoch weniger häufig spontan genannt, sondern vor allem bei vorhandenen Antwortvorgaben ausgewählt. In den quantitativen Studien zeigt sich beispielsweise, dass „30 % to 60 % agree that it is an important reason to vaccinate when asked; perhaps the second most important reason“ (Quadri-Sheriff et al., 2012). Analog dazu kommt auch eine Befragungsstudie mit Schweizer Eltern zu dem Schluss, dass für einige Eltern die Masern-Impfung einer sozialen Verpflichtung entspricht: „Some parents reported that complying with official vaccination recommendations is a matter of common good and respect towards society“ (Fadda, Depping, & Schulz, 2015). Gleichzeitig wird von den befragten Eltern kritisiert, dass Eltern, die ihre Kinder nicht oder nicht-vollständig impfen lassen, diesen sozialen Aspekt der Impfung ignorieren (Fadda et al., 2015).

Während die vorliegenden Studien insgesamt dafür sprechen, dass der gesellschaftliche Nutzen zusätzlich zum individuellen Nutzen von hoher

Relevanz für die Impfentscheidung von Eltern ist, ist bislang kaum erforscht, wie sich die mediale Kommunikation dieser Nutzenperspektive auf die Einstellung von Eltern gegenüber der Impfung auswirkt (Hendrix et al., 2014).

Die Betonung des ‚Herdenschutzes' als Nutzen einer Impfung hat sich bei Erwachsenen, die für sich selbst eine Impfentscheidung treffen, bereits als geeignete Informationsstrategie erwiesen (Betsch, Böhm, & Korn, 2013; Betsch et al., 2017; Shim, Chapman, Townsend, & Galvani, 2012). Im Besonderen gilt dies für Erkrankungen, bei denen die Bedrohlichkeit für das Individuum eher gering ist, jedoch ein hoher Schutzfaktor für Andere besteht (Vietri, Li, Galvani, & Chapman, 2012). Auch der direkte Vergleich eines individuellen Nutzenframes mit einem gesellschaftlichen Nutzenframe in einer Studie zeigt, dass die Betonung des gesellschaftlichen Nutzens einer fiktiven Impfung die Impfbereitschaft von Erwachsenen erhöhen kann, jedoch nur, wenn die Impfung mit geringen wahrgenommenen Kosten (zeitlicher Aufwand) verbunden ist und nicht, wenn sie mit höheren Kosten (Termin, Wartezeit) verknüpft ist (Betsch et al., 2013). Ein generell positiver Effekt der Betonung des gesellschaftlichen Nutzens hat sich indes nicht gezeigt (Betsch et al., 2013).

In einer weiteren Experimentalstudie zeigte sich ein positiver Effekt der Erklärung des Herdenschutzes auf die Impfintention im Besonderen für Erwachsene in westlichen, primär individualistischen Gesellschaften für die verwendete, fiktive Infektionskrankheit mit einem geringen Infektionsrisiko (ähnlich zu Influenza) (Betsch et al., 2017). Für östliche, kollektivistische Gesellschaften konnte indes kein Unterschied durch die Erklärung der Herdenimmunität festgestellt werden. Die Impfbereitschaft fällt dort jedoch insgesamt höher aus, was auf die höhere Bereitschaft, den sozialen Normen zu entsprechen und eine andere Bedeutung des Individuums in der Gesellschaft zurückgeführt wird (Betsch et al., 2017). Für die Infektionskrankheit mit hohem Infektionsrisiko (das dem von Masern oder Pertusis entsprach) lag nur ein marginaler Einfluss der Erklärung der Herdenimmunität vor. Als möglicher Grund dafür, dass bei der Krankheit mit hohem Infektionsrisiko kein Einfluss der Erklärung der Herdenimmunität sichtbar ist, wird ein Deckeneffekt vermutet, da insgesamt die Impfbereitschaft für die Krankheit mit hohem Infektionsrisiko stärker ausgeprägt war (Betsch et al., 2017).

Bezogen auf die Impfentscheidung von Eltern für Kinder, kommt eine Studie zur Betonung des Herdenschutzes der Masernimpfung bei Kindern in den USA zu dem Ergebnis, dass die Beschreibung des individuellen Impfnutzens oder eine Kombination aus individuellem und gesellschaftlichem Nutzen die Impfintention von Eltern stärker erhöht als die Beschreibung des gesellschaftlichen Nutzens allein oder eine Impfinformation ohne zusätzliche Nutzendarstellung (Hendrix et al., 2014). Allerdings unterscheiden sich beide Nutzendarstellungen in der Darstellungsart: Während der individuelle Stimulus aus Sicht der Eltern auf den alltäglichen Nutzen der Impfung eingeht (z. B. das eigene Kind wird nicht krank, es kann weiter in die Schule gehen und mit seinen Freunden spielen), wird im gesellschaftlichen Nutzen summarisch dargestellt, welche Bevölkerungsgruppen durch die Impfung geschützt werden (z. B. das eigene Kind kann andere Kinder unter einem Jahr oder ältere Menschen nicht mit Masern anstecken). Der stärker anekdotische Charakter des individuellen Nutzenframes im Vergleich zu einem stärker summarisch ausgerichteten, gesellschaftlichen Nutzenframe könnte hier den Effekt verstärkt haben (Betsch, Ulshöfer, Renkewitz, & Betsch, 2011). Die vorliegende Studie untersucht deshalb die Wirksamkeit eines gesellschaftlichen oder individuellen Nutzenframes zur MMR-Impfung von Kindern im Rahmen anekdotischer Darstellungen in Online-Zeitungsartikeln. Basierend auf den bereits vorliegenden Ergebnissen wird angenommen, dass Impfberichterstattung, die neben dem individuellen Nutzen auch den gesellschaftlichen Nutzen der MMR-Impfung betont, zu einer höheren Impfintention bei Eltern führt als Berichterstattung, die nur den individuellen Nutzen betont:

> *H1:* Die Betonung eines gesellschaftlichen Nutzens, zusätzlich zum individuellen Nutzen in Online-Zeitungsartikeln, führt zu einer höheren Impfintention von Eltern als die alleinige Betonung des individuellen Nutzens oder keiner Nutzenbetonung.

Unabhängig von der Art des betonten Nutzens wird außerdem angenommen, dass die Hervorhebung der Nützlichkeit der Impfung einen positiven Einfluss auf die Kosten-Nutzen-Wahrnehmung der Impfung hat und in Folge dessen die Impfintention erhöht. Ein solcher positiver Effekt, der bewirkt, dass der wahrgenommene Nutzen im Vergleich zu den antizipierten Kosten bei gesellschaftlichen Entscheidungssituationen überwiegt, steht u.a. im Einklang mit dem cost-reward-model (Dovidio, Piliavin, Gaertner, Schroeder, & Clark, 1991) oder auch dem Modell des Hilfeverhaltens (Latané & Darley, 1970).

> *H2*: Der Einfluss der Betonung des individuellen und gesellschaftlichen Impfnutzens in Online-Zeitungsartikeln auf die Impfintention wird durch das wahrgenommene Kosten-Nutzen-Verhältnis vermittelt.

Neben dem wahrgenommenen Kosten-Nutzen-Verhältnis wird angenommen, dass ein zweiter erklärender Faktor für den Einfluss der Nutzendarstellung auf die Impfintention von Eltern die Wahrnehmung gesellschaftlicher Normen ist. Dies knüpft an die Annahme von Betsch et al. (2017) an, die die stärkere Impfbereitschaft in kollektivistischen Gesellschaften u.a. auf ein stärkeres normatives Gefühl der Verpflichtung gegenüber der Gesellschaft und dem stärkeren Kollektivismus zurückführen. Durch die Betonung der Herdenimmunität konnte die Impfbereitschaft bei Teilnehmer*innen aus individualistischen Gesellschaften erhöht werden, nicht aber bei Teilnehmer*innen aus kollektivistischen Gesellschaften (Betsch et al., 2017). Eine mögliche Erklärung dafür, dass sich der Effekt der Darstellung von Herdenimmunität nur bei individualistischen Gesellschaften findet, ist, dass die Salienz der sozialen Normen in kollektivistischen Gesellschaften bereits höher ist (Dovidio, Piliavin, Schroeder, & Penner, 2006). Im Gegensatz zur alleinigen Betonung eines individuellen Nutzens macht die Darstellung eines zusätzlichen gesellschafltichen Nutzens die existierenden sozialen Normen salient. Im Einklang mit vorliegenden Studien zum prosozialen Hilfeverhalten (Greitemeyer, Fischer, Kastenmüller, & Frey, 2006) wird angenommen, dass die Salienz sozialer Normen die Impfintention positiv beeinflussen kann. Daraus ergibt sich folgende Hypothese:

> *H3*: Der Einfluss der Betonung des gesellschaftlichen Impfnutzens in Online-Zeitungsartikeln auf die Impfintention wird durch die wahrgenommenen sozialen Normen vermittelt.

3 Methode

3.1 Design und Stichprobe

Zur Überprüfung der Hypothesen wurde ein einfaktorielles Experiment mit zwei Experimentalgruppen (individueller vs. gesellschaftlicher Nutzenframe) und einer Kontrollgruppe (keine Nutzenframe) durchgeführt. An der Studie haben insgesamt $N = 117$ Eltern ($M_{Alter} = 33{,}57$ Jahre, $SD_{Alter} = 4{,}71$, 82.1 % weiblich) teilgenommen, deren Kinder zwischen 9 und 24 Monate alt waren ($M_{Alter} = 17{,}45$ Monate, $SD_{Alter} = 4{,}31$ Monate, 45.3 % weiblich), da in diesem Zeitraum üblicherweise die Masernimpfungen erfolgen. Die

Eltern wurden in Kindergärten, Kindertagesstätten und Eltern-Kind-Gruppen rekrutiert. Als Teilnahmevoraussetzung galt eine noch nicht vollständig abgeschlossene Maserinimmunisierung des Kindes.

3.2 Stimuli

Als Stimulusmaterial wurden Online-Zeitungsartikel verwendet, die manipuliert wurden, sodass sie entweder den individuellen oder den gesellschaftlichen Nutzen betonten. Die Artikel glichen Online-Artikeln, die auf einer durchschnittlichen Online-Zeitungsseite erscheinen. Alle Artikel sind ca. eine Seite lang (Wortanzahl: 482 – 492). Im ersten Teil des Artikels wurden allgemeine Informationen zur Masern-Impfung gegeben, die beispielsweise darauf verwiesen, dass Masern eigentlich bereits ausgerottet sein sollten und die Ständige Impfkommission (STIKO) empfehle, die Maserninmmunisierung bis zum 2. Geburtstag abzuschließen. Darüber hinaus wurde für den individuellen Nutzenframe die Verantwortung für das eigene Kind (‚Das eigene Kind impfen zu lassen, heißt elterliche Verantwortung für das eigene Kind zu übernehmen.') und für den gesellschaftlichen Nutzenframe die Verantwortung gegenüber der Gesellschaft (‚Das eigene Kind impfen zu lassen, heißt demnach gesellschaftliche Verantwortung für andere zu übernehmen.') betont. Im zweiten Teil des Artikels wurde kurz darauf verwiesen, dass elterliche Verantwortung für das eigene Kind (individueller Nutzenframe) oder neben der individuellen Verantwortung auch eine gesellschaftliche Verantwortung (gesellschaftlicher Nutzenframe) übernommen werden muss. Der kurze Verweis auf den Nutzen für die Gesundheit des eigenen Kindes wurde in der vorliegenden Studie auch für den gesellschaftlichen Nutzenframe verwendet, da die Studie von Hendrix et al. (2014) gezeigt hat, dass die Betonung eines gesellschaftlichen Nutzens allein zu weniger Intention führt als in Kombination mit einem individuellen Nutzen. Dies steht auch im Einklang mit den Ergebnissen von Quadri-Sheriff et al. (2012), die den sozialen Nutzen als zweit relevantesten Aspekt herausgestellt haben. An einem Fallbeispiel eines Kindergartenkindes wurde dann aufgezeigt, welche individuellen und gesellschaftlichen Konsequenzen das Nicht-Einhalten von Impfempfehlungen hat. Zur Betonung des individuellen Nutzenframes wurde darüber berichtet, dass das entsprechende Kind (Emil) an Masern erkrankt ist, da er ‚noch keine Masernimpfung erhalten [hat], die ihn vor Erkrankung geschützt hätte. Seine Eltern haben den Impftermin immer wieder verschoben. Einmal war keine Zeit, dann war Emil erkältet, ein anderes Mal wollte man vermeiden, sich wegen einer Impfung beim Kinderarzt mit anderen Krankheiten anzustecken.' Von Emils Kindergärtnerin wird außerdem betont, dass die Immunisierung erst nach der zweiten Impfung abgeschlossen ist, die jedoch viele Eltern verpassen. Zur Betonung des gesellschaftlichen Nutzenframes wurde ebenfalls über den erkrankten Emil berichtet. Allerdings wurde hier der Grund der Masern-Erkrankung wie folgt beschrieben: ,Weil er momentan eine Immuntherapie durchläuft, konnte er selbst keine Masern-Impfung erhalten. Dennoch hätte er vor einer Erkrankung geschützt werden können. Denn wenn eine ausreichend große Menge an Menschen in einer Bevölkerung geimpft ist, bilden sie eine Art Schutzschild für diejenigen, die noch zu jung, schwach oder krank sind und deshalb keine Impfung erhalten können. Kann man sich selbst nicht anstecken, gibt man den Erreger auch nicht weiter. Dieser sogenannte Herdenschutz setzt aber gerade bei Masern erst ab einer Impfquote von mindestens 95 % ein.' Die Kindergärtnerin erklärte weiterhin, dass nicht einmal in der Kita dieser Wert erfüllt werden kann. Der Artikel schloss damit ab, dass entweder an das Verantwortungsbewusstsein der Eltern (individueller Nutzenframe) oder an das der Mitmenschen (gesellschaftlicher Nutzenframe) appelliert wurde.

3.3 Operationalisierung

Individuelle Norm

Die individuelle Norm wurde in Anlehung an Greitemeyer et al. (2006) mit drei Items auf einer siebenstufigen Likert-Skala von ,(1) stimme überhaupt nicht zu' bis ,(7) stimme voll und ganz zu' gemessen: z. B. ,Ich fühle mich persönlich verpflichtet, mein Kind gegen Masern impfen zu lassen, weil es sonst vor Masern ungeschützt bleibt.' ($M = 5{,}21$, $SD = 1{,}76$, $\alpha = {,}95$).

Soziale Norm

Die soziale Norm wurde in Anlehnung an Greitemeyer et al. (2006) sowie Steg und De Groot (2010) mit drei Items auf einer siebenstufigen Likert-Skala von ,(1) stimme überhaupt nicht zu' bis ,(7) stimme voll und ganz zu' gemessen: z. B. ,Ich glaube, dass ich eine Mitverantwortung für den Erhalt der Gesundheit anderer trage.' ($M = 4{,}97$, $SD = 1{,}66$, $\alpha = {,}88$).

Kosten-Nutzen-Abwägung

Die Kosten-Nutzen-Abwägung wurde mit drei Items in Anlehnung an Greitemeyer et al. (2006) und Kastenmüller, Greitemeyer, Fischer und Frey (2007) auf einer siebenstufigen Likert-Skala von ,(1) stimme überhaupt nicht zu' bis ,(7) stimme voll und ganz zu' erhoben. Dabei wurden teilnehmende Eltern danach gefragt, inwiefern sie bereit sind, für die Impfung des eigenen Kindes Kosten in Kauf zu nehmen (z. B. ,Auch wenn ich dadurch Stress habe, lasse ich mein Kind gegen Masern impfen.') (M = 5,80, SD = 1,73, α = ,96).

Impfintention

Die Intention der Eltern, die zweite Impfung rechtzeitig durchführen zu lassen, wurde mit der Frage ,Wie wahrscheinlich ist es, dass Sie die nächste Masern-Impfung bei Ihrem Kind pünktlich durchführen lassen?' in Anlehnung an Yu, Ahern, Connolly-Ahern und Shen (2010) abgefragt. Teilnehmende hatten die Möglichkeit ihre Antwort auf drei siebenstufigen semantischen Differenzialen (,unwahrscheinlich-wahrscheinlich'; ,unmöglich-möglich'; ,unrealistisch-realistisch') abzustufen (M = 4,60, SD = 1,08, α = ,98).

4 Ergebnisse

Zur Überprüfung von H1, die postuliert, dass die Betonung eines gesellschaftlichen Nutzens, zusätzlich zum individuellen Nutzen, zu einer höheren Impfintention von Eltern führt als die alleinige Betonung des individuellen Nutzens oder keiner Nutzenbetonung, wurde eine univariate Varianzanalyse (UV: Nutzenframe, AV: Impfintention) gerechnet. Die Ergebnisse zeigen einen signifikanten Unterschied der verschiedenen Nutzenframes im Vergleich zum Kontrollframe auf die Intention, die nächste Masernimpfung zeitgenau durchzuführen (F(2, 114) = 3,25, p = ,043, η^2 = ,054). Dabei löst der gesellschaftliche Nutzenframe (M = 4,85, SD = 1,20) im Vergleich zum individuellen Nutzenframe (M = 4,74, SD = 1,02) und dem Kontrollframe (M = 4,29, SD = 0,97) die stärkste Impfintention aus. LSD korrigierte Post-hoc Mittelwertvergleiche deuten darauf hin, dass sich der gesellschaftliche (p = ,021) und der individuelle Nutzenframe vom Kontrollframe unterscheiden. Der Unterschied zwischen dem individuellen Nutzenframe und dem Kontrollframe (p = ,053) ist allerdings nur marginal signifikant. H1 kann damit also nur teilweise angenommen werden.

Um zu überprüfen, ob die Wirkung der Nutzenframes auf die Impfintention durch die Kosten-Nutzen Abwägung (H2) sowie durch die Wahrnehmung von individuellen und sozialen Normen (H3) vermittelt wird, wurde ein multikategoriales Mediationsmodell für mehrere parallele Mediatoren

(Bootstrap 5.000, Model 4; Hayes, 2018) mit PROCESS für SPSS gerechnet. Basierend auf den Ergebnissen der ANOVA und dem nur marginalen Unterschied zwischen den beiden Experimentalgruppen, wurde eine Indikatorkodierung mit der Kontrollgruppe als Referenzgruppe gewählt. Es wird deutlich, dass die Kosten-Nutzen-Abwägung für die Intention der Eltern, das eigene Kind zukünftig rechtzeitig impfen zu lassen, für beide Nutzenframes relevant ist. Sowohl bei dem individuellen (B_1 = 0,34, Boot*SE* = ,13, CI [0,11, 0,61]) als auch dem gesellschaftlichen Nutzenframe (B_2 = 0,33, Boot*SE* = ,13, CI [0,06, 0,59]) sind Eltern eher dazu bereit, Kosten
(z. B. Urlaubstage oder Stress) für die rechtzeitige Impfung des eigenen Kindes in Kauf zu nehmen. Hypothese H2 kann demnach angenommen werden. Anders verhält es sich für die Wahrnehmung der individuellen und sozialen Norm (siehe Abbildung 1). Obwohl der individuelle Nutzenframe im Vergleich zur Kontrollgruppe die Wahrnehmung der individuellen Norm positiv beeinflusst (B_3 = 2,08, Boot*SE* = 0,31, CI [1,48, 2,69]), zeigt der gesellschaftliche Nutzenframe keinen Effekt auf die Wahrnehmung der individuellen Norm. Entsprechend haben Personen, die den gesellschaftlichen Nutzenframe rezipiert haben, auch eine stärkere Wahrnehmung der sozialen Norm (B_4 = 1,29, Boot*SE* = 0,36, CI [0,57, 2,01]) als die Personen, die keinen Nutzenframe rezipiert haben. Da neben der Kosten-Nutzen-Abwägung lediglich die Wahrnehmung der sozialen Norm ebenfalls die Impfintention positiv beeinflusst (B_5 = 0,23, Boot*SE* = 0,05, CI [0,12, 0,33]), wird ein indirekter Effekt nur für die Wahrnehmung der sozialen Normen, die zwischen gesellschaftlichem Nutzenframe und den Impfintentionen vermittelt (B_6 = 0,29, Boot*SE* = 0,11, CI [0,11, 0,53]), evident. H3 kann demnach angenommen werden, denn das Rezipieren eines gesellschaftlichen Nutzenframes im Vergleich zum Kontrollframe führt über die Wahrnehmung sozialer Normen zu einer Erhöhung der Impfintention. Eine Vermittlung über individuelle Normen findet nicht statt.

Abbildung 1 - H3: Direkte und indirekte Effekte für die Mediatoren individuelle und soziale Norm (Process Model 4, Indikatorkodierung)

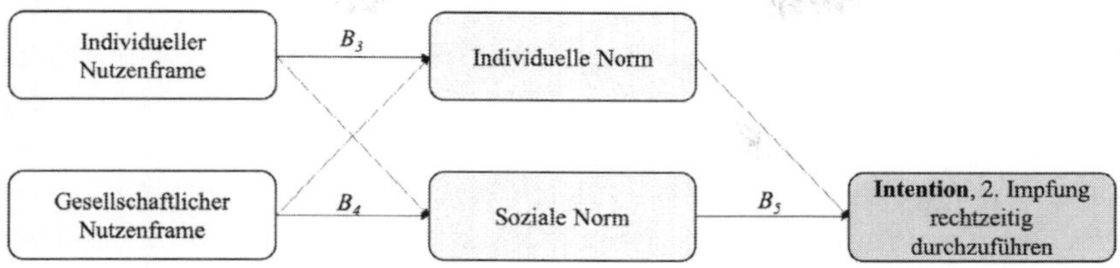

Anmerkung: indirekter Effekt B_6: gesellschaftlicher Nutzenframe → soziale Norm → Intention, B6 = 0,29, Boot *SE* = ,11, CI [0,11, 0,53]; gepunktete Pfeile stehen für nicht signifikante Ergebnisse

5 Diskussion

Das vorliegende Experiment untersucht, inwiefern ein individueller oder gesellschaftlicher Nutzenframe in Online-Zeitungsartikeln die Impfintention, die zweite MMR-Impfung rechtzeitig durchzuführen, bei Eltern von Kleinkindern im Alter zwischen 9 und 24 Monaten positiv beeinflussen kann. Die Studie leistet einen Beitrag zur Forschung über die Wirksamkeit von gesellschaftlichen und individuellen Nutzenframes. Darüber hinaus können Empfehlungen abgeleitet werden, wie in der Online-Gesundheitsberichterstattung effektiv über die Notwendigkeit einer vollständigen Immunisierung berichtet werden kann. Im Einklang mit der Studie von Hendrix et al. (2014) zeigen die Ergebnisse, dass aufbauend auf dem generellen Nutzen für die Gesundheit des eigenen Kindes sowohl die Betonung eines individuellen Nutzens als auch die Betonung eines gesellschaftlichen Nutzens die Impfintention von Eltern im Vergleich zum Kontrollframe positiv beeinflusst. Anders als bei Hendrix et al. (2014) führt in der vorliegenden Studie der gesellschaftliche Nutzenframe sogar zur insgesamt stärksten Impfintention, wohingegen der Effekt des individuellen Nutzenframes im Vergleich zur Kontrollgruppe nur marginal signifikant ist. Dies kann möglicherweise darauf zurückgeführt werden, dass auch für den gesellschaftlichen Frame ebenfalls eine anekdotische Darstellungsart gewählt wurde. Inwiefern die Darstellungsart mit dem Nutzen interagiert, sollte deshalb in zukünftigen Studien weiter analysiert werden.

Die vorliegenden Ergebnisse zum Einfluss des gesellschaftlichen Nutzenframes stehen außerdem im Gegensatz zu den Ergebnissen von Betsch und Kollegen (2017), die keinen positiven Einfluss der Betonung der Herdenimmunität und des gesellschaftlichen Nutzens für eine fiktive Infektionskrankheit mit ähnlich hohem Ansteckungsrisiko wie Masern finden konnten. Eine mögliche Erklärung könnte im Unterschied zwischen der fiktiven Erkrankung und der Maserninfektion liegen, zu der bereits Erwartungen von den Eltern existieren. Dies erscheint insofern plausibel, als dass das Risiko einer Masernerkrankung von Eltern eher unterschätzt wird, was wiederum die Impfbereitschaft im Vergleich zu anderen Infektionskrankheiten, die als risikobehafteter wahrgenommen werden, reduziert (Gaczkowska et al., 2013).

Im Detail zeigen die Ergebnisse, dass ein gesellschaftlicher Nutzenframe die Wahrnehmung der sozialen Norm und der individuelle Nutzenframe die Wahrnehmung der individuellen Norm salienter macht. Allerdings wird die Impfintention lediglich durch die Wahrnehmung der sozialen Norm positiv beeinflusst. Eltern, die also die soziale Norm wahrnehmen (z. B. dass der Impfschutz nicht nur für das eigene Kind, sondern auch für den Herdenschutz notwendig ist), sind eher dazu bereit, die zweite Impfung rechtzeitig durchzuführen, sodass der vollständige Impfschutz besteht. Darüber hinaus hat sich ebenfalls gezeigt, dass sowohl der individuelle als auch der gesellschaftliche Nutzenframe die Akzeptanz von Kosten in Verbindung mit dem rechtzeitigen Durchführen der zweiten Impfung erhöhen und dann zu einer höheren Impfintention führen.

6 Fazit

Die Betonung eines gesellschaftlichen Nutzenframes erscheint für Online-Informationen über die MMR-Impfung eine geeignete Kommunikationsstrategie, um die Wahrnehmung der sozialen Normen zur Masernimpfung und die Handlungsintention von Eltern, beide Impfungen rechtzeitig bei ihren Kindern durchführen zu lassen, zu verbessern. In der vorliegenden Studie konnte dies für Informationen in Form eines Online-Zeitungsartikels analysiert werden. Zukünftig zu erörtern bleibt, wie die Betonung des gesellschaftichen Nutzens von Impfungen in nutzerseitigen Diskussionen, beispielsweise in sozialen Medien, reflektiert wird. Dabei stellt sich im Besonderen die Frage des wechselseitigen Einflusses im Kontext impfskeptischer Informationen.

Literaturverzeichnis

Allam, A., Schulz, P. J., & Nakamoto, K. (2014). The impact of search engine selection and sorting criteria on vaccination beliefs and attitudes: two experiments manipulating google output. *J Med Internet Res, 16*(4), e100. doi:10.2196/jmir.2642

Benecke, O., & DeYoung, S. E. (2019). Anti-vaccine decision-making and measles resurgence in the United States. *Global Pediatric Health, 6*, 1–5. doi:10.1177/3333794X19862949

Betsch, C., Böhm, R., & Korn, L. (2013). Inviting free-riders or appealing to prosocial behavior? game-theoretical reflections on communicating herd immunity in vaccine advocacy. *Health Psychol, 32*(9), 978–985. doi:10.1037/a0031590

Betsch, C., Böhm, R., Korn, L., & Holtmann, C. (2017). On the benefits of explaining herd immunity in vaccine advocacy. *Nature Human Behaviour, 1*(3). doi:10.1038/s41562-017-0056

Betsch, C., Brewer, N. T., Brocard, P., Davies, P., Gaissmaier, W., Haase, N., . . . Strayk, M. (2012). Opportunities and challenges of Web 2.0 for vaccinatino decisions. *Vaccine, 30*(25), 3727–3733. doi:10.1016/j.vaccine.2012.02.025

Betsch, C., Ulshöfer, C., Renkewitz, F., & Betsch, T. (2011). The Influence of Narrative v. Statistical Information on PerceivingVaccination Risks. *Medical Decision Making, 31*(5), 742–753. doi:10.1177/0272989X11400419

Brown, K. F., Long, S. J., Ramsay, M., Hudson, M. J., Green, J., Cahill, S. P., . . . sevdalis, N. (2012). UK parents' decision-making about measles-mumps-rubella (MMR) vaccine 10 years after the MMR-autism controversy: A qualitative analysis. *Vaccine, 30*(10), 1855–1864. doi:10.1016/j.vaccine.2011.12.127

Carpiano, R. M., Polonijo, A. N., Gilbert, N., & Dubé, E. (2019). Socioeconomic status differences in parental immunization attitudes and child immunization in Canada: Findings from the 2013 Childhood National Immunization Coverage Survey (CNICS). *Preventive Medicine, 123*, 278–287. doi:10.1016/j.ypmed.2019.03.033

Dannetun, E. (2009). Parents' reported reasons for avoiding MMR vaccination. *Scandinavian Journal of Primary Health Care, 23*(3), 149–153. doi:10.1080/02813430510031306

Dovidio, J. F., Piliavin, J. A., Gaertner, S. L., Schroeder, D. A., & Clark, R. D. I. (1991). The Arousal: Cost-Reward Model and the Process of Intervention. A Review of the Evidence. . In M. S. Clar (Ed.), *Prosocial Behavior* (pp. 86–118). Thousand Oaks, CA, US: Sage Publications, Inc.

Dovidio, J. F., Piliavin, J. A., Schroeder, D. A., & Penner, L. A. (2006). *The Social Psychology of Prosocial Behavior*. New York: Taylor and Francis.

ECDPC (2019). Vaccination coverage for the second dose of measles-containing vaccine, EU/EEA, 2018. Retrieved from https://www.ecdc.europa.eu/en/publications-data/vaccination-coverage-second-dose-measles-containing-vaccine-eueea-2018

Fadda, M., Depping, M. K., & Schulz, P. J. (2015). Addressing issues of vaccination literacy and psychological empowerment in the measles-mumps-rubella (MMR) vaccination decision-making: a qualitative study. *Bmc Public Health, 15*(836). doi:10.1186/s12889-015-2200-9

Gaczkowska, A., Mertens, B., Reckendrees, B., Wortberg, S., & Pott, E. (2013). Wissen, Einstellung und Verhalten zur Masernimpfung. Ansätze für eine nationale Impfaufklärung. *Bundesgesundheitsblatt - Gesundheitsforschung - Gesundheitsschutz, 56*(9), 1270–1278.

Gowda, C., Schaffer, S. E., Kopec, K., Markel, A., & Dempsey, A. F. (2013). Does the relative importance of MMR vaccine concerns differ by degree of parental vaccine hesitancy? An exploratory study. *Human Vaccines & Immunotherapeutics, 9*(2), 430–436. doi:10.4161/hv.22065

Greitemeyer, T., Fischer, P., Kastenmüller, A., & Frey, D. (2006). Civil Courage and Helping Behavior. *European Psychologist, 11*(2), 90–98. doi:10.1027/1016-9040.11.2.90

Harmsen, I. A., Doorman, G. G., Mollema, L., Ruiter, R. A., Kok, G., & de Melker, H. E. (2013). Parental information-seeking behaviour in childhood vaccinations. *Bmc Public Health, 13*. doi:1471-2458/13/1219

Hayes, A. F. (2018). *Introduction to mediation, moderation, and conditional process analysis: A regression-based approach* (Second edition). New York: Guilford Press.

Hendrix, K. S., Finnell, S. M. E., Zimet, G. D., Sturm, L. A., Lane, K. A., & Downs, S. M. (2014). Vaccine Message Framing and Parents' Intent to Immunize Their Infants for MMR. *Pediatrics, 134*(3), E675–E683. doi:10.1542/peds.2013-4077

Hillienhof, A. (2016). Report: Deutschland scheitert bei der Masernausrottung. *Deutsches Ärzteblatt, 113*(47), A-2124.

Iacobucci, G. (2019). Child vaccination rates in England fall acress the board, figures show. *BMJ, 366*, I5773. doi:10.1136/bmj.l5773

Jones, A. M., Omer, S. B., Bednarczyk, R. A., Halsey, N. A., Moulton, L. H., & Salmon, D. A. (2012). Parents' source of vaccine information and impact on vaccine attitudes, beliefs, and nonmedical exemptions. *Adv Prev Med, 2012*. doi:10.1155/2012/932741

Kastenmüller, A., Greitemeyer, T., Fischer, P., & Frey, D. (2007). Das Münchner Zivilcourage-Instrument (MüZI). *Diagnostica, 53*(4), 205–217.

Latané, B., & Darley, J. M. (1970). *The unresponsive bystander: Why doesn't he help?* New York NY: Appleton-Century-Crofts.

Ludolph, R., Allam, A., & Schulz, P. J. (2016). Manipulating google's knowledge graph box to counter biased informaiton processing during an online search on vaccination: application of a technological debiasing strategy. *J Med Internet Res, 18*(6), e137.

MacIntyre, C. R., & Leask, J. (2003). Immunization myths and realities: Responding to arguments against immunization. *Journal of Paediatrics and Child Health, 39*(7), 487–491. doi:10.1046/j.1440-1754.2003.t01-1-00200.x

Maybaum, T. (2019). Masern: Impfquoten bei Schulanfängern zu niedrig. *Deutsches Ärzteblatt, 116*(19), A916.

McRee, A.-L., Reiter, P. L., & Brewer, N. T. (2012). Parents' internet use for information about HPV vaccine. *Vaccine, 30*(25), 3757–3762. doi:10.1016/j.vaccine.2011.11.113

Meissner, H. C., Strebel, P. M., & Orenstein, W. A. (2004). Measles vaccines and the poential for worldwide eradication of measles. *Pediatrics, 114*(4), 1065–1069. doi:10.1542/peds.2004-0440

Paules, C. I., Marston, H. D., & Fauci, A. S. (2019). Measles in 2019 - Going Backward. *The New England Journal of Medicine, 380*, 2185–2187. doi: 10.1056/NEJMp1905099

Quadri-Sheriff, M., Hendrix, K. S., Downs, S. M., Sturm, L. A., Zimet, G. D., & Finnell, S. M. E. (2012). The role of herd immunity in parents' decision to vaccinate children: A systematic review. *Pediatrics, 130*(3), 522–530.

RKI (2015). *Gesundheit in Deutschland. Gesundheitsberichterstattung des Bundes. Gemeinsam getragen von RKI und DESTATIS.* Retrieved from https://www.rki.de/DE/Content/Gesundheitsmonitoring/Gesundheitsberichterstattung/GesInDtld/gesundheit_in_deutschland_2015.pdf?__blob=publicationFile

Shim, E., Chapman, G. B., Townsend, J. P., & Galvani, A. P. (2012). The influence of altruism on influenza vaccination decisions. *J R Soc Interface, 9*(74), 2234–2243. doi:10.1098/rsif.2012.0115

Steg, L., & de Groot, J. (2010). Explaining prosocial intentions: Testing causal relationships in the norm activation model. *British Journal of Social Psychology, 49*(4), 725–743. https://doi.org/10.1348/014466609X477745

Vietri, J. T., Li, M., Galvani, A. P., & Chapman, G. B. (2012). Vaccinating to help ourselves and others. *Med Decis Making, 32*(3), 447–458. doi:10.1177/0272989X11427762

WHO (2018). *Seventh meeting of the European Regional Verification Commission for Measles and Rubella Elimination (RVC).* Retrieved from Paris, France: http://www.euro.who.int/__data/assets/pdf_file/0008/378926/7th-RVC-Meeting-Report-FINAL.pdf?ua=1

Yu, N., Ahern, L. A., Connolly-Ahern, C., & Shen, F. (2010). Communicating the Risks of Fetal Alcohol Spectrum Disorder: Effects of Message Framing and Exemplification. *Health Communication, 25*(8), 692–699. https://doi.org/10.1080/10410236.2010.521910

Autor*inneninformationen

Ass.-Prof. Dr. Florian **Arendt**, Institut für Publizistik; Währinger Straße 29; 1090 Wien, Österreich; florian.arendt@univie.ac.at

Prof. Dr. Eva **Baumann**, Institut für Journalistik und Kommunikationsforschung, Expo Plaza 12, 30539 Hannover; eva.baumann@ijk.hmtm-hannover.de

Dr. Astrid **Carolus**, Medienpsychologie, Julius-Maximilians-Universität Würzburg, Oswald-Külpe-Weg 82, 97074 Würzburg; astrid.carolus@uni-wuerzburg.de

Katharina, **Emde-Lachmund**, M. A., Institut für Journalistik und Kommunikationsforschung, Expo Plaza 12, 30539 Hannover; katharina.emde-lachmund@ijk.hmtm-hannover.de

Lorenz **Harst**, M. A., Forschungsverbund Public Health Sachsen / Zentrum für Evidenzbasierte Gesundheitsversorgung Fetscherstraße 74, 01307 Dresden, lorenz.harst@tu-dresden.de

Julia **Hauswald**, B. A., LMU München, IfKW, Oettingenstraße 67, 80538 München

Simone **Jäger**, M. A., Universität Erfurt, Philosophische Fakultät, Seminar für Medien- und Kommunikationswissenschaft, Nordhäuser Str. 63, 99089 Erfurt; simone.jaeger@uni-erfurt.de

Dr. Anja **Kalch**, Universität Augsburg, Institut für Medien, Wissen und Kommunikation, Universitätsstraße 10, 86159 Augsburg; anja.kalch@phil.uni-augsburg.de

PD Dr. Veronika **Karnowski**, LMU München, Institut für Kommunikationswissenschaft und Medienforschung, Oettingenstr. 67, 80538 München; veronika.karnowski@ifkw.lmu.de

Constanze **Küchler**, M. A., Universität Augsburg, Institut für Medien, Wissen und Kommunikation, Universitätsstraße 10, 86159 Augsburg, constanze.kuechler@phil.uni-augsburg.de

Dr. Elena **Link**, Hochschule für Musik, Theater & Medien, Institut für Journalistik & Kommunikationsforschung; Expo Plaza 12; 30539 Hannover; elena.link@ijk.hmtm-hannover.de

Dr. Christine **Linke**, Institut für Medienforschung, Universität Rostock, August-Bebel-Str. 28, 18055 Rostock; christine.linke@uni-rostock.de

Antonia **Markiewitz**, M. A., Institut für Kommunikationswissenschaft und Medienforschungn; Oettingenstraße 67; 80538 München; antonia.markiewitz@ifkw.lmu.de

Marina **Mergen**, B, A., LMU München, IfKW, Oettingenstraße 67, 80538 München

Dr. Julia **Niemann-Lenz**, Hochschule für Musik, Theater & Medien, Institut für Journalistik & Kommunikationsforschung; Expo Plaza 12; 30539 Hannover; julia.niemann-lenz@ijk.hmtm-hannover.de

Daniel **Possler**, M. A., Hochschule für Musik, Theater & Medien, Institut für Journalistik & Kommunikationsforschung; Expo Plaza 12; 30539 Hannover; daniel.possler@ijk.hmtm-hannover.de

Dr. Doreen **Reifegerste**, Universität Erfurt, Seminar für Medien- und Kommunikationswissenschaft, Nordhäuser Str. 63, 99089 Erfurt; doreen.reifegerste@uni-erfurt.de

Dr. Claudia **Riesmeyer**, LMU München, IfKW, Oettingenstraße 67, 80538 München; riesmeyer@ifkw.lmu.de

Magdalena **Rosset**, M. A., Institut für Journalistik und Kommunikationsforschung, Expo Plaza 12, 30539 Hannover; magdalena.rosset@ijk.hmtm-hannover.de

Prof. Dr. Constanze **Rossmann**, Universität Erfurt, Philosophische Fakultät, Seminar für Medien- und Kommunikationswissenschaft, Nordhäuser Str. 63, 99089 Erfurt; constanze.rossmann@uni-erfurt.de

Prof. Dr. Sebastian **Scherr**, School for Mass Communication Research; University of Leuven, Belgium; sebastian.scherr@kuleuven.be

Esther **Schmotz**, M. A., Institut für Journalistik und Kommunikationsforschung, Expo Plaza 12, 30539 Hannover

Mareike **Schwepe**, M. A., Institut für Journalistik und Kommunikationsforschung, Expo Plaza 12, 30539 Hannover

Robin **Seel**, B. A., Universität Erfurt, Philosophische Fakultät, Seminar für Medien- und Kommunikationswissenschaft, Nordhäuser Str. 63, 99089 Erfurt; robin.seel@uni-erfurt.de

Paula **Stehr**, M. A., Universität Erfurt, Seminar für Medien- und Kommunikationswissenschaft, Nordhäuser Str. 63, 99089 Erfurt; paula.stehr@uni-erfurt.de

Patrick **Timpel**, Dipl.-Soz.Arb./Soz.Päd., M. Sc., Prävention und Versorgung des Diabetes, Medizinische Klinik III, Universitätsklinikum Carl Gustav Carus der TU Dresden Fetscherstraße 74 01307 Dresden, patrick.timpel@tu-dresden.de

Anna **Wagner**, M. A., Universität Augsburg, Institut für Medien, Wissen und Kommunikation, Universitätsstraße 10, 86159 Augsburg; anna.wagner@phil.uni-augsburg.de

Jprof. Carolin **Wienrich**, Mensch-Technik-Interaktion, Julius-Maximilians-Universität Würzburg, Oswald-Külpe-Weg 82, 97074 Würzburg; carolin.wienrich@uni-wuerzburg.de